我与大学

——直面大学生成长与困惑

胡世艳　编著

西南交通大学出版社
·成　都·

图书在版编目（CIP）数据

我与大学：直面大学生成长与困惑 / 胡世艳编著
. —成都：西南交通大学出版社，2018.9
ISBN 978-7-5643-6397-0

Ⅰ. ①我… Ⅱ. ①胡… Ⅲ. ①大学生 – 心理健康 – 健康教育 Ⅳ. ①G444

中国版本图书馆 CIP 数据核字（2018）第 207330 号

我与大学
——直面大学生成长与困惑

编　　著 / 胡世艳
责任编辑 / 武雅丽
封面设计 / 严春艳

西南交通大学出版社出版发行
（四川省成都市二环路北一段 111 号西南交通大学创新大厦 21 楼　610031）
发行部电话：028-87600564　028-87600533
网址：http://www.xnjdcbs.com
印刷：四川森林印务有限责任公司

成品尺寸　185 mm × 260 mm
印张　13.75　　字数　336 千
版次　2018 年 9 月第 1 版　　印次　2018 年 9 月第 1 次

书号　ISBN 978-7-5643-6397-0
定价　36.00 元

PREFACE
前言

大学快毕业了，一位将父母给予的学费花光而没有按时缴纳学费的学生走进我的办公室，气势汹汹地对我说：“你打电话让我交学费，我欠你的钱会很快还你，你天天催，天天催，烦不烦呢？”面对学生此时的表现，我没有丝毫愤怒的情绪，而是较为冷静地说：“小家伙，你已经大四了，仅仅只有两个月，就要毕业离开学校。在毕业前，同学们可能因各方面的不如意而产生烦躁的情绪，老师理解你的心情，但是，你所欠的是学校的学费，而没有欠老师的私人债务。如果有一天，老师能有更多的积蓄借你，我要感谢你。因为，当我有钱借你的那一刻，一方面体现老师崇高的职业道德，及时关注了一位需要帮助的学生；另一方面，也表明老师在经济上已经较为富裕，能有多余的钱资助你的学业……”

在学生管理中，我们经常会遇见如上述学生这样突如其来的问题或事件，遇到这些问题如何去面对呢？对于新手来说，若未能及时应变，有可能因为这样或那样的问题出现而束手无策。甚至也有老师长期从事学生工作，因学生发展特点的反复性、复杂性而产生职业倦怠。但是，孔子说“学而不厌，诲人不倦”，面对不同群体的学生，需要我们教师有更多的包容、宽容、耐心、爱心与责任心。感谢13年以来所从事的学生工作，它让我在一边工作，一边总结中获得宝贵的学生管理经验；感谢领导的谆谆教诲与不知疲倦的引领，使我在盲目之时，有了人生的航标；感谢心理学，让我不仅能调剂自己的情绪，营造和谐的家庭氛围，更重要的是，让我在带领学生前行的路途中，不因盲目而束手无策。它使我学会用鼓励去引导学生，用心理换位去理解学生；用心理学科学的方法，陪伴学生茁壮成长，让他们在成长路途中不再孤单。

本书从心理学的视角，呈现大学生进入高校后常常出现的心理困惑或问题。例如，介绍了大学生进校后的专业适应问题、角色转换问题、学习困惑问题，以及在人际交往、失恋、就业择业、人生职业规划、安全教育等多方面的问题，并通过通俗易懂的案例引导学生进行思考，对进校后产生盲目状态的学生加以引导，对大学生毕业后的人生状态进行剖析，试图从行为表现方面，挖掘学生内在的心理问题，从而让他们对于大学的生活与将要经历的人生有所感悟，做好充分的学业准备，塑造健全的人格。

此书对大学生或初做学生管理工作的教师，在一定程度上起到帮助作用；同时，对大学生心理健康教育，起到一定的积极作用。通过阅读，引领读者获得一定的心理学专业知识，以解决生活中遇到的实际问题。

全书分为学习篇（共四个主题）、认识自我篇（共四个主题）、挖掘潜能篇（共四个主题）、成长篇（共四个主题）、情感世界篇（共四个主题）、自强不息篇（共四个主题）、职业规划篇（共四个主题）、导师管理篇（共三个主题）。本书在遵循学生身心发展规律的基础上，列举大学生常见的案例阐释心理疏导的方法策略，具有一定的可操作性，让初学者能深入浅出地感受心理学在管理中的魅力所在。本书结合学生管理工作的经验与大量的大学生心理健康教育课程教学实践，反复修改，三年内完成近二十万字。

本书在撰写过程中参考了大量书籍、期刊或网络资源，在此向原作者表示深深的感谢！在此，谨向各位老师及朋友致以诚挚的谢意。此外，受篇幅所限，参考文献未能尽数列上，还望读者见谅。在此书撰写中，特别感谢西南大学郭成教授、王金良教授、刘衍玲副教授，重庆师范大学胡朝兵教授，他们为本书的出版提出了宝贵的意见！受限于本人的编写水平，书中难免有不尽如人意之处，还望广大同行、专家、读者批评指正，您的不吝赐教是我不断前进的动力！

胡世艳

2018 年 7 月

CONTENTS

目录

第一篇　学习

韩愈说：“业精于勤，荒于嬉；行成于思，毁于随。”这句话说明勤奋学习很重要。你在学习中的烦恼是什么？

时光不可以倒流

——大一新生的烦恼

聆听之声

张×是一名物理专业的大一新生，出生于一个较为偏僻的农村。他个头不高，体态瘦弱。从小性格内向、不善言辞。以前的他并不孤独，学习成绩十分优秀，但自从考上大学，在一次竞选学生会干部失败之后，他觉得周围的一切都令自己感到很苦恼。以前，他学习好，老师和同学都很喜欢他，无论他到哪里都是“焦点”。现在的他内心非常脆弱。他认为，现在全部变了，再也没有人追捧自己，没有人喜欢自己，他感到很失落，对自己所处的陌生环境非常不适应，不知道该如何与老师和同学友好地相处。他试着去改变这种孤独状态，但没有成功。他感到自己不仅不适应学校生活，而且还很累，在寝室，他不能静心看书，室友觉得他很不合群，也不怎么喜欢他，常常疏远他。他认为，学习应该有一个好的氛围，而现在的学习氛围却一团糟。

时间长了，孤独的他感到非常苦闷，不知道该向谁寻求帮助，只有偷偷地躲在无人的角落或被窝里哭泣。从此，张×晚上睡不好觉，总梦见自己竞选学生会干部失败的情景，学习时感觉精力也越来越不集中，越来越多的题目不会做，这是他从来没有发生过的事，他感觉自己要崩溃了……

智慧点拨

正处于青少年时期的张×，自我意识开始觉醒并逐渐建立。他逐渐发现与同龄人的心理差异，于是产生了解别人内心世界并渴望被同龄人接受的需求。他很注重自己在别人心目中的地位和形象，也很在意别人的评价，一旦交往失败，便将自己隐藏起来。他一方面感到孤独，希望找到知音来倾听自己的心声；另一方面，又害怕自己被别人“洞悉”，担心别人知道自己的内心世界，因而烦恼不已。他试着去改变孤独状态，但并没有成功。他非常渴求接纳周围的事物，但当自己的某种需要得不到满足时，就会苦恼、惆怅，易产生“无人能助”之感，这种负面情绪若长期存在而得不到调适，会在一定程度上影响工作和学习。

追根溯源

一些像张×这样的大学生出现以上问题，其原因在于，上高中时大部分时间用于学习，许多事情都由家长代办，人际关系简单。进入大学后，其人际关系、交往方式等发生改变，作为大一新生，适应大学生活需要一个过程，他们常常表现出种种的不适应。

（一）过渡期的不适应

这个阶段，是从高中转向大学的过渡时期，这一时期，是大学生全面发展的起步阶段。新进校学生，由于他们具有社会阅历浅、独立性不强、对社会人生过于理想化等特点，会表现出对大学生活的多种不适应。例如，对学习方法与集体生活的不适应，对饮食、气候、语言环境等改变的不适应，从而导致一些心理矛盾与冲突。新生进入大学后有诸多不适应，是正常的心理表现。它既是大学生心理发展未成熟的体现，也是进入不熟悉环境以后的特殊心理反应。多数学生经过一段时间的生活实践，能逐步适应大学生活，但也有少数大学生出现适应困难、心理压力大等特点，从而影响其正常学习与生活。

（二）大学生活中的其他矛盾体现

1. 心理“求乳期”

进入大学后，大学生摆脱了中学时代父母与老师的监管，进入较为自由与开放的大学生活环境，其独立意识明显，凡事想依靠自己的力量，以显示自身的能力。但是，由于社会经验不足，他们很难在短期内摆脱中学时代长期形成的依赖感，面对环境的改变，容易产生措手不及的状态。此时，他们常常留恋中学时代父母无微不至的关爱，思念中学时代老师的细心呵护，纠结于过去的成长环境中而不能自拔。

2. 交友“社会化”的不适应状态

在大学中，有来自不同区域的学生，各有各的方言，各有各的习俗。尽管有共同使用的普通话，但在认识之初，交流困难在所难免。同时，在作为社会缩影的大学的陌生环境中，他们非常渴望找到良师益友，渴求被人理解和接纳。但由于在人际交往中缺乏主动性，加之青年期的心理闭锁等原因，同学之间的友谊不再像中学时代那样单纯，他们不易吐露真情、交流思想，自然产生孤独与失望的感觉。新生进入大学后，未能通过结识他人确立新的人际关系。在现实中，大学生对新的人际关系的适应，远比对生活环境的适应困难，尤其是在与周围同学的交往中，或因缺乏经验技巧而担心被别人轻视；或因性格内向孤僻而不会交往，造成与他人难以沟通、情绪压抑、被孤独感所困的境况。

3. 个体与群体的冲突

在大学生活中，一方面，大学生因脱离父母的呵护，生活空间扩大，而独立感、成人感增强，其注意力开始从外部世界转向内心世界，自我认识、自我监督、自我评价、自我体验进入新阶段，表现出对个性独立的追求；另一方面，大学生对所生活的寝室、班级、社团等群体，既渴望获得归属感，希望被群体接纳，但又感觉受到群体规范的约束，从而产生心理冲突。

4. 选择做什么的困惑

有人说，大学阶段学习最重要；也有人说，大学阶段人际关系最重要；还有人说，大学阶段，自主创业最重要……对于踏入大学校门的学生来说，学生会、学生社团、各种兼职机会等都在吸引着大学生的注意力。但在这些环境中，有的人会感到迷失，找不到表现自己的机会；有的人会感到自己以前具备优越感，现在却变得“英雄无用武之地”；有的人专注于学习，但忽视了自身的全面发展；而更多的人，则因为找不到生活与学习的平衡点而烦恼。

5. 理想自我与现实自我关系的困惑

进入大学前，学生们对现实社会及大学生活了解甚少，往往凭想象把大学理想化，抱有不切实际的幻想与期望。一旦进入大学，他们会失望地发现，现实生活中的不完善与期望有着强烈的反差，从而感到困惑、迷惘。有些人因自我地位的改变，导致自我评价失调。在中学时期，许多同学是学习尖子，老师称赞，家长夸奖，同学羡慕，他们自我感觉良好。进入大学后，“群英荟萃”会使不少人在学习方面的优越感削弱或丧失，面临学习成绩重新排列组合的局面，从“群龙之首”变成“平庸之辈”，这种地位的变化与心理的落差，使一些人产生自我的压抑感。

6. 意志薄弱

在大学生群体中，有一部分属于意志薄弱型的人。此类学生一般自控能力较差，没有明确目的，行动盲目；他们做事没有恒心，半途而废；坐等机遇，没有顽强的毅力。意志薄弱的大学生，不善于约束与控制自己的言论与行为，在遇到困难时会惊慌失措或畏缩不前。此时的大学生犹如稚嫩的小鹰，若不懂得练习“飞行”的技巧，那么其生存能力将受到影响。

出谋划策

从中学步入大学，许多大学生都有一个从不适应到适应的过程。适应是心理健康的一项最基本的标志，是大学生必备的心理素质。良好的适应可以促进大学生身心健康，是大学生生活幸福、学业有成、事业成功的保障。学会适应、追求健康是大学生活的第一课。

（一）培养良好的习惯，形成有规律的生活

在访谈中发现，某些大学生入学前在家庭环境中，在父母的物质给予与能力培养方面，被全面照顾，家长往往注重智力方面的发展，关心孩子的文化成绩，而对其他方面则包办代替。因此，进入集体环境后，大学生适应能力不强，生活自理能力有待提高。所以，好的生活习惯和能力的养成，有利于大学生对陌生环境的逐渐适应。通常说，习惯分为生活习惯与学习习惯。生活习惯指通过重复练习而巩固形成自动化的行为模式。按照是否有利于身心健康，我们将生活习惯分为积极的和消极的两大类，大学生常见的消极生活习惯有吸烟、酗酒、饮食不规律、包宿上网破坏自身生物钟和心理节律等。心理家曾说，一个动作或行为重复21次便形成习惯，坏习惯可以通过消退的方式逐渐淡化，好习惯在不断地重复与练习中得到发展。学习习惯指在学习活动中通过练习和不断重复固定下来的学习方面的行为方式。对于教师来说，应立足课堂，面向全体，渗透学生的学习习惯的培养。良好的学习习惯可使学生顺利地按要求完成学习任务，从而大大提高学习效率。大一新生可塑性强，各种习惯在刚刚进校时容易养成，教师适时地引导，有利于培养他们良好的习惯。

（二）培养积极的态度，塑造良好的心态

哈佛大学的威廉·詹姆斯说：“我们这个时代最伟大的发现，就是通过改变人类的思想来改变他们的生活。”通过思维方式的改变来改变生活，态度往往比技能和技巧更重要。

古希腊有一位哲人，住所狭小，却有众多朋友时时来访。邻居问他，这么多人来你这儿，你就不烦吗？哲人回答说，朋友朝夕相处，能随时请教问题，有什么不好呢？后来，朋友们不来了，这位哲人依然快乐如初。邻居不解地问其原因，哲人回答说，朋友们不来了，恰好可以在安静的环境里独自看书思考，这又有什么不快乐呢？这种乐观的积极思维方式，使人时刻看到事物积极与阳光的一面。拿破仑·希尔说：“人与人之间仅有很小的差异，但是这种很小的差异，却造成了巨大的差异，很小的差异指所具备的心态是积极的还是消极的，而巨大的差异指成功和失败。”

（三）拥有正确的规划

小时候，我们的目标是长大；读小学时，我们会说，我的目标是考初中；读初中之时，读书的目标是考高中；读高中时，读书的目标是上大学；那么考上大学后，大学生活的规划又是什么呢？大学生活的规划就是面向当下，把握未来，成为自己未来的主人，主动积极地管理好自己的学习与生活。把握现在，意味着要管理好自己的时间。在大学阶段，很多大学生对未来怀着美好的期待，但有许多愿望可能未被满足，也有可能会面临各式各样的诱惑。人的时间和精力毕竟有限，因此，积极地投入生活，主动地规划未来，管理好自己的时间，才能把握自己前行的方向。

（四）自助与他助相结合

心情不愉快时，不同的人会采取不同的方式进行调适，例如，逛街、上网聊天、打球、吃零食、睡觉等。人人都是自己的“心理学家”，每个人都可以设计一套适合自己的心理调适方法，以此来排解考试焦虑、愤怒、人际关系矛盾等。一般来说，面对心理困惑，我们可以通过向他人求助、转移注意力、合理宣泄情绪等方式应对，而不能采取回避、退缩、压抑等不良的方式。每个人在生活中，可以不断地整理一套心理调适方法，通过自评，看看这些方法是否适合自己，当然，他人推荐的好方法也不妨一试。同时，必要时可以求助心理咨询师，寻求专业的心理帮助。

正能量

两根蜡烛

汤姆是一个工程师，在生活中屡屡受挫，虽然人过中年，但事业还是一无所成，因此他常常无端地发脾气，抱怨别人欺骗了他。终于有一天，他对妻子说：“这个城市令我失望，我想离开这里，换个地方。”无论朋友们如何相劝，都无法改变他的决定。他和妻子来到了另外一个城市，搬进了新居。这是一幢普通的公寓楼。汤姆忙于工作，早出晚归，对周围的邻居未曾在意。

一个周末的晚上，汤姆和妻子正在整理房间，突然，停电了，屋子里一片漆黑。汤姆很后悔来的时候没有把蜡烛带上，他无奈地坐在地板上抱怨起来。门口突然传来轻轻的、略为迟疑的敲门声，打破了黑夜的寂静。

“谁呀？”汤姆在这个城市并没有熟人，也不愿意在周末被人打扰。他很不情愿地起身，费力地摸到门口，极不耐烦地开了门。“你有蜡烛吗？”

“没有！”汤姆气不打一处来，“嘭！”的一声把门关上了。

“真是麻烦！”汤姆对妻子抱怨道，“讨厌的邻居，我们刚刚搬来就来借东西，这么下去怎么得了！”就在他满腹牢骚的时候，门口又传来了敲门声。

打开门，门口站着的依然是那个小女孩，只是手里多了两根蜡烛，红彤彤的，就像小女孩涨红的脸。“奶奶说，楼下新来了邻居，可能没有带蜡烛来，要我拿两根给你们。”汤姆顿时愣住了，他被眼前发生的一幕惊呆了，好不容易才缓过神来：“谢谢你和你奶奶，上帝保佑你们！”在那一瞬间，汤姆猛然意识到很多，他明白了自己失败的根源就在于对别人的冷漠与刻薄。屋子亮了，心也亮了。想让自己的心灵照进阳光，先要打开一条对外的缝隙。不要总是抱怨别人对你冷漠，也不要抱怨这个社会缺乏人情味，打开冷漠的心锁，积极去交往，你就能够走出人际的孤岛，体会到人与人之间情感的温暖。

（摘编自：张保文《阳光心态 点亮人生——世界上最神奇的青少年心理健康课》，石油工业出版社）

测一测

一、回答下面的问题，在你确认的选项上打“√”。

1. 我最怕转学或转班级，每一个新环境，我总要经过很长一段时间才能适应。

A. 是　　B. 无法肯定　　C. 不是

2. 每到一个新地方，我很容易同别人接近。

A. 是　　B. 无法肯定　　C. 不是

3. 与陌生人见面，我总是无话可说，以至感到尴尬。

A. 是　　B. 无法肯定　　C. 不是

4. 我最喜欢学习新知识或新学科，能给我一种新鲜感并能调动我的积极性。

A. 是　　B. 无法肯定　　C. 不是

5. 每到一个新地方，我总是睡不好，即便在家里，我只要换一张床，有时也会失眠。

A. 是　　B. 无法肯定　　C. 不是

6. 不管生活条件有多大的变化，我也能很快习惯。

A. 是　　B. 无法肯定　　C. 不是

7. 越是人多的地方我越感到紧张。

A. 是　　B. 无法肯定　　C. 不是

8. 我考试的成绩多半不会比平时练习的时候差。

A. 是　　B. 无法肯定　　C. 不是

9. 全班的同学都看着我时，我的心都快跳出来了。

A. 是　　B. 无法肯定　　C. 不是

10. 对他（她）有看法我仍能同他（她）交往。

A. 是　　B. 无法肯定　　C. 不是

11. 我做事总有些不自在。

A. 是　　B. 无法肯定　　C. 不是

12. 我很少固执己见，常常乐于接受别人的意见。

A. 是　　B. 无法肯定　　C. 不是

13. 同别人讨论时我常常感到语塞，事后才想起该怎样反驳对方，可惜已经太迟了。

A. 是　　B. 无法肯定　　C. 不是

14. 我对生活条件要求不高，即使条件很艰苦，我也过得很愉快。

A. 是　　B. 无法肯定　　C. 不是

15. 有时自己明明把课文背得滚瓜烂熟，可在课堂上背的时候，还是会出错。

A. 是　　B. 无法肯定　　C. 不是

16. 在决定胜负成败的关键时刻，我虽然很紧张，但总能很快使自己镇定下来。

A. 是　　B. 无法肯定　　C. 不是

17. 我不喜欢的东西，不管怎么学也学不会。

A. 是　　B. 无法肯定　　C. 不是

18. 在嘈杂混乱的环境里，我仍能集中精力学习，并且效率很高。

A. 是　　B. 无法肯定　　C. 不是

19. 我不喜欢陌生人来家里做客，每逢这种情况，我会有意回避。

A. 是　　B. 无法肯定　　C. 不是

20. 我很喜欢参加社交活动，我认为这是交朋友的好机会。

A. 是　　B. 无法肯定　　C. 不是

二、评分规则：

凡是奇数号的题，选“是”得 2 分，选“无法肯定”得 0 分，选“不是”得 2 分。凡是偶数号的题，选“是”得 2 分，选“无法肯定”得 0 分，选“不是”得 2 分。

结果分析：

35 ~ 40 分：心理适应能力很强。能很快地适应新的学习、生活环境，与人交往轻松大方。给人的印象极好，无论进入怎样的环境，都能快速适应，灵活应对。

29 ~ 34 分：心理适应能力较强。

17 ~ 28 分：心理适应能力一般。当进入一个新的环境，经过一段时间的努力，基本上能适应。

6 ~ 16 分：心理适应能力较差。依赖于好的学习生活，一旦遇到困难则易怨天尤人，甚至消沉。

5 分以下：心理适应能力很差。在各种新环境中，即使经过一段时间的努力，也不一定能够适应，常常困惑，因与周围事物格格不入而十分苦恼。在与他人交往时，总是显得拘谨，羞涩，手足无措。

筑航起帆

——破解大学生学习目标之困

聆听之声

晨晨，18岁，原本是一位优秀生，在高中时勤奋努力，并立志考某重点大学。功夫不负有心人，他在不懈努力下，如愿以偿地考上了自己渴望进入的大学。

晨晨是位积极上进的学生，在刚进大学时，他积极参加各种社团，做了班干部，同时又做了学生会主要干部。风风火火的学生会干部生活让他忙碌了一学期，可是到期末考试时，他突然觉得自己没有了目标和方向，前期的时间都用于做学生干部的工作，而后期复习时间较短，他很担心自己会补考。果然，晨晨三门课需补考。为此，他感到心灰意冷，压力倍增，在难以调控自身情绪的状态之下，他每日以电脑游戏为伴，消极堕落……

智慧点拨

案例中的晨晨在大学环境中，因为难以协调好做班干与搞好学习之间的关系，导致大一补考三门课程，因此惶然不知所措，进而缺乏学习的目标，上课不能认真听讲，下课不能及时复习，用打游戏来消磨自己的时间。这种迷茫的心态，不利于大学的学习。那么，大学生迷茫包括哪些因素呢？

首先，对大学教育迷茫。进校后感觉大学并不像想象中那么美好，逐渐失去了对大学的热情，学习缺乏动力。有学生表示，没上大学之前，大学是我们的梦想，上了大学之后，却感到非常无聊。长期处于迷茫之中，不知为什么要读大学。一些大学生对大学教育产生怀疑，有些甚至产生厌学情绪，普遍感到课程多、压力大、学无所用。

其次，对社会道德迷茫。身处象牙塔，但是，对教育公平问题、贫富差距问题、物价问题、腐败问题、环境问题、食品安全问题等较为迷惑，最为迷茫的是当今社会道德滑坡的问题。部分学生对社会道德不重视，从而酿成一个又一个的悲剧。

再次，对爱情迷茫。一些大学生感到很孤独，非常渴望爱情，但却不能很好地处理感情，或坠入情网不能自拔，影响学习，或因单相思导致情绪压抑，或失恋后痛苦不堪。有学生谈到，自己一直很苦恼、纠结。例如，喜欢一位女孩子很久了，一直处于暗恋的状态，但对方有男朋友，自己很想放手，可是，却放不开，每天在大脑中都闪现她的影子。因此，他们常常以“我夹在感情与未来的十字路口”的感慨来描述自己的状态。

最后，对未来迷茫。信仰的缺失，就业的压力，沉重的学习负担，使很多学生对未来的生活充满困惑，常常表现为理想缺失，没有目标，不知道自己想干什么，对活动没有激情，缺乏兴趣，或找不到努力的方向。时光渐渐流逝，总觉得来到世上，要做有意义的事情，而有意义的事情是什么呢？他们对未来一片茫然。

追根溯源

是什么样的原因导致大学生缺乏目标而迷茫呢？

（一）大学定位模糊，大学生缺乏对目标的正确认识

部分大学办学层次参差不齐，存在定位模糊的问题，使学生不能真正理解大学的内涵，从而导致一些大学生缺乏正确的学习目标。随着高校的不断扩招，有人说，大学究竟是神圣的知识殿堂，还是一个谁都可以推着大板车进去，随地叫卖文凭的菜市场？大学精神的本质特征，被概括为创造精神、批判精神和社会关怀精神，但这三种精神正是现在一些大学所欠缺的。大学精神的缺失，导致培养模式的僵化，以高考为尺子衡量人才，学生为高考而奋力拼搏，成为单向发展的人。

（二）学习能力不强

大学生的学习能力偏弱，具体表现为，对现成的专业和书本知识了解较多，而对知识更新、获取新经验、新能力的方法及途径了解甚少；自学能力不足，对有关信息的收集、分析、处理的理论和方法欠缺，未形成自我反思、善于总结的良好习惯，导致学习处于被动状态。

（三）专业学习困惑

部分考生在填报志愿时，自己并没有明确的志向，而是听从家长和老师的意见填报，或者盲目跟风。一些父母让孩子选择热门专业，认为社会上流行的专业就是好专业，能对子女未来就业有所帮助。但进入大学后，这些学生逐渐发现热门专业并不一定适合自己；同时，一些考生由于接受调剂等原因，进入了自己无意填报的专业。对此，新生不能静下心来了解、熟悉、认识自己所学的专业，因对专业不感兴趣而缺少学习动力。若不能转专业，便以郁闷、颓废的心态消磨时间，不思进取。

（四）学习态度不良

大学的管理模式与高中相比，变化幅度较大。管理相对宽松，课余时间相对增多，一些学生不懂得如何有效地支配课余时间。如果自己没有主动学习的意识，就很容易陷入“没事情”或“不知道该干什么”的无所适从的困境，产生“大学学习太无聊”的错误认知，并放松对自己的严格要求，失去了高中时期主动学习的干劲。

出谋划策

教育家法布尔曾经说过：“学习这件事不在乎有没有人教你，最重要的是在于你自己有没

有觉悟和恒心。”在学习时，我们应该找准方向，找准目标，进而艰苦奋斗，不断地努力学习，掌握更好的学习方法，以使自己的大学时光充实而富有收获。

（一）抓住目标

在学习过程中，不同的人往往呈现不同的学习状态。有的人本身不喜欢学习，有的人不知学习的作用，有的人觉得学习无用，甚至对学习不感兴趣。然而，对于想有所作为的大学生来说，具备一定的目标抉择是必需的。所谓目标抉择，即在职业生涯路线上，确定自己的目标。例如，在什么阶段，实现什么目标，达到怎样的效果，需有条理地规划。目标的确立要具有科学性，需要根据主客观条件来设立。每个人的条件不同，目标不尽相同，但确定目标的方法是相同的。

专业知识与技能，是大学生毕业后迅速适应工作必不可少的。目前，大多数大学生专业知识学习成绩较好，但由于忽视实践环节、实际操作能力，其专业技能水平不足，难以将书本知识与实践较好地结合起来。他们的实验设计能力、动手操作能力较差，缺乏从实践中发现问题、解决问题的能力。因此，大学生要改变只重视书本知识和理论学习的观念，将实践技能的学习作为自己的学习目标之一。

大学生还应将提高品德素质作为大学阶段的重要目标。一要树立明确的理想，并将之作为大学学习目标中的一项极其重要的内容；二要培养艰苦奋斗的作风和服务人民的奉献精神，树立全心全意为人民服务的思想观念与事业心；三要努力践行道德理想，具有良好的群体意识、社会责任心及是非观念；四要提高基础文明素养，学会尊重人，以礼待人；五要遵纪守法、遵守公共秩序、维护集体利益。大学生不但要学会做事，更要学会做人，目标明确，不断学习，努力实践，刻苦修炼。

学习目标是学习活动的出发点和归宿，明确学习目标是大学生学习的战略前提，是提高学习积极性、自觉性和主动性的关键。

（二）找对学习方法

在学习生活中，每个人都有迷茫的时候，但我们要在最短时间内找到解决对策，克服迷茫的心理，明确自己的目标。知道自己能做什么，会做什么，要怎么做才能做好。好的学习方法是提高学习效率、达到学习目的的手段。钱伟长说，一个青年人不但要用功学习，而且要有科学的学习方法。要勤思考，多思考，逐渐培养自学能力。有效的学习方法，往往能收到事半功倍的成效。在大学学习中，需把握预习、听课、复习、总结、记笔记、做作业、考试等重要环节，为获取知识打下良好的基础。

（三）树立终身学习理念

有关调查表明，多数刚进校的大学生对自己的发展规划并不明确，不能运用有关理论规划未来的工作与人生，这种情况严重影响学生的学习积极性和准确定位，甚至影响将来的生活和对社会的适应性。学习是一个长期的过程，大学生不仅在大学中要认真学习，同时也要具备“活到老，学到老”的学习理念。在大学中，大学生需培养解决问题的能力、团队合作的精神，加强人际沟通与提高自我认识，在有计划的学习生活中发展自身的潜质。

（四）抓住关键阶段

大学是人生的关键阶段，是放下高考重担，开始追逐自己的理想、兴趣的阶段；是大学生离开家庭，独立参与团体和社会生活的阶段；也是大学生不再单纯学习或背诵书本知识，在见习或实习中将理论知识与实践相统一的阶段。与此同时，大学生不再由父母安排一切，他们有足够的时间处理生活和学习中遇到的各种困惑。大学生能在大学阶段系统性地接受教育，全心地夯实知识基础，充实自我成长历程。大学为大学生创造了相对宽松的环境，让他们在学习为人处事之道中找到理想的状态。

正能量

退路与出路

古希腊著名演说家戴摩西尼年轻时，为了提高自己的演说能力，常常躲在地下室练习口才。由于耐不住寂寞，他时不时就想出去溜达溜达，心总是静不下来，导致练习效果很差。无奈之下，他横下心，挥动剪刀把自己的头发剪去一半，变成了一个怪模怪样的“阴阳头”。这样一来，因为羞于见人，他只好一心一意地在家练口才，这样演讲水平突飞猛进。正是凭着这种专心执着的精神，戴摩西尼最终成为世界闻名的大演说家。

一个人要想干好一件事情，成就一番事业，就必须心无旁骛、全神贯注地追逐既定的目标。但人具有惰性和欲望，有时难免战胜不了身心的倦怠，抵御不住世俗的诱惑，割舍不下寻常的享乐，一些人因此半途而废，功亏一篑。这时候，不妨学学戴摩西尼的精神，他剪掉一半头发，就彻底斩断向惰性和欲望妥协的退路。而一旦没有退路可逃，就只能一门心思地朝前走。破釜沉舟来逼着自己成功，是许多智者的共同选择。

漫漫人生路上，往往只有不留下退路，才能赢得出路。

（摘编自：《退路与出路》，见《成长之路》2011 年第 5 期）

拓展空间

三个石匠的故事

在山脚下，有三位石匠在修建一座教堂。一天，有人问他们在干什么？第一个石匠说：“我在混口饭吃。” 第二个石匠一边敲打石块，一边说：“我在做世界上最好的石匠活。”第三个石匠带着想象的光辉，仰望着天空说：“我在建造一座美丽的大教堂。”

10 年后，第一位石匠的手艺毫无长进，被老板炒了鱿鱼；第二位石匠勉强保住了自己的饭碗，但只属于一位普通的泥水匠；第三位石匠成了著名的建筑师。

这个故事告诉我们，第一位石匠只知道干眼前的活，安于现状，没有将自己的理想和追求融入工作中，只有眼前利益。第二位石匠是一个空想家，看得太远，想得太远，反而无法做好手中的工作。而第三位石匠，他既看到了工作的本质，又拥有自己的理想。他的脑海里已经有了教堂的样子，这是他的梦想。前两位石匠只顾眼前利益，对未来没有明确的目标，对待工作的态度与第三位石匠也截然不同。如果只具备现实主义的观点，就会失去精神上的支柱，如果只具有精神主义的观点，也容易造成空想。所以，只有二者紧密结合，才能既有精神向往，又能踏实进取。第三位石匠看得最远，但又是最近的。

因此，一个人的思维方式决定他的行为方式，人们通过他的行为方式看到他的精神状态。现在的大学生活，犹如我们构建的教堂，思维决定行为，行为决定习惯，习惯决定命运。你心里想什么，都会完全地表现在你的语言和行动方面。所以，请让我们一起努力，抓住大学的学习目标，为自己，为他人，为社会的发展建筑美丽的“教堂”。

大学生活怎么过

——如何合理安排大学生活与学习

聆听之声

张×，女，22岁，大学二年级学生。半年以来，她经常出现头昏、记忆力下降、失眠、注意力集中困难、易发火、易疲劳等症状，到医院检查，并无大碍，医生给她开了安神补脑的药，但服药后效果不佳。她明显感到没有精神，脑子迟钝，记忆力下降，且脾气日益变坏，缺乏耐心，同时，学习效率不高。在与人相处方面，有时因鸡毛蒜皮的小事与同学发生争执，事后又无比后悔。这种情况时好时坏，反反复复，她到多家医院做过检查，常规化验均正常，各种器官机能无任何异常。

只有半个月就要期末考试了，就在这关键时刻，张×还是选择请假回家。老师关切地问："张×，你生病了吗？"张×说："老师，我每次在考试前总会出现情绪过度紧张、心慌、出汗、尿频、脸色苍白等症状，到医院检查，医生却说我一切正常，但是我还是很不舒服，想请假休息……"

智慧点拨

案例中的张×，对所规定完成的学习任务难以完成，对学习、生活环境突然改变出现适应困难的状况。她的大脑神经过度紧张而导致神经衰弱，同时出现记忆力下降、心情时好时坏等状况。时间对每个人都是公平的，有的大学生能在有限的时间内，把自己的学习、生活安排得较为妥当，但有的学生虽忙忙碌碌，经常加班加点，可实际学习效果却事倍功半。就像张×一样，精神压力直接影响了她的学习。

追根溯源

大学管理与中学管理有明显差异，学习的方式也有所不同。对此大学生可能会产生不同的反应。

（一）学习适应不良

学习适应不良是大学新生中较为普遍的一种状态，对他们造成不同程度的影响。其具体表现为：某些大学生对学习缺乏应有的兴趣，其学习自觉性、主动性不够，缺乏独立性；他们已经习惯中学时的学习方法——由教师安排学习内容、学习计划、学习时间等，对教师依赖性较强，他们不理解大学的学习特点与规律，不知道如何有效地开展学习活动；他们在学习中精力投入不足，对本专业的知识、技能、要求认识不足，不知道怎样建立专业知识结构，培养专业技能，学习带有盲目性。

（二）学习缺乏动力

缺乏动力，指学习没有明确的方向，甚至厌倦学习，在学习时表现出松懈的现象，部分大学生没有学习的热情，缺乏必要的学习压力，上进心不足，懒于学习，过多地把精力放在休闲、娱乐等与学习无关的活动上。

（三）学习过度焦虑，导致心理疲劳

部分大学生存在过度焦虑情绪，具体表现为学习心理压力大，情绪压抑。怀疑自身的学习能力，对可能取得的考试成绩顾虑重重，信心不足，以至寝食难安。情况较为严重的大学生，会放大学习中的困难，为此惶惶不安，焦虑万分。造成大学生心理疲劳的原因是多方面的，如学习活动中不注意用眼卫生，学习内容单调，时间过长，缺乏劳逸结合；学习的内容难度较大，学习过于紧张，使大脑神经持续处于高度紧张状态；对学习缺乏兴趣、厌烦、畏难；或由于受到其他因素的干扰，例如家庭经济问题、思想问题等影响学习状态。

（四）对自身状况和条件认识不足

除了要适应大学的学习特点外，还需适应个体特征。如果大学生对自身的状况和条件认识不足，则很可能造成方法不当。对自身认识不足主要包括两个方面：一是对自己目前的学习状况没有客观、清醒的认识；二是对自己的个性特征认识不清。大学生如果对自己的个性特征认识不清，在学习方法上有可能盲目模仿别人，强己所难，造成身心疲惫。所以，正确认识自己是掌握科学学习方法的前提。

（五）意志薄弱，缺乏良好的学习动机

掌握和运用科学的学习方法，需具备一定的自制力。尤其是纠正一些不良的、已经形成习惯的学习方法，更需要毅力和恒心。有的大学生有掌握科学方法的愿望，但在运用过程中因意志薄弱半途而废，造成有目标无结果，有计划无行动的状态。动机缺乏的学生，缺乏学习热情，把学习看成是一件苦差事，在学习中没有目标，得过且过，其学习行为完全是一种被动的应付。在方法上，他们往往容易或死记硬背，或采取投机取巧的“旁门左道”。

（六）缺乏良好的休息和睡眠

一些大学生学习时间过长，缺乏良好的休息与睡眠，同时伴有思想负担或压力；或者对学习要求不满，但又必须完成学习任务，由此产生抵触情绪，也容易出现神经衰弱。同时，一些学生将更多时间用于娱乐和社交，忽视休息和睡眠，造成生物钟紊乱，也导致学习效果欠佳。

出谋划策

作为大学生该如何端正学习态度，合理安排学习呢？

（一）进入角色，提高自身适应能力

在现实生活中，每个人需随着外界环境的变化，不断地调整自己，使自己的需求和发展与社会要求和发展相一致。也就是说，随着大学环境的变化，应当使自己进入“角色”，在新的大学生活中寻找自己的发展方向，确立最佳位置。大学生应科学合理地安排学习时间，合理地学习，有效地利用时间，精心制定用时计划。使自己学习、娱乐、休息、锻炼互相交错，科学搭配。

（二）强化学习动机

学习动机，是学习活动的主观意图，是推动学生学习的内在力量。学习动机不是提高学习效果的唯一心理因素，但却极其重要。苏联心理学家列昂捷夫说：“具有正确学习动机的学生，主动性较强，能克服困难，提高学习效果。”在与社会需要相适应的动机的促使下，学生能产生学习自觉性，激发强烈的求知欲、积极的兴趣和高度的社会责任感，因而能勤奋学习，刻苦钻研。相反，如果学习动机是想找一种轻松且工资较高的工作，那么，大学生在顺境中很可能会勤奋学习，但在逆境中，容易情绪低落、意志消沉致半途而废。动机不正确的学生，容易产生弄虚作假、抄袭他人作业甚至考试作弊等心理或行为。因此，学校有关部门和老师应引导学生正确认识社会需要、社会期望，并创造条件以利于学生自我定向、自我定位，这样才能激发学生正确的学习动机。

（三）培养学习兴趣，改善学习的外部条件

学习是学生深入而创造性地领会和掌握科学技术，以便未来从事某项事业的必要条件，也是智能开发的主要前提。兴趣是引起与维持注意力的重要内部因素，是学习过程中积极的心理倾向。大学生要培养自己对所学知识浓厚的兴趣，才会心驰神往，保持积极的学习态度。爱因斯坦曾说：“对一切来说，只有兴趣和爱好是最好的老师，它远远超过责任感。”大学生可通过多种方式，从克服困难中唤起好奇心，从而改变由于兴趣不足而缺乏学习动力的状况。针对学生学习动力缺乏的外部原因，学校应通过多方面的努力改善外部环境和条件。例如，创造良好的学习气氛和环境，提高教学质量，教师注意更新知识，严肃学校纪律和奖惩条例等。

（四）学习过程劳逸结合，调节疲惫状态

1. 消除导致疲劳的因素

学习时过分紧张，注意力高度集中；睡眠不足；持久地思维和记忆；学习内容单调、乏味；缺乏学习的兴趣；在异常的气温、湿度、噪音和光线不足的环境下学习，是造成学习疲劳的主要原因。脑的两半球具有不同功能，左半球与逻辑思维有关，主管智力活

动中的计算、语言逻辑、分析、书写及其他类似活动，右半球则与形象思维有关，主管想象、色觉、音乐、韵律、幻想及类似的其他活动。如果长时间运用一侧大脑半球，就容易产生疲劳。因此，应根据大脑两半球的不同分工，进行大脑的交替使用，以缓解疲劳现象。大多数失眠是由心理因素引起的，我们可以通过听音乐、自律训练等调整睡前状态。一方面，冷静地接受现实，在失眠时，做到身心放松，告诉自己，即便是整夜不眠，也无大碍，如此便放下包袱，促使自然入睡。另一方面，在就寝时，可以想一些愉快的事情，并沉浸在幸福情景之中。若是因杂念难以入眠时，可尝试接着“杂念”去续编故事，而故事情节应使自己感到身心愉快，故事的篇幅编得越长越好。这些有意的回想与“编故事”，可消除患者对失眠的恐惧，也可因大脑皮层正常的兴奋疲劳而转入保护性抑制状态，进而自然入眠。

2. 劳逸结合，保证睡眠

在紧张地学习了一段时间后，应适当休息。一天学习之后，适当进行文体活动，使身心得到放松与调节，这有利于消除疲劳。保证充足的睡眠时间，可使头脑清醒，精神振奋。当出现学习疲劳时，应引起重视，及时地采取相应措施，使之得到矫治。首先，充分发挥自我调节能力，控制焦虑的程度。其次，努力营造和谐的集体和轻松愉快的学习气氛。师生之间情感的交流，同学之间互助友爱的关系，都有助于学生心理趋于平衡，形成正常焦虑。再次，激发和保护学生的好奇心是培养正常焦虑的良策。精神病学家布盖尔斯基认为，创造恰当的焦虑水平的方法就是要引起学生的好奇心，因为好奇心就是焦虑的一种隐蔽形式。有了好奇心，相应地会出现一定的紧张，这种紧张蕴含着愉快色彩，活动效率由此大大提高。最后，学生要正确认识和评价自己的能力，确立切合自身实际的学习目标；增强自信和毅力，不怕困难和失败；保持适度的自尊心，降低对胜败的敏感度；保持情绪的稳定；摸索总结一套适合自己的学习方法等，有助于克服严重的学习焦虑。

（五）正确对待考试，提高应试技巧

考试是衡量学习好坏的手段之一，也是教学的重要环节。但是，成绩并不能完全准确、真实地反映大学生的知识水准，特别是对能力的反映更不全面。大学生应重视考试，但不过分要求高分。要学得愉快，考得轻松。提高应试技巧，首先，要做好考前准备，即认真复习，有计划，有安排，有轻重缓急。要合理安排时间，不要使大脑过度疲劳，尤其是临考前几天，应保持充足的睡眠，保证以清醒的头脑和充沛的精力走进考场。其次，要有应付怯场的办法。考试时先做相对简单的题，先易后难，这样，可以消除考试紧张情绪。假如考试怯场，可设法转移注意力，使大脑兴奋起来，例如，思考令自己高兴的事或做几次深呼吸，使情绪稳定下来。

正能量

乐观心态改变人生

卢梭说，感谢生活给我的一切不幸。拥有积极乐观的生活态度，你的人生才是美丽的。

莫言，很多人只看到他辉煌的一刻，却没有想过他也曾被批为得奖赔率最高者。虽然经历了众多的被否定的挫折，他也没有放弃自己，闭关淡然写作，终于让我们看到他出色的才华。如果用橘子来比喻人生，有的橘子大而酸，有的橘子小而甜。这告诉我们，人生不如意十有八九，没有十全十美的事物，生活本身也如此，但我们可以用完美无瑕的心，即乐观的生活态度面对它。

独臂钢琴师刘伟，他的音乐弹奏，会让我们体验到另一番的“甜”。或许是上帝对他的偏爱，让这个饱满的苹果被多咬了一口，他深知这一点，也感恩生活。困难只是暂时的，直到那么一天，在金色大教堂下的历史性一刻，他淡淡的微笑征服了一切。在他超凡的技艺下，乐观便是他成功的催化剂。

乐观是一种感恩万物的生活态度，我们双眼是平行的，你在看见缺点时，不要忽略自身的优点。对待生活，切勿将一时之悲，扩大为一生之悲，因此，让我们以乐观的姿态面对生活。我们或许不会如咖啡般浓郁，给中枢神经以兴奋作用，但我们可以是一杯简单的茶，淡淡的，一杯在手，上下沉浮，近乎透明，那种感觉的愉悦，也并非笔墨可以形容。喝上一口茶，噙在口里的，是快乐。或许我们周围环境不那么优美、宁静，但是，想想在荒野里，两个求生的人在一杯仅存的半杯水下的一番话。一个说：“只有半杯水，死定了。”另一个说：“真幸运，居然还有半杯水。”我们应该明白，适应环境，不抱怨，从自身着手改变，若本着一颗积极的心，那你的世界才会更加富有希望和活力。

盈盈之月光，我掬一捧最清的；灼灼之红叶，我拾一片最热的；落落之余晖，我拥一缕最暖的；漫漫之人生，我要采撷那人世间最美的生活态度——乐观。

（摘编自：《乐观心态改变人生》，https：//weibo. com/5555021098/F16r483Df?Type=comment#_rnd1529968923496）

测一测

1. 当你完成一项工作或任务时，你通常的感觉是

A. 无特别的感觉　　B. 轻松愉快、预料之中

C. 终于解脱了　　D. 希望如此，更加自信

2. 假如让你选择，你更喜欢下列哪一项工作

A. 与很多人在一起，并亲密接触　　B. 与少数人在一起，有共同的语言

C. 按部就班，平静地工作　　D. 独处工作，没有太多烦心事

3. 当你有重要的心事一时解不开时，你通常的做法是

A. 找朋友倾诉或请教别人　　B. 搁置一边，去寻找解脱

C. 闷闷不乐的状态，基本独处　　D. 想方设法，希望早日解决

4. 如果你因私事遇到不快，上班时或见到朋友你会

A. 打起精神，暂时忘记烦恼　　B. 难以克制，想避开
C. 继续不快，心情烦躁，想发脾气　　D. 恢复正常，寻找新的乐趣

5. 知道朋友因某事误解你并生你的气，你将如何处理
A. 无所谓，顺其自然　　B. 抱怨朋友不该如此
C. 寻找机会，做相应的解释　　D. 等其明白过来再说

6. 下列词语，你最喜欢和欣赏哪一组
A. 无忧无虑的生活　　B. 积极、挑战、乐趣
C. 理智、稳重、谨慎　　D. 冷静、坚守、不吃亏

7. 你认为喜欢独处，不善交际的人能成功吗
A. 很难　　B. 比较难
C. 不一定　　D. 能成功

8. 当你听课或听人演讲时，你通常的做法是
A. 当一位好听众，认真汲取有用的东西　　B. 有时听，有时不听，区别对待
C. 冷眼旁观，评判大于接受　　D. 满不在乎的样子，听不进去

9. 在公共场所，你有时看到大量闲人在打扑克、聊天时，你的感觉是
A. 视而不见　　B. 想加入其中
C. 很吃惊或反感　　D. 若有所思

10. 当你做某件事或工作时总做不好，你会
A. 放弃，无所谓　　B. 很沮丧，认为自己很笨
C. 仍坚持做下去　　D. 想办法另辟蹊径

11. 在与朋友相聚时，忽然有人争吵起来，并破坏了良好的气氛，你的做法是
A. 平静地观察，静观其变　　B. 觉得很扫兴，想要离开
C. 欲调解，但又欲言又止　　D. 站出来，主动调解

12. 当你在生活中连续遇到挫折或不公平时，你的反应是
A. 有所气恼，想要反抗　　B. 看得开并理解、包容
C. 耿耿于怀，抱怨命运　　D. 怀疑自己，减少斗志

评分标准：

答案	1题	2题	3题	4题	5题	6题	7题	8题	9题	10题	11题	12题
	得分											
A	2	4	3	3	2	3	4	4	2	2	2	3
B	4	3	2	2	1	4	3	3	1	1	1	4
C	1	2	1	1	4	2	2	2	4	3	3	1
D	3	1	4	4	3	1	1	1	3	4	4	2

测试分析：

40～48分，属于超级乐观者，具有积极心态。

30～39分，倾向于积极、乐观，心态良好。

21～29分，表现一般，需激励、引导。

12～20分，倾向于悲观、保守、冷漠。

考考考，生存的法宝

——卸下考试焦虑的包袱

聆听之声

小星，女，21岁，大三学生，小学教育专业。虽已考上大学，但其数学基础较差，家庭给她的压力较大。为了让自己成绩优异，给家族争光，她整天都在考虑着如何才能考出好成绩，每天加班加点拼命学习。下了晚自习，教室和宿舍的灯都熄灭了，可她还在昏暗的路灯下看书。后来，她的睡眠渐渐不足，头昏沉沉的，书看不下去，又舍不得休息，怕耽误时间，怕比别人考得差。每到考试时，她担心比其他人考得差的念头总是在头脑里不断闪现。因为考前紧张感加剧，每学期考试的成绩都不理想，这令她更加焦虑。因为紧张，她经常敲自己的头，掐自己的手，想让自己平静下来，但她越紧张，越难做到安心学习。在苦恼不堪的情形下，她找到心理辅导老师，诉说了自己考试焦虑的苦闷。

智慧点拨

案例中小星的症状，属于考试焦虑，这种症状在学生群体中普遍存在，并随年级增高而逐渐加重。焦虑的情绪会影响大学生的考试成绩，时间长了，会导致学生产生过低的自我评价。那么，什么叫考试焦虑呢？考试焦虑是指在一定的应试情境下，受个体认知评价能力、人格倾向与其他身心因素的影响，以担忧为基本特征，以防御逃避为行为方式，通过不同程度的情绪反应所表现出来的一种心理状态。当小星发现自己考试焦虑情况不能调适，主动找老师倾诉，表明小星已经正确认识到自己心理上的问题，并能直面自己在学习上的压力。

追根溯源

什么样的原因会导致考试焦虑呢？

（一）父母期望过高

一些家长对子女有较高的期望，希望子女成才，为家族争光，从而给子女过度的保护与关心。通常，子女将这种期望转变成为一种无形的压力，从而导致考试紧张，对考试惧怕，以至于抗拒或逃避考试。

（二）来自就业的压力

从某种意义上说，大学生患焦虑症是对未来失去信心的表现，之所以失去信心，和现在的就业市场有很大关系。社会竞争较大，某些专业岗位相对较少，想找一份理想的工作确实不容易，导致大学生一族处于高不成低不就的尴尬境地，长期的压抑情绪，很容易使他们产生考试焦虑。

（三）性格特点和健康状况

一般来说，性格内向、情绪不定，自我意识不正确或对自己的知识能力缺乏正确认识的学生，要么骄傲自大、目空一切，要么自我贬低、自卑多疑，对考试敏感，易产生过度焦虑。再者，身患疾病，体力及脑力不足或神经系统脆弱的人，也容易情绪失衡，使心理产生对考试的恐惧，从而出现焦虑性神经症。案例中的小星就是对自己的知识能力缺乏正确的认识，导致其对考试焦虑。

（四）个人的抱负水平和知识经验

抱负水平高，期望值过高，而实际能力不够，对达到目标较为担心，产生忧虑；或是知识经验储备不够，或记忆提取困难，难以应付考试；或者是能力差，自感不如别人，对考出好成绩没有信心，这些因素都是引起考试焦虑的原因。小星因对自己考出好成绩没有信心，导致她日夜紧张地学习，以至于事倍功半，学习成绩直线下降。

（五）个体自身适应能力差，认知评价能力不足

适应性，指人对自然和社会环境的顺应能力，即根据环境条件变化而改变自身的能力，通过调节自身与环境的关系，使之协调。今天的很多青少年，往往缺乏生活的磨炼，不能很好地适应社会环境，面对激烈的竞争退避三舍，导致情绪恶化，影响学习。以往研究表明，学生对考试性质、考试结果与个人的利害关系、个人的应对能力缺乏正确估价，过于看重考试结果，会使考试成为大学生无法适应的威胁和精神压力。同时，对自己应对考试的能力缺乏正确估价或缺乏自信，一旦在学习上遇到困难，在应试时遇到不会做的题便会焦虑不安。

出谋划策

要想消除不必要的考试焦虑，需从哪些方面着手呢？

（一）鼓励大学生克服性格上的弱点

大学生虽有性格上的弱点，但具有一定的领悟能力。鼓励大学生面对现实，根据自身的

条件制订切实可行的计划，一步一步地前进。考试的目的不仅是检验学习者掌握知识的情况，更重要的是促使他们扎实地获得科学文化知识。

（二）认真学习，合理利用时间

搞好时间管理是降低压力的好办法，制订学习计划有利于学习的条理性与系统性。计划可大可小，大到整个学期，每个学科；小到每周，每单元，这样便于科学安排时间，提高学习效率。注意科学用脑，注重劳逸结合，另外，注意学习方法。每学一个新的内容，都要及时巩固。前一天预习新课，当天回顾所学内容；一周小结复习，单元测验前复习巩固；期中、期末考试前系统复习，这样从预习到考试，一遍一遍加深印象巩固记忆，就不会感到压力太大，无形中减轻焦虑程度，考试时能应付自如。

准备是否充分是影响考试焦虑的重要因素之一。要想降低考试焦虑，首先就要认真复习功课，真正灵活掌握要测验的内容。平时刻苦勤奋，认真学习，考前全面复习，“艺高人胆大”，只有这样，在考场上才不至于因为不会做题而惊慌，引起焦虑。

考试主要是考查学生对知识的掌握情况，因此，考试成绩的好坏很大程度上取决于考生的知识水平。应试技巧是考试中必备的能力，通过掌握学习的规律，根据学科结构的特点，合理使用应试技巧，是消除考生考试焦虑，顺利完成考试的重要手段。

（三）通过家校合作，改变家庭教育方式

家庭成员对考试的态度，影响着大学生的考试焦虑程度。家人若对大学生的考试过于关注，会营造大学生考试紧张的氛围。学校应正确引导，培养家长与子女沟通的能力，以便于子女身心放松。例如，降低在大学生面前谈论考试情况的频率，通过引导大学生参观一些先进单位或社会经济效益好的单位，激发大学生读书的热情。同时，让班主任和科任老师多关心大学生的生活状态，让他们体会到班级的温暖。

（四）采用认知疗法，引导正确认识客观条件

如果大学生基础较差，但“经验就是财富”“勤能补拙”，要树立战胜困难的信心。要懂得变压力为动力，发扬优点，弥补不足，把家人的期望化为自己学习的动力。多在学习上下功夫，尽自己的能力去学习，不过早去考虑考试的后果。这样，心态正常了，思想包袱变轻了，才能轻装上阵，从容应付考试。

（五）教会大学生自我放松的方法

（1）通过松弛训练法练习自我放松。坐在沙发上，微闭双眼，反复对自己说 3 ~ 4 遍：“不要紧张，我应该放松。”自我暗示后稍稍镇静，全身放松，双手放在膝盖上，慢慢地深吸气，同时默念“吸……吸……”，然后慢慢地呼气，默念“呼……呼……”，这样反复多做几次，一分钟 6 ~ 8 次，1 ~ 2 分钟后就会感到呼吸、心跳正常。有时也在开始自我暗示后，让大学生按摩前额，按揉太阳穴，即用双手四指，自额中线向两边轻轻按摩，一分钟 14 ~ 16 次，然

后双手大拇指按揉两侧太阳穴，一分钟约 24 次。动作要慢一些，心中默念“松、松、松”，反复做 1 ~ 2 分钟会使头脑清醒，消除紧张不安的心情。此时再鼓励自己“现在一切正常，我一定能成功”，反复说 3 ~ 4 遍。

（2）通过想象训练进行练习。坐在沙发上或写字台旁的椅子上想象自己正在进行一场重要的考试，想象得越真实越好。进入想象状态后会感到考试时的焦虑状况出现，再用学会的松弛方法进行放松，全身放松后自我暗示：“现在一切正常，我能成功。”这样反复地多次训练，直到降低焦虑情绪为止。

正能量

撇开负面情绪，让毕业论文完美蜕变

人生的风雨是立世的箴言，挫折与成长相伴。具备实力加机遇，再加上良好的心态，才能走上人生的巅峰。

从大一走到大四，这四年时光如电影般在琴琴的脑海里放映。大四是大学的最后一年，它预示着琴琴将从校园正式踏入社会，而她也将面临大学里最重要的一件大事——撰写毕业论文，若毕业论文撰写不过关，就意味着她不能顺利毕业。

琴琴写到一半时，突然发现离题了，她只得从头开始。果然“万事开头难”，她不知如何继续下去，只得先搁置下来，让自己先冷静一段时间。时间像沙漏一样溜走，她历经千辛万苦，终于完成了毕业论文的撰写工作。听说同学们都在用检测系统检测，琴琴也将自己的初稿上传检测。结果，重复率高达 90%，凡是琴琴引用部分都被视为抄袭。面对这样的结果，琴琴真的要崩溃了，她遭受严重的挫败感。不行，不能在这里困死！如果这个小难关都过不了，今后在社会上怎么生存呢？想到这里，琴琴把标红的地方做相应修改，并对论文中的病句、标点符号及语序不当等方面也进行耐心细致地修改。修改完后，她信心百倍地进行第二次检测，结果还是引用率太高，不合格。面对这样的结果，琴琴心灰意冷……

思考如何修改论文是一个痛苦的过程。她挑灯夜战，在宿舍辗转反侧难以入睡，她产生山重水复疑无路的困惑，又渴望拥有柳暗花明又一村的激动，渴望拥有拨开乌云见日出的喜悦。面对疑惑，面对困境，她不退却、不放弃，在导师的耐心指导下，查资料，求突破。重重阻碍磨砺着琴琴的坚韧，她最终实现论文蜕变——她过关了！

人生没有彩排，每天都是现场直播。面对毕业论文撰写困境，切忌焦躁不安。我们理应调整情绪，培养积极乐观的心态，借助社会支持系统，发挥主观能动性，才能在成长的路上扫清障碍，实现梦想。

测一测

你焦虑了吗?

（一）量表测试内容

症状	分值
1. 焦虑心境：担心、担忧，感到最坏的事情要发生，容易激惹	0，1，2，3，4
2. 紧张感：紧张感、易疲劳、不能放松，情绪反应，易哭、颤抖、感到不安	0，1，2，3，4
3. 害怕：害怕黑暗、陌生人、一人独处、动物、乘车或旅行及人多的场合	0，1，2，3，4
4. 失眠：难以入睡、易醒、睡得不深、多梦、夜惊、醒后感疲劳	0，1，2，3，4
5. 认知功能：记忆、注意力不能集中，记忆力差	0，1，2，3，4
6. 抑郁心境：丧失兴趣、对以往爱好缺乏快感、抑郁、早醒、昼重夜轻	0，1，2，3，4
7. 躯体性焦虑：肌肉系统、肌肉酸痛、活动不灵活，肌肉抽动、肢体抽动、牙齿打战、声音发抖	0，1，2，3，4
8. 躯体性焦虑：视物模糊、发冷发热、软弱无力感、浑身刺痛	0，1，2，3，4
9. 心血管系统症状：心动过速、心悸、胸痛、血管跳动感、昏倒感、心搏脱漏	0，1，2，3，4
10. 呼吸系统症状：胸闷、窒息感、叹息、呼吸困难	0，1，2，3，4
11. 胃肠道症状：吞咽困难、嗳气、消化不良（进食后腹痛、腹胀、恶心、胃部饱感）、肠动感、肠鸣、腹泻、体重减轻、便秘	0，1，2，3，4
12. 生殖泌尿系统症状：尿意频数、尿急、性冷淡、早泄、阳痿	0，1，2，3，4
13. 植物神经系统症状：口干、潮红、苍白、易出汗、起鸡皮疙瘩、紧张性头痛、毛发竖起	0，1，2，3，4
14. 会谈时行为表现：（1）一般表现：紧张、不能松弛、忐忑不安、咬手指、紧紧握拳、摸弄手帕、面肌抽动、不宁顿足、手发抖、皱眉、表情僵硬、肌张力高、叹气样呼吸、面色苍白。（2）生理表现：吞咽、打呃、安静时心率快、呼吸快（20次/分以上）、腱反射亢进、震颤、瞳孔放大、眼睑跳动、易出汗、眼球突出	0，1，2，3，4

（二）评定标准

汉密顿焦虑量表（HAMA）的评分为0～4分，分为5级评定：0无症状；1轻；2中等；3重；4极重。

（三）结果解释

一般划界，HAMA14项版本分界值为14分。按照全国精神科量表协作组提供的资料，总分超过29分，可能为严重焦虑；超过21分，肯定有明显焦虑；超过14分，肯定有焦虑；超过7分，可能有焦虑；如小于7分，被测试者没有焦虑症状。

第二篇　认识自我

老子说：“知人者智，自知者明。胜人者有力，自胜者强。”你对自己认识有多少？

我是男生，我不跳舞

——你对自己的专业适应了吗？

以人为镜

一个炎热的下午，王老师给大一新生上室内舞蹈课。王老师并没有被这躁动的天气扰乱心情，她精神饱满地对学生们说："今天，老师和大家一起做韵律活动！"学生纷纷答道："好！"可就在这时，一位叫晓东的男生发出了与其他同学不一样的回应："不，我是调剂录取的，我不喜欢跳舞，跳舞是女生的事情。"接着又有几个男生应和着……

刚进校的一些大学生，不仅在生活上不太注意细节，自我意识比较强，不乐于与人交往，造成自己人际关系紧张，而且在认识上，由于现在所就读的专业并不是高考时所报考的志愿，而是通过调剂录取进校的，而心有不甘。因此，他们不喜欢自己的专业，对所就读的专业无兴趣，上课时精力不集中，要么睡觉，要么分心。心里总是想着这个专业不是自己所选，觉得这个专业和自己理想的专业格格不入，非常不适应现在的状态。因学习状态不佳，导致荒废了自己现有的专业课程，总是收到补考的通知，但却从来没有想过如何改变困境。

也有学生会这样说："我无所谓，大学不就是用来荒废的吗？反正这也不是我所喜欢的专业。拿到毕业证也没有用，我不适应这个专业，专业也不适合我。我还不如享受一下接下来的大学生活。"

智慧点拨

晓东之所以这样，是因为他对专业和大学生活的适应度不够，导致他迷茫。他不仅不适应环境，而且对自己、对专业也产生抵触。读了自己不喜欢的专业，就认为自己没有必要好好学习；对现在的生活状态不满意，但却不懂得改变。找不到学习该专业知识所带来的成就感，也不想办法适应现在的生活。用专业不对口来掩饰自己不适应专业的不正常表现，其结果可能导致自己的生活变得碌碌无为、没有激情，并使自己陷入生活危机。于是对专业的不适应开始做出一些"报复"的行为，认为这样能使自己的不满得以宣泄。选专业过程中遇到挫折，就认为这件事情很糟糕，学习此专业也不会有什么出息。这种不合理的信念认为，如果选择不合适，这就是一场灾难。这种想法会导致个体陷入极端不良的情绪体验，如堕落、自暴自弃、焦虑、抑郁等。进校后，为什么一些大学生缺乏专业认同感呢？

追根溯源

（一）源于社会偏见

在一些学生看来，读学前教育专业，唱歌跳舞，陪伴幼儿，是女孩子们的事。男生读学前教育专业，是迫不得已的选择。因未能考上所喜欢的专业，只能屈就其他专业，致使其以负面消极的情绪来对待现有的专业。

（二）消极的情绪体验

在生活与学习中，大学生可能出现以下消极的情绪体验：

1. 消极的自我暗示

凡事总是从消极悲观的方面考虑，喜欢拿自己的短处与他人的长处比，总觉得“我可能不行”“我天生不是那块料”，致使自信心逐渐丧失。

2. 过低的自我期望

不相信自己的能力，对自己缺乏激励，一旦失败，反过来又验证自我的认识和期望，进一步强化自卑心理。

3. 被集体所冷落、受歧视、自尊心受到损伤

失败和挫折都可能引起消极的情绪体验。加上青少年情感强烈，易冲动，自控力弱，这些都可能导致过错行为、品德不良行为。

（三）自卑心理

自卑的人在人际交往过程中，过低地评价自己或对自己全部否定，人为地“与世隔绝”，把自己孤立起来；或盲目地依赖别人、取悦别人，缺乏安全感，常常自惭形秽。自卑是交往的大敌，随着自我意识的成熟和自尊的需要，大学生非常看重自己同别人的关系和他人对自己的评价。特别是那些性格内向、自尊心特别强的大学生，他们会因此变得敏感而多疑。当他们发现自己的弱点或者遭遇挫折后，为了维护自尊，往往不愿参加竞争性活动，不愿与人交往，越来越缺乏自信。

内向自卑的人，遇事喜欢将自己的缺点和别人的优点做对比，不喜欢别人对自己有过高评价，而愿意接受别人的低评价；喜欢反省自己，为什么比不上他人有那么多的优点？于是形成过多的自我否定，认为自己“干什么都不行”，从而产生自卑心理。自卑的人在人际交往中，遇事总对自己能力产生怀疑，总有“我不行”这样的消极心理暗示，挫伤自信心，增加紧张的情绪；做事缺乏条理，从而限制自己能力的发挥，进而导致交往失败。

每个人都可能会遭遇挫折，若遭受挫折时不能正确归因，其产生的消极情绪会成为人际交往的障碍。在现实中，有的大学生把他们交往的失败，归因于自己的能力不行，以致产生自卑心理。在众人面前发言屡遭冷淡或交往不如意，就埋怨哀叹自己天生不善交往，是不受欢迎的人。以后若遇到类似场合，就会逃避，远离群体。

（四）学习适应不良

进入高校后，学生们可能出现一些适应不良情况：一些学生对学习缺乏应有的兴趣、紧迫感和自觉性；学习缺乏独立性，习惯于中学时的学习方法，由教师安排学习内容、学习计划、学习时间等，对教师的依赖性较强；不理解大学的学习特点和规律，不知道如何有效地开展学习活动；学习中精力投入不足，对本专业的知识、技能掌握不充分，不知道如何建立专业知识结构，培养专业技能。

专家支招

（一）在教师帮助下，克服心理障碍

学习过程不是一帆风顺的，总会产生一定的压力或经受一些挫折。在教学中，教师帮助学生克服正常的自卑心理和自怨情绪尤其重要。只有具备良好的心理素质，才能经受挫折的考验。心理学家马斯洛的需要层次理论认为，人有自尊的需要，当自尊心得到满足，觉得自己备受别人的尊重，个人能力就能在一定程度上得到发展。

（二）进入角色，熟悉生活，提高自身适应能力

在现实生活中，每个人都要随着外界环境的变化，不断地调整自己，使自己的需求和发展与社会的需求和发展相一致。这就是说，随着大学环境的变化，要使自己进入“角色”。在新的大学生活中确定自己的定位，其中，培养自信心尤为重要。由于大学人才云集，“能人”背后有“能人”，这就不可避免地使一些学生过去的优势变得不复存在，由于心理承受能力差而产生自卑感，甚至失去学习的信心，在这种情况下，大学生必须培养自己的适应能力。

（三）培养健康心理，提高学习效率

培养健康的学习心理，可以增加自信心、满足感和成就感，有利于心理的健康发展。积极地培养健康的心理，可以从以下几方面入手：

1. 积极、正确地评价自己

积极、正确地评价自己，是促使大学生培养自尊感、克服自卑感的重要手段。金无足赤，人无完人，每一个人都有自己的优点和缺点，不能只看到自己的优点或缺点，而应接受现实自我，客观评价自我，充分挖掘自身长处，发挥优势，树立坚强的意志力，积极努力克服缺点，弥补不足，增强信心。

2. 正确对待成功与失败

成长的路上，成功与失败总是相伴而行。大学生应客观地对待成功与失败，接受其存在的合理性，面对成功不骄傲自满，面对失败不灰心丧气，吸取教训，继续努力。我们不必为

自己的平庸与缺点感到自卑，只要善于发现，便可以从这些自认为“丑陋的缺陷”中找出闪光点。

（三）培养学习兴趣

兴趣是人积极探究某种事物、力求认识某种事物或爱好某种活动的认识倾向。这种认识倾向，是指认识过程中带有稳定性的指向、趋向；并且，它与人一定的思想感情联系着，使人对某种事物给予优先的注意，且具有向往的心理。因此，对于主体来说，感兴趣者总伴随有快乐、欢喜和满意的情感体验。一般来说，当人们对自己的学习、工作和事业抱有兴趣时，总是经常注意而且爱好与自己的事业或工作有关的东西，他们的思想也会集中和倾向于自己的事业或工作。

兴趣是情感的凝聚，一个人如果对某件事感兴趣，那么，他就会深入持久地去做这件事，力争达到预期目标。所以，兴趣对于大学生来说尤为重要。但是，大学生的兴趣是随着年龄的增长和实践活动的丰富不断培养和发展的。在学习中，大学生要善于发现激发自己兴趣的事情，努力培养这种乐趣。

（四）把握学习的主要环节

预习、听课、记笔记、复习、总结、做作业、考试等是大学学习中的几个主要环节，把握好这些环节，就能为进一步获取知识打下良好的基础。

（1）培养自学能力，通过预习，把不理解的问题记下来，使听课更有针对性。既节约学习时间，又能提高听课效率，所以，预习是学习中重要的环节。

（2）认真听课，做好笔记。上课时要集中精力、全神贯注，对老师强调的要点、难点和独到的见解认真做好笔记。课堂上力求弄懂老师所讲的内容，消化吸收，变成自己的东西。

（3）复习和总结。课后及时复习，是巩固所学知识必不可少的一环。复习中要认真整理课堂笔记，对照课本和参考书，进行归纳和补充，经过反复思考写出自己的心得和摘要。每过一个月或一个阶段要进行一次总结，融会贯通所学知识，温故而知新，形成新思路。把握所学知识的来龙去脉，使所学知识更加完整系统。

（4）做作业和考试。做作业能巩固消化知识，考试是检验对所学知识掌握程度的重要方式，起到及时找出薄弱环节并加以弥补的作用。做作业要举一反三，触类旁通，养成良好的习惯。对考试要有正确态度，不作弊、不单纯追求高分，要把考试作为检验自己学习效果和培养独立解决问题能力的演练，在学习中抓住基本环节进行思考，在理解的基础上进行记忆，及时消化吸收。经过不断思考，不断消化，不断加深理解，获得扎实的知识。

正能量

勤能补拙

小时候的李阳是一个普通的孩子。1986 年进入大学后，李阳英语连续两个学期考试不及格，大学二年级即将结束时，他已有 13 门功课不及格。他觉得很丢人，告诉自己必须从灰色的生活中突围出来，发誓要通过国家四级英语考试。从此他开始了疯狂的学习之路。在短短的4个月里，李阳复述了十多本英语原版书，背诵了大量四级考题。每天李阳的口袋里装满了抄着各种英语句子的纸条，从宿舍到教室，从教室到宿舍，一有空就拿出来念叨一番。在当年的英语四级考试中，李阳只用了50分钟就做完了试卷，并且成绩高居全校第二名。李阳坚持他的“疯狂英语”之路，后来成为广州地区最受欢迎的英文播音员和中国翻译工作者协会中最年轻的会员。

这个实例，让我们明白“世上无难事，只怕有心人”，激励我们对学习充满信心，产生强烈的成才意识和自学意识，激励我们做对国家、社会、家庭有用的人。

拓展空间

专业没有好坏之分

俗话说：“三百六十行，行行出状元。”每个专业都有其自身的魅力，有它存在的意义。大学所就读的专业，只是我们在这个阶段奋斗所必经的阶梯，作为大学生所应做的是适应现在所就读的专业。现在的专业也许不能决定以后的生活轨道，但身为大学生的我们，适应专业、学好专业、全面发展，才能顺利毕业。也许在学习的过程中，我们就能感受到这个专业所带来的心理上的满足，从而爱上这个专业。

适应是个体生存和发展的需要。心理学家艾夫考认为，适应是个体与环境的互动关系。个体在与环境发生相互作用的过程中，要不断调整自己的身心状态，努力使自己的身心与不断变化着的环境保持协调一致，从而达到认识环境、改变环境和发展自我的目的。具有良好的适应能力是心理健康的重要标志，适应社会对每个人都是必须经历的。因为人是社会中的人，每个人从来到社会的第一天起，就必然生活在一个具有特定关系的社会环境里。人们对社会环境的适应情况不仅表现在对自己、对社会的态度上，而且还表现在与他人和社会建立联系的方式和程度上。人需要从人际交往中获得经验，也需要将自己的经验分享给他人。

适应不良会对人的身体和心理健康产生不同程度的影响，适应不良会使人持续出现不同程度的焦虑、压抑、愤怒、躁狂等不良情绪的反应，严重的还可能使人体的免疫力降低，从而导致疾病发生的可能性增高。

专业没有好坏，一旦适应后，便对专业产生兴趣。有了兴趣，就能对这个专业进行深层次研究，在这个方面力求做出好的表现。积极适应专业，有利于身心健康，作为高智商的群体，只有大学生不愿意去适应的专业，没有适应不了的专业，关键在于我们要发挥主观能动性去获取专业认同感。

渺小的我
——如何走出自卑

以人为镜

周×是一位性格较为内向的大学生，在大学期间，他不愿与同学、朋友交往，不愿参加集体活动。在高三那年，父母因一次意外车祸双亡，他只好与弟弟相依为命。读完高中后，他无奈去深圳打工，并以此辛苦挣钱供弟弟读书。待弟弟考上大学后，他通过努力考上了某高校专科。他时常抱怨老天不公，经历挫折的他性格偏执。在读大学期间，任何与助学金有关的项目，他必争。大学三年时光悄然逝去，由于他将过多时间用在校外兼职方面，未能合理安排校外兼职与学习的关系，导致大三毕业时挂科三门（英语、苗语与数学）。毕业在即，英语如何才能考试通过？他思前向后去找外语老师请教。外语老师说，公事公办，靠自己的能力考。老师的话让他愤愤不已，心想这外语是考不过了，于是他整天消极颓废。到苗语考试时，他试图作弊，被老师抓住，情急之下将试卷撕碎。自此，自卑的他每天以泪洗面，痛恨自己学不如人。他逼着自己去学习，但每每捧起书本，都因极度厌倦而毫无成效。据他自己说："一看到书就头痛。读完一篇文章，头脑仍是一片空白。最后连一些学过的常识都记不住。我的智力已经不行了，这可恶的环境让我无法安心，我恨我自己，我恨每一个人。"

2011 年的 9 月，他通过学校举办的最后一次"清考"，勉强拿到了毕业证。但毕业后，他没有找到工作，整日酗酒，在消沉放纵中蹉跎岁月……

智慧点拨

案例中的主人公，由于家庭条件不好，父母双亡，偏执性格使他产生强烈的自卑心理。在考工作时，由于过度焦虑，以至考场失意，从而倍加怀疑自己的能力。自卑是什么？自卑是指人们对自己的能力、心理品质做出偏低的评价。通常这种评价不符合本人实际情况，因此自卑者常常表现出缺乏自信、悲观失望、自忧自怜、烦恼苦闷等心理状态。自卑心理是一种消极的心态和不良的心理品质，是压抑自我的沉重精神枷锁。自卑的人心情低落，郁郁寡欢，常因为害怕别人瞧不起自己，而不愿意与别人来往，从而与人疏远，缺少朋友，甚至感到内疚、自责、自罪；他们缺乏信心，优柔寡断，毫无竞争意识，享受不到成功的喜悦和欢乐，因而感到疲劳，心灰意冷。

在现实的生活中，我们或多或少都存在自卑。但是自卑不可怕，可怕的是长期沉浸在自卑中而丧失追求目标的勇气。强者不是天生的，强者也并非没有软弱的时候，强者之所以成为强者，在于他善于战胜自己的软弱。因此，请不要怀疑自己，贬低自己，只要勇往直前，付诸行动，就一定会走向成功。案例中的主人公由于家庭经济条件不好，害怕别人看不起自己，从而显得格外自卑，远离人群，当面临各种选择失败后，他便开始怀疑自己，继而恨社会不公，最后导致事业失败，人生失意……

追根溯源

我们每个人都没有权利选择自己的出身，没有能力拒绝父母营造的环境，但是，逆境中成长的孩子同样有机会获得成功。那什么样的原因容易引起大学生产生自卑感呢？

（一）生理方面

一个人的相貌、身材、体重、肤色等，都有可能导致自卑心理。另外，那些拥有先天缺陷的人，更为普遍地存在自卑的心理。

（二）低自尊，导致心理失衡

低自尊的大学生容易产生自卑心理，他们不能自我接纳、自我开放、自我展示、自我赞许及自我超越。他们过于敏感，易受暗示，对生活不满。具有强烈的自卑感的人，会因过度的压抑，导致心理失衡，程度严重的，还有可能走上犯罪之路。

（三）攀比心理

在生活的压力下，很多人很难对自己有正确的评价，如果比较目标与自己关系密切，或同属一类，那么会产生辐射效应，即对方的不良品质会辐射到自己身上，从而降低自尊。

（四）性格因素

有自卑心理的学生，性格比较内向，自尊心较强，自信心不够，容易因一时的失败而灰心丧气，甚至自暴自弃。心理学的研究表明，气质抑郁、性格内向者大都对事物的感受性强，对事物带来的消极后果有放大趋向，而且不容易将其消极体验及时宣泄和排解。外界因素对他们心理的影响往往要比对其他气质、性格类型者的影响大，因而他们产生自卑的可能性也相应增大。

（五）成人负面评价的影响

父母、教师等成年人对孩子的评价往往会对其产生影响。特别是成人贬抑性的评价，可能严重挫伤孩子的自尊心，使他们产生自卑感。长此以往，孩子在否定加否定中成长，便朝着否定的方向发展，成长的阴影不仅会让之产生自卑感，同时还会引发他们逆反情绪。

（六）社会文化因素

在特定的社会文化环境中，文化对自卑心理具有一定的影响。根据米德等人的研究，新几内亚的三个民族的人格特征都各不相同，其中居住在湖泊地带的张布里族，男女角色差异明显。女性是社会的主体，她们每天劳动，掌握经济实权。男性处于从属地位，主要从事艺术、工艺与祭祀活动并承担孩子的养育责任，这种分工使该地区的男人有明显的自卑感。

专家支招

面对人生，我们应用信念支撑前进的力量，尽管前方的道路布满荆棘。在现实社会，大学生需把握现在，战胜自卑，才能更好地争取发展。面对自卑，我们该采取什么样的方法改变呢？

（一）认知法

自卑者往往有很强的自尊心和抱负，但自我评价失当。在学习生活中，由于自己方法不当或缺乏处世能力而陷入困境时，自尊心容易受到损害、优越感严重失落，于是走向另一极端，变成一个完全失去自信的人。常言说："金无足赤，人无完人。"每个人都有自己的弱点和优点，我们应坦然地呈现自己的优点，不忌讳自己的缺点，这样才能正确地与人比较，在看到自己不如人的同时，也能看到自己如人之处或过人之处，就正如伟人之所以难以高攀，是因为你跪着看的缘故。

其实，同伴群体间比较，有时容易让人产生嫉妒心理，从而使人际关系变得紧张，而纵向的比较容易让我们发现昨天的不足与今天的进步，激发我们的信心。每个人应根据自己的兴趣、爱好、能力、特点等来确立自己的事业和人生道路，为此发奋努力，不断进步，最后实现人生的价值。这样的人生才是积极的、有意义的人生。

（二）成功体验法

自卑感往往是在表现自己的过程中，由于受到挫折，对自己的能力产生怀疑而造成的。有此心理的同学，不妨多做一些力所能及、把握较大的事情，一举成功后会产生喜悦感，每一次成功都是对自信心的强化。而自信心的恢复需要过程，切不可着急。由一连串小小的成功开始，可以通过不断的成功，表现自己和确立自信，以消除对自己能力的怀疑。自我表现时，期望值不要过高，不要操之过急，要循序渐进地锻炼自己，提升各方面的能力，逐步用自信取代自卑感。

（三）补偿法

补偿法，即通过努力奋斗，以某方面的成就来弥补自身的缺陷。生理上的补偿现象，如盲人尤明、聋者尤聪，这是大家常见的。除此之外，人还有心理与才能方面的补偿能力。例如，亚历山大与拿破仑，他们身材矮小，但他们并不因此自卑，而能看到自己的长处并立志在军事上取得成就，经过奋斗，最终他们都成功了。所以说，人的某些缺陷和不足，不一定是一成不变的，而要看自己愿不愿意改变。只要找到正确的补偿目标，就能克服自身的缺陷或从另一方面得到补偿。

（四）领悟法

领悟法，即有自卑感受的大学生，主动求助于心理咨询老师，进行心理咨询和心理分析治疗。在心理老师的帮助下，通过自由联想和对早期经历的回忆，经分析找出导致自卑的深层原因。通过心理分析，让求助者领悟到，一个人之所以有自卑感，并不是自己的实际情况很糟，而是潜藏于意识深处的症结使然。这样，自卑者会发现被过去生活中的阴影影响现在的心理状态是不合情理的，从而使他们有豁然开朗之感，最终从自卑的阴影中解脱出来。

（五）训练法

有自卑心理的人，常常在性格上表现出不当之处。例如内向，不与人交往，敏感多疑等，为此我们不妨进行一下成功性格的训练。其具体做法如下：

第一，随意找到四个你的熟人，问他们对你的印象如何，确定你是否喜欢他们的回答，判断你为什么喜欢或不喜欢留给别人的那种印象。

第二，确定一下，如果你是一名演员，愿意扮演什么角色？你为什么喜欢这个角色？

第三，选择一个你所崇拜的人，列出他身上使你崇拜的特征和品质。把第二和第三综合为你自己所选择的性格。改变你不喜欢的东西，强化你所喜欢的东西。

每个人，不要急于求成改造自己的形象，而必须以自己性格的内核为基础，塑造良好的自己。

（六）暗示法

暗示法，即个人通过积极的自我暗示、自我鼓励，进行自助的方法。人的自我评价实际上就是人对自我的一种暗示作用。它与人的行为之间有很大的关系。消极的自我暗示导致消极的行为，而积极的暗示则带来积极的行动。每个人的智力相差不大，我们在做事的时候，应不断地暗示自己，别人能做的我也一定能做好。

始终坚信“我能行”“我也能够做好”。成功了，自信心得到加强；失败了，我们也不应气馁，不妨告诉自己“胜败乃兵家常事，我会想出更好的办法”。

（七）学会苦中作乐

托尔斯泰在他的散文名篇《忏悔录》中说：“一个男人被一只老虎追赶而掉下悬崖，庆幸的是，在跌落的过程中他抓住了一棵生长在悬崖边上的小灌木。此时，他发现，头顶上那只老虎还在虎视眈眈地看着自己，悬崖下还有一只老虎，更糟的是，还有两只老鼠在啃这个小灌木的根，绝望中，他突然发现附近生长着一簇野草莓，伸手可及，于是，这人拽下草莓，塞在嘴里，自语道，真甜。”生命进程中，当痛苦，绝望、不幸和危难向你逼近的时候，你是否还能顾及享受一下野草莓的滋味？苦中作乐才是快乐的真谛。

正能量

人生需要正能量

弃我去者，昨日之日不可留；乱我心者，今日之日多烦忧。无论是时光，还是往事，或是容颜，都如昨日一般弃我而去，任我多么留恋，它们却毫无回头之意。

抽刀断水水更流，举杯消愁愁更愁。别管往事有多美好，别问曾经有多辉煌，别说过去有多美貌，人生的岁月只会如东流水一样匆匆流逝，若想挽留，只能徒添烦恼。不要总在过去的回忆里缠绵，不要总让昨天的阴雨淋湿今天的行装。昨天的太阳，晒不干今天的衣裳；昨天的辉煌，抵不过岁月的沧桑。面对诸多生活的迷茫，人生还需正能量。生活里去接收阳光豁达的正能量，自信人生二百年，会当水击三千里！凡事都要往积极乐观的方向思考，假若真的伤了一条腿，要庆幸自己还活着，不死就是幸福。生活中不是别人或灾祸打垮你，能打垮你的只有自己。凡事都往好处想，无论经历怎样坎坷的生活，内心始终保持对生活的热爱，始终用一颗温暖的心去面对人生。

积极、乐观、豁达、从容、朴素、简单、宽容、善良……这些都是生命的正能量。我们来到人世间，是为了品尝生活的酸甜苦辣咸，并不是去践行埋怨、仇恨、无知、贪恋、傲慢、冷漠等人生的负面情绪。这些与正能量相对应的生命的负能量，它们消耗我们的精力，占据我们的快乐，侵蚀我们的生命。别把痛苦的根源推给外界，人生所有的痛苦都来自我们接收的负能量。你生气，是因为自己不够大度；你郁闷，是因为自己不够豁达；你焦虑，是因为自己不够从容；你悲伤，是因为自己不够坚强；你惆怅，是因为自己不够阳光；你嫉妒，是因为自己不够优秀……人生在世一蜉蝣，转眼乌头换白头。一辈子很短，真的需要好好地疼自己，你的世界，有了自己心灵的那束阳光才明媚温暖。一辈子很累，真的不需要去苛求自己，事事追求完美。你的生活，有你的足迹，有你的泪水，有你的笑声，你的世界就很完美了。对生活多些感恩与知足，用正能量去驱散人生的迷雾和阴霾，用一颗阳光的心，还自己一片澄净的艳阳天。

（摘编自：《人生需要正能量》，https://zhidao.baidu.com/question/1573653012494120740.html）

测一测

今天，你自卑了吗？

生活中每个人都有可能会自卑，但每个人自卑的表现并不一样，有的人会表现为长期的自卑，而大多数人可能只是偶尔自卑。同时，每个人自卑的程度也是不一样的，有的轻微，对生活没有什么影响，有的严重，影响了生活的质量。

下面做一下心理测试，看看你的情况是怎样的。

1. 你是否对别人怎样看待你感到担忧？

A. 是　　B. 否

2. 假如走进商店逛一圈后却不买东西，你会感到不好意思吗？

A. 是　　B. 否

3. 你是否总是尽量不做使别人感到不安的事情？

A. 是　　B. 否

4. 假若有人偶然地看见你赤裸着身体，你会感到羞耻吗？
A. 是　　B. 否
5. 星期天早晨你是否不愿躺在床上睡懒觉？
A. 是　　B. 否
6. 你觉得自己的心总是本能地拒绝与外界的接触与往来吗？
A. 是　　B. 否
7. 你是否会违心地给你并不太喜欢的人赠送贺年卡或生日礼物？
A. 是　　B. 否
8. 你是否会依据别人的好恶，来选购自己的服装？
A. 是　　B. 否
9. 假如你使别人难堪，你会不会感到内心不安？
A. 是　　B. 否
10. 你是不是常常花很多时间去做自己并不喜欢做的事？
A. 是　　B. 否
11. 如果你明知其实并非是你的过错时，你会不会仍然向别人道歉？
A. 是　　B. 否
12. 你认为自己使父母失望吗？
A. 是　　B. 否
13. 你是否犯过不可原谅、无可弥补的过失？
A. 是　　B. 否
14. 你经常觉得自己的表现不如别人吗？
A. 是　　B. 否
15. 当你做错事之后，能够很快将之忘记吗？
A. 是　　B. 否
16. 当你和别人闹别扭后，你通常会责怪自己吗？
A. 是　　B. 否
17. 你是否有终生难过的憾事？
A. 是　　B. 否
18. 你是否愿为自己的过失而接受任何惩罚？
A. 是　　B. 否
19. 你是否有时会对别人的恋情感到嫉妒？
A. 是　　B. 否
20. 你是否有时会对自己的性冲动感到厌恶？
A. 是　　B. 否
21. 你听到色情故事时，是否会感到羞耻？
A. 是　　B. 否
22. 你是否经常祈祷上天降福保佑你？
A. 是　　B. 否

23. 你的教师对你的学业成绩感到失望吗？

A. 是　　　　B. 否

24. 你是否经常回顾并检讨自己过去曾有的错误或不良行为？

A. 是　　　　B. 否

25. 和你的同学们相比，你显得微不足道吗？

A. 是　　　　B. 否

26. 你是否曾经受良心的谴责？

A. 是　　　　B. 否

27. 你是否认为失败总是跟随着你，你总是撞不上好运气？

A. 是　　　　B. 否

28. 你是否曾有过难以原谅的不良习惯？

A. 是　　　　B. 否

29. 你认为自己所得到的爱与感情，比自己应该得到的还要多？

A. 是　　　　B. 否

30. 你是否经常花时间回想过去？

A. 是　　　　B. 否

计分规则：

所有题目回答“是”记 1 分，回答“否”记 0 分。

计分解释：

15 ~ 30 分：

你常常愧疚与自责，并往往将自己的感情世界封闭起来，还习惯于不切实际地否定自己，夸大过失与自身的弱点。试一试，将自己看成一位成功者，消除自己的无能感与内疚感。积极的自我评价能免除不少身心疾病。当然，对自身的缺点应正视，只不过，别让思想极端，因为如若把自己的价值和某一种事的成败画上等号，那便会无形中增添心理压力。

8 ~ 14 分：

基本上你是有信心的，但过失感在你的生活中扮演重要角色。其实，自卑心理人人都有，只不过程度不一样，自省程度亦不同罢了。心理学家阿德勒提出因自卑而追求卓越，扬长补短进行代偿的理论。因此，有自卑心理并不可怕，关键是怎样看待它，又如何将之转化为财富。所以，请清醒而客观、全面地看待自己，别忘经常鼓励、嘉奖自己。

7 分以下：

你自上而下充满自信，自信成了生命里的阳光，让内疚在你的体内无处隐藏。

我是谁
——自我认知教育解读

以人为镜

古时候有一位叫文栋的解差，有一次，他押送一名生性狡猾的和尚去服役。为避免出现闪失，他每天早晨会亲自把所有重要东西清点一遍。例如，他会先摸摸包袱说："包袱在。"又摸摸押解和尚的官府文书说："文书在。"然后他再摸摸和尚的光头和系在和尚身上的绳子说道："和尚在。"最后他会摸摸自己的脑袋说："我也在。"文栋跟着和尚在路上走了好几天了，每天早晨都这样清点一遍，不缺什么才放心上路，没有一天漏掉过。和尚对文栋的一举一动都烂熟于心。一天，和尚灵机一动，想出了一个逃跑的好办法。

有一天晚上，他们俩像往常一样，在客栈里歇息。吃晚饭时，和尚一个劲儿地给文栋劝酒："长官，多喝几杯，顶多再有一两天我们就会到达目的地。您回去以后，因为押送我有功，一定会被上级提拔，这不是值得庆祝的事吗？不值得多喝几杯吗？"文栋听得心花怒放，最后喝得酩酊大醉，躺在床上鼾声如雷。和尚见此景，赶快找到一把剃刀，很快把文栋的头发剃得干干净净，又解下自己身上的绳子系在文栋身上，便连夜逃窜了。

第二天早晨，文栋醒后，迷迷糊糊地睁开眼睛，重复性地进行清点。他先摸摸包袱说："包袱在。"又摸摸文书说："文书在。""和尚……咦，和尚呢？"文栋大惊失色。忽然，他瞅见面前的一面镜子，看见了自己的光头，又摸摸身上系的绳子，便高兴地说："嗯，和尚在。"不过，他马上又迷惑不解地说："和尚在，那么我跑哪儿去了……"

案例中的文栋因对自我的不认知，而让自己处于困境之中……自我是什么？自我是一位"最熟悉的陌生人"，它既令人感到熟悉，又常常让人十分困惑。它是你"身体的一部分"，然而我们往往对其熟视无睹，似乎它远在天边，神秘缥缈得让人难以琢磨。

智慧点拨

自我认知，指的是对自己的洞察和理解，包括自我观察与自我评价。自我观察，是指对自己的感知、思维和意向等方面的觉察；自我评价，是指对自己的想法、期望、行为及人格特征的判断与评估，这是自我调节的重要条件。对于大学生来说，如果一个人过高地估计自己，容易骄傲自大、盲目乐观，导致做事失误……相反，如果一个人不能正确地认识自我，觉得处处不如别人，就会产生自卑，丧失信心，做事畏缩不前。

小玲，女，21 岁，大学一年级学生，身高 1.68 米，是院级礼仪队成员。她认为自己长得非常漂亮、才艺突出。她参加活动积极、踊跃，并喜欢显耀自己，认为自己什么都行。小玲穿着鲜艳、时尚，常常看不起周围同学。她担任班上的组织委员，却对班上什么工作都喜欢插手，喜欢指使、支配别人做事，而对别人提的意见却总不能接受，认为自己做的都是对的、好的，别人没有资格评论。同时，对于比自己强的人，心生嫉妒。

小玲同学平时总表现出高高在上的优越感，与人相处时总是以教训的口气说话，令人难以接受；稍有不如别人的时候，便会妒性大发，常常把别人说得一文不值。小玲同学的表现，属于自负。一般情况下，自负的特征表现如下：

（1）对批评的反应表现为愤怒、羞愧或感到耻辱（尽管不一定当即表露出来）。

（2）喜欢指使别人，要求他人为自己服务。

（3）过分自高、自大，对自己的才能夸大其词，希望受人特别关注。

（4）坚信自己关注的问题是世上独有的，只能被某些特殊的人物了解。

（5）对无限的成功、荣誉、权力、美丽或理想爱情等有非分的幻想。

（6）自认为自己应享有他人没有的特权。

（7）渴望持久的关注与赞美。

（8）缺乏同情心。

（9）有很强的嫉妒心。

一般情况下，具备以上九个特征中的五个，可判定为自负。自负的人存在着过于浓厚的自我中心观念，凡事都只考虑满足自己的愿望，要求人人为己，却置别人的事于度外，表现为自私自利，损人利己。这种人强烈希望他人尊重自己，却不知道自己也得去尊重别人，心中充满了自我。不懂得心理换位，过于自负，会影响一个人的自我形象及良好思想品德的形成。不能正确认识自我，只看到自己的优点与长处，而忽略自己的不足，从而导致过分自大、自信。自负的人需要多参加活动，扩大人际交往面，在与他人比较的时候，看一看自己与他人的差距，并通过取人之长、补己之短，使自己不断完善。

追根溯源

（一）引起大学生对自我认识降低的原因

1. 生理方面，性格方面

一个人的身材、相貌、肤色、体重等，都可能导致自卑心理的产生，那些拥有先天缺陷的人，存在自卑的现象更加普遍。若大学生不能客观实际地认识自己，体相障碍也会影响他们对生活的态度。

有自卑心理的学生，性格比较内向，自尊心较强，自信心不够，容易因一时的失败而灰心丧气，甚至自暴自弃。因此，学会主动、积极地与人沟通交流，是扫除自卑心理的有效方式。

2. 早期创伤的影响

在孩子成长早期，父母、教师等成年人对孩子的评价往往会对孩子产生较大的影响。特别是成人贬抑性的评价，都可能严重挫伤孩子的自尊心，使他们产生自卑感。因此，长期在否定中成长的孩子会在习得中贬低自己，从而缺乏正确的自我评价。

3. **生活环境方面**

有的大学生因家庭经济条件差，觉得自己不如别人；有的大学生因父母职业问题（比如说工人、农民或小商贩等）感到自卑；有的学生则因成绩不理想，受到别人歧视而不能自拔，他们将外界的原因归结为自己人生的不幸。

4. **个人能力方面**

个人能力的发展较弱是导致大学生自卑的根本原因。失败和自卑往往如影随形，互为因果。所以经常遭到失败和挫折的学生，容易失去自我，情绪多变。

5. **消极心理暗示**

某些大学生未能全面认识自己，对自我评价不客观。他们不相信自己的能力，对自己缺乏激励，造成失败的结果反过来又验证了自我认识与期望，进一步强化了自卑。同时，凡事总是从消极悲观的方面考虑，喜欢拿自己的短处与他人的长处比，总觉得“我可能不行”“我天生不是那块料”等，使自己的自信心逐渐丧失。

（二）引起人们情绪困扰的不合理认知信念

1. **有价值的人应该是全能的，应该在各方面比别人强**

持有这种想法的人，往往把一个人的价值完全放在能力与成就的天平上。实际上，人不是十全十美的，也不是所有人都出类拔萃，大部分的人是平凡的。每个人固然应该努力追求成功与胜利，但要求自己非成功不可，则往往会使自己变得焦虑不安，最后丧失成功的机会。

2. **人应该得到生活中所有人对自己的喜爱与赞许，尤其是来自重要他人的**

持有这种信念的人，常有一种压力，总怕稍有不慎而做错事，或说错任何一句话。他们没有安全感，很容易导致自我挫败。他们即使得到重要人物的赞许，也会担心赞许的多寡、程度等。这些人往往把大部分时间花在如何得到别人的喜爱方面，而没有充裕的时间从事有益的活动以充实自己，成了心理行为上的他人导向而非自我导向。结果不仅没有得到对自己重要的人的喜爱与赞许，反而失去自我。

3. **不愉快的情绪是由外界引起的，自己无法控制**

很多人认为，不愉快的情绪是由别人和在外在事物引起的，并且相信如果外在因素改变的话，他们便不会如此不愉快。实际上，人的情绪大部分是自己的认知引起的，因而，人应对自己的情绪负责。

4. **任何问题都能找到一个正确或完美的答案**

有些人相信每一问题都有正确、完美的答案。实际上，人们生活的这个世界并没有完美或绝对正确的事，不同角度的观察会得出不同的结论。如果总是坚持完美、绝对的观念，会使人忽视那些可行而较不完善的解决问题的途径，从而丧失机会，拖延进程或一事无成。

专家支招

培养大学生良好自我认知的基本途径有哪些呢？

（一）策略一：认识自我

1. 在自省中认识自我

朱熹有言："日省其身，有则改之，无则加勉。"要学会自省，经常检查自己的思想、动机和行为是否正确，总结自我行为过程中有哪些收获和缺憾，还要敢于剖析自己、批评自己，进而加深对自己的认识，有针对性地进行自我调节。

2. 在他人的评价中认识自我

所谓当局者迷，旁观者清，了解他人对自己的评价，并对他人的评价进行分析、综合与比较，有助于发现自己忽视的某些问题，有利于看到自己未察觉的缺点或不足，进而更深入地认识自己。同时，应以正确的态度对待他人的评价，不要因过高评价而骄傲自满，也不因较低的评价而自卑不已。

3. 在比较中认识自我

古人云："以人为镜，可以明得失。"每个人在认识过程中，总会通过与他人的比较来评价自我。在比较的过程中，可以了解自身的优势，发现自身的不足，明确自我的位置，调整自我评价的标准。

4. 在实践中认识自我

实践活动是主体意识产生和发展的根本条件。大学生可以在各种实践活动中展现自己的情感取向、聪明才智、意志特征和道德品质，可以通过实践活动结果来分析自己，检验自己，客观地认识自己。

5. 保持主动心态，迎接外界变化

在现实生活中，一些年轻人由于涉世不深，凭着从书本上的肤浅认知或从某件小事上得到的肤浅的常识，就自以为了解社会。可是，当他们步入社会后，才知道不是原来想的那么一回事。所以，大学生应该正确地认识自己，了解自己的能力，以防进入社会后，以自我为中心，影响自己的发展。

（二）策略二：悦纳自我

积极地悦纳自我可以增加自信心、满足感和成就感，有利于心理的健康发展。积极地悦纳自我，其途径有如下几种。

1. 积极、正确地评价自己

积极、正确地评价自己是大学生克服自卑感的重要手段。金无足赤，人无完人，每一个人都有自己的优点和缺点。不能只看到自己的缺点，而应该接受现实自我，客观评价自我，充分挖掘自身长处，发挥自身优势，培养坚强的意志，通过积极的努力去克服缺点，弥补不足，增强信心。

2. 正确对待成功与失败

成长的路没有一帆风顺的，大学生应客观地对待成功与失败，接受其存在的合理性。面对成功不骄傲自满，再接再厉；面对失败不灰心丧气，吸取教训，继续努力。

3. 换个角度看不足

也许你很执着，对自己的某些缺点难以接受，而在目前的条件下又难以克服。但万事万物都是相对的，换个角度看“缺点”，也许你会发现它独特的另一面，也许你就会释然开怀，甚至有海阔天空的感觉。

肯定性的语言是帮助大学生改换心情的魔术师。例如，把自己目前瘦小的身材说成是“小鸟依人”，把自己黝黑的皮肤说成“性感的肌肤”，等等。采用积极的词汇评价自己，能给自己带来积极心态，换来愉悦心情。

美国通用电气公司前首席执行官杰克·韦尔奇，被人们称为“全球第一 CEO”。他曾这样表达：“所有的管理都是围绕自信展开的。”韦奇尔从小口吃，经常被人笑话，但是他的母亲经常激励儿子说：“这是因为你太聪明，没有任何一个人的舌头跟得上你这样聪明的脑袋。”从小到大，韦奇尔从心底里相信母亲的话，因此从未对自己的口吃有过丝毫的忧虑。于是，口吃的毛病并没有阻碍韦奇尔学业与事业的发展，而且注意到他这个弱点的人大都对他产生某种敬意，因为他竟能克服这个缺陷，在商界出类拔萃。美国全国广播公司新闻部总裁迈克尔就对韦奇尔十分敬佩，他甚至开玩笑地说：“杰克真有力量，有效率，我恨不得自己也口吃。”

我们不必为自己的平庸与缺点感到自卑，只要善于发现，你就完全可以从这些自认为丑陋的缺陷中找到有价值的东西。

（三）策略三：努力地提升自我

提升自我，即勇于挑战自我、超越自我，进行自我研究，修正现实自我，缩短现实我与理想我的差距。

1. 理想的我

每个人每天都在为改变自己而努力。可用以下方法来提升自我：想象理想的自我，或者是“可能的自我”，包括想要的和害怕的自我。这个理想的自我应该与现实自我具有恰当的距离，同时，要尽可能清晰明了。它会帮助你实现目标，还会给你积极的暗示，告诉自己可以创造新的自我形象。

2. 重塑自我形象

有时，人的心理问题由身体问题引发，有时，一些心理状态明明是身体故障发出的信号，可是，人凭着意志力硬生生地把病痛和感觉压抑住。久而久之，人坚定了意志力，但“病”却蔓延了。个人的意见是，修行要在自己身心健康的时候修行。重塑自我的形象，懂得让自我在批评中学习，学会对自我的鉴定，提升自我才能乐于欣赏他人。

（四）策略四：静下心来感受自己

请选择一个你可以放松并独处几分钟的安静地方，闭上眼睛，尽可能清晰地想象出你想成为什么样的人，将有何感受，以及你将如何行事。你的长相将会如何？你的穿戴将会如何？你的感觉将会如何？你将是快乐、严肃还是放松的？你将会做什么？你将会在哪里？

你可以在每晚睡觉前重复这个练习，重复做一个星期，你注意到自己有哪些变化，在你的心中，未来的你的形象是不是更清晰了？

正能量

可爱的小草

一天早晨，当园丁来到花园的时候，他发现所有的花草树木都垂头丧气，园中充满了衰败景象，毫无生气。他非常诧异，就问花园门口的一棵橡树："你们中间究竟出了什么事？"橡树说："无论我怎么努力生长，我都不能够像松树那样高大挺拔。"园丁问松树："高大挺拔的松树，你为什么垂头丧气？"松树说："我不能够像葡萄藤那样结出香甜的果实。"园丁问葡萄藤："葡萄藤，你为什么事情伤心？"葡萄藤幽怨地说："我终日匍匐在地，不能直立，不能像桃树那样绽开美丽的花朵。"牵牛花也苦恼地说："如果我有紫丁香那样芬芳就好了。"树木和花儿各有各的垂头丧气的理由。这时，有一棵小草却长得青葱可爱，于是园丁问它："你为什么没有沮丧？"小草回答："我没有一丝灰心，一毫失望。我在园中虽不能争相吐艳，但我知道你也需要我这棵小小的草。所以才把我种植在这里，我就心满意足地去吸收阳光雨露，使自己天天成长。"

像小草一样认知自我，不卑不亢，自信乐观，豁达开朗面对未来的日子，因为每个人都是别人无法替代的。你还在为自己应该做什么而迷茫吗？你还在为目标是什么而彷徨吗？你还在为你的未来是怎样而踌躇吗？正确认知自己，明白心之所向，让自信开出理想之花，让堕落在现实中消逝，勿让心沉睡在迷茫中。

（摘编自：《自信的小草》，搜狐网，
http：//www. doc88. com/p-8826140290731. html）

测一测

注意：每题只能选择一个答案，请根据自己的第一印象做选择，把相应答案的分值加在一起，即为你的得分。最后的分值分析，供你参考。

1. 你更喜欢吃哪一种水果？

A. 草莓　　B. 苹果　　C. 西瓜

D. 菠萝　　E. 橘子

2. 你平时休闲经常去的地方是哪里？
A. 郊外　B. 电影院　C. 公园
D. 商场　E. 酒店　F. 练歌房
3. 你认为容易吸引你的人是哪一类？
A. 有才气的人　B. 依赖你的人　C. 优雅的人
D. 善良的人　E. 性情豪放的人
4. 如果可以成为动物，你希望自己属于哪一种动物？
A. 猫　B. 马　C. 大象
D. 猴子　E. 狗　F. 狮
5. 天气很热，你更愿意选择什么方式解暑？
A. 游泳　B. 喝冷饮　C. 开空调
6. 如果必须与你讨厌的动物或昆虫在一起生活，你能容忍下列的哪一项？
A. 蛇　B. 猪
C. 老鼠　D. 苍蝇
7. 你喜欢看哪类电影或电视剧？
A. 悬疑推理类　B. 童话神话类　C. 自然科学类
D. 伦理道德类　E. 战争枪战类
8. 以下哪个物品是你随身必带的？
A. 打火机　B. 口红　C. 记事本
D. 纸巾　E. 手机
9. 你出行时喜欢乘坐什么交通工具？
A. 火车　B. 自行车　C. 汽车
D. 飞机　E. 步行
10. 以下颜色你更喜欢哪一种？
A. 紫　B. 黑　C. 蓝
D. 白　E. 黄　F. 红
11. 下列运动中，请挑选一个你最喜欢的（不一定擅长）？
A. 瑜伽　B. 自行车　C. 乒乓球
D. 拳击　E. 足球　F. 蹦极
12. 如果你拥有一座别墅，你认为它应当建在哪里？
A. 湖边　B. 草原　C. 海边
D. 森林　E. 城中区
13. 你更喜欢以下的哪种天气？
A. 雪　B. 风　C. 雨
D. 雾　E. 雷电
14. 假如有 30 层的大楼，你希望自己的窗口在第几层？
A. 七层　B. 一层　C. 二十三层
D. 十八层　E. 三十层

15. 你喜欢在以下哪一个城市中生活？

A. 丽江　　B. 拉萨　　C. 昆明

D. 西安　　E. 杭州　　F. 北京

序号	选项及得分						序号	选项及得分					
	A	B	C	D	E	F		A	B	C	D	E	F
1	2分	3分	5分	10分	15分		9	2分	3分	5分	10分	15分	
2	2分	3分	5分	10分	15分	20分	10	2分	3分	5分	8分	12分	15分
3	2分	3分	5分	10分	15分		11	2分	3分	5分	8分	10分	15分
4	2分	3分	5分	10分	15分	20分	12	2分	3分	5分	10分	15分	
5	5分	10分	15分				13	2分	3分	5分	10分	15分	
6	2分	5分	10分	15分			14	2分	3分	5分	10分	15分	
7	2分	3分	5分	10分	15分		15	1分	3分	5分	8分	10分	15分
8	2分	2分	3分	5分	10分								

评分结果及解释：

180分以上：

头脑冷静，意志力强，有较强的领导欲，且事业心强，不达目的不罢休。内心自傲，外表和善，对有利于自己的人际关系比较看重，有时显得性格急躁，咄咄逼人。若不利于自己时，顽强抗争，不轻易认输。思维理性，对爱情和婚姻的看法很现实，对金钱的欲望一般。

140～179分：

聪明，性格活泼，人缘好，且善于交朋友，心机较深。事业心强，渴望成功。思维较理性，比较崇尚爱情，但当爱情与婚姻发生冲突时，会选择有利于自己的婚姻。金钱欲望较强烈。

100～139分：

爱幻想，思维较感性，以是否与自己投缘为标准进行择友。性格较孤傲，有时较急躁，但有时又优柔寡断。事业心较强，喜欢有创造性的工作，不喜欢按常规办事。言语犀利，性格倔强，不善于妥协。虽崇尚浪漫的爱情，但想法往往不切合实际。金钱欲望一般。

70～99分：

喜欢冒险，好奇心强，人缘较好。事业心一般，对待工作，随遇而安，善于妥协。善于发现有趣的事情，但耐心较差。敢于冒险，但有时较胆小。一心渴望浪漫的爱情，但对婚姻的要求比较现实，且不善于理财。

40～69分：

性情温良，重友谊。性格踏实稳重，但有时也比较狡黠。事业心一般，对自己的本职工作能认真对待，但对专业以外事物无太大兴趣，喜欢有规律的工作和生活，不喜欢冒险。家庭观念强，比较善于理财。

40 分以下：

爱玩，散漫，富于幻想。待人热情，聪明机灵，爱交朋友，但对朋友无严格的选择标准。事业心较差，善于享受生活，意志力与耐心较差，我行我素。虽有较强的异性缘，但对爱情不够坚持，不够认真，容易妥协。无财产观念。

雾里看花

——学会正确地评价自己

以人为镜

小萍，女，大一新生。上高中时，其成绩在班上名列前茅，深得老师厚爱与同学的赞许。进入大学后，学习成绩在班上属于中等，军训时因动作不标准被教官批评。同时，在宿舍人际关系不融洽，考试成绩一般，因此情绪低沉，决心在期末考试中与班上同学一决高下。但期末考试科目较多，自己在复习时情绪很不稳定，看书时注意力不集中，读过的内容记不住。“人争一口气，佛争一炷香”，为了让自己变得更加突出，她经常“开夜车”学习，但一学期结束后，她在成绩方面无多大提升。寒假时，她收拾好东西，带着难过的心情回到家中。看着家里一张张熟悉的面孔，自责感油然而生，碍于某些因素，她强颜欢笑，佯装快乐陪伴家人过年。转眼寒假结束返校，新的一学期开始，小萍像以前一样没有方向感，她不积极参加班级组织的活动，更不会主动与室友交往，此时的她已然绝望，前面的路何去何从，她茫然无措……

智慧点拨

案例中的小萍在新环境下，缺乏客观的自我认识，使问题逐渐产生并积累起来。在不少学生那里，成绩的好坏，一直是学生自我评价的重要标准。许多大学生在中学时代是佼佼者，深得老师关注，是同学心目中的尖子，家长的宠爱对象。然而，在大学里，尤其是重点大学或名牌大学，几乎每个人都拥有辉煌的过去，重新排定座次时，就只能有少数人能保持原来的中心地位和重要角色。多数学生在从中心角色向普通角色转变时，自我评价会受到不同程度的冲击。这种冲击会来自与别人学习成绩的比较或能力特长方面的比较等。

大学评价人的标准并非是单一的学习成绩，在实际生活中，能力特长是衡量一个人水平的重要因素。比如一位大学生知识面宽泛，或者社会能力较强，或能歌善舞等，这些都能令人刮目相看。同时，这也会使那些只追求学习成绩，但缺少能力或特长的人产生失衡心理。如果缺乏正确的自我评价和自我认识，自我评价方式便会压抑人的积极性，直接影响到大学生活的学习效能、职业选择和事业奋斗的自信心。大学生应掌握多元化的自我评价方式，才能够客观分析别人，准确认知自己。

追根溯源

在看待一件事情上，为何有些大学生会朝着消极悲观的方面思考呢？

（一）缺乏对事情的正确认知，导致自我否定

当我们在做一件事情，可能缺乏对事情正确的认知。例如，当自己没有被选为班干部时，并未正确地分析原因，未考虑到当选班干部可能除了成绩要好，还要求综合能力与素质强，某些同学则固执地认为是因为自己很无能，自己什么都不会。这种不合理的思维方式，导致了自我评价较低。

（二）大学生应该得到生活中所有重要他人的喜爱和赞许

持有这种信念的大学生，常有一种压力，总怕稍有不慎而做错事，或说错话。他们没有安全感，很容易导致自我挫败。即使得到别人的赞许，还会担心赞许的多寡与程度等。这些人往往会把大部分时间都花在如何得到别人的喜爱上，而没有充裕的时间去从事有益的活动以充实自己，成了心理行为上的他人导向而非自我导向。结果不但没有得到所有对自己重要的人的喜爱与赞许，反而失去自我。

（三）大学生应该在各方面都比别人强

持有这种想法的人，会把一个人的价值完全放在能力与成就的天平上。实际上，现实生活中出类拔萃的人较少，每个人固然应该努力追求成功和胜利，但要求自己非成功不可，则往往会使自己变得焦虑不安，而且害怕尝试，最后反而会使自己丧失成功的机会。

（四）任何问题都能找到一个正确或完美的答案

有些大学生相信每一个问题都有正确和完美的答案。然而实际上，人们生活的这个世界并没有完美或绝对的事，不同角度的观察就会得到不同的结论。如果总是坚持完美和绝对的观念，会使人忽视甚至放弃那些可行而较不完善的解决问题的途径，从而丧失机会，什么也干不成。

（五）早年的心理创伤导致对他人的态度与评价非常敏感

某些大学生早年的成长环境不容乐观，未真正从早年的创伤阴影中走出来，因此，缺乏安全感的他们，会在一定程度上对周围事物过分敏感。他们深切关心自己的发展，经常对“我究竟是怎样的人？”“我在周围人心目中处于什么样的地位？”“我将来会成为怎样的人？”等问题进行思考，希望借助外界的反应来更好地认识自己。他们十分注意周围人们对自己的态度与评价，对此反应敏感且体验非常强烈。但是，由于他们还没有形成关于自己的稳固形象，常常为此引起很大的情绪波动，以致对自己的评价发生动摇。常会因很小的过失和他人的否定态度而心灰意冷，十分伤心；反之，当获得一次小小的成功，得到表扬后又会洋洋得

意，表现过于自负。

（六）常处于理想自我与现实自我的矛盾中

由于自我意识分化，大学生的自我认知经常处于理想自我与现实自我的矛盾中。理想自我是希望自己成为怎样的人；现实自我是指“我”现在是一个怎样的人。由于大学生涉世未深，理想的自我往往带有浪漫的色彩。以理想的自我形象为蓝本去认识和评价现实中的自我，就必然产生理想自我与现实自我的矛盾。这种矛盾表现在学习和生活各个方面，比如，独立性与依赖性的矛盾，理想与情感的矛盾，期望感与失望感的矛盾等。这些矛盾既可以促使青少年走向成熟，进一步提高自我调控、自我教育、自我改造的能力，达到积极向上的自我统一，也会由于自身心理调解能力不足而产生焦虑，自暴自弃，怨天尤人等心理疾病，甚至在自我意识的混乱中走向消沉与堕落。因此抓住大学生自我意识矛盾的特点与关键期，及时实施有效的教育与诱导，是促使大学生健康成长的重要因素。

专家支招

当心理困惑来临之时，大学生需要发现自己，认识自己。如果大学生面对困惑而害怕与退缩，有可能会酿心理的悲剧，因而，掌握生存的技巧，及时调整心态，是大学生生存的法宝。

（一）正确面对自我差距与情绪反应

当我们评价自我时，是依据理想的自我与现实的自我进行评价，面对自己做出的决策、行动以及由此产生的结果进行审视和分析。勇于剖析自己，敢于批评自己，可以在自我剖析和自我批评中加深对自己认识，打破自我封闭，拓宽生活范围，增加生活阅历，扩展交往空间，积极参加活动，扩大社会实践，做到不过于自卑也不自负，不骄不躁，客观认识自己的知识才能和兴趣爱好，发挥自己的长处，弥补自己的短处。确立合适的目标，并为实现这一目标而努力，才能将积极的情绪融入大学的实际生活。

（二）与实际紧密接触，勇敢地走出去

很快适应陌生环境、学会与他人相处、积极与同学沟通、乐于帮助他人、善于分析和辨别他人眼中的自己、学会正确地分析与评价自己是大学生必备的勇气与技能。对于别人的行为和处境，我们应当予以关切，明白人生路上除了成功和名利，还应有朋友相伴。暂时的困境决定不了以后的生活，忧郁的日子总会过去，应开开心心地做好每件事。

（三）以辩证唯物的观点做指导，建立理性的自我认知

自我矛盾是普遍存在与对立统一的，用全面的、一分为二的观点平心静气地对待自己的优缺点，用普遍联系的观点来分析自我的成因，进行自我调整是非常必要的。作为当代大学生，用发展变化的眼光看待自我的成长，在积极乐观的生活中悦纳自己，能实现对“公开我”

和“隐私我”的客观、全面了解。可以常常问自己：“今天我成长了吗？”反思自己所做的决策、行动以及由此产生的结果。这样的反思不仅是内审的过程，更是内“醒”的过程，大学生需要在反思中唤醒自我，在自我解剖和自我批评中加深对自己的认识。

（四）选择适当的参照系，借助比较来协调自我认识

在借助于比较的方法形成对自我的认识和评价时，要尽可能选择和自己条件相当的人进行比较。选择适当的参照系，可避免产生盲目的自负和自卑。但不要以和别人比较的结果作为衡量自己的唯一尺度，更不要进行单因素的比较。每个人的内心世界不同，周围环境不同，先天条件不同，后天经历不同，因此单因素比较的意义不大。比如说一些来自农村的大学生，接受的语言训练较少，在语言表达方面往往不如来自都市的大学生，知识面也相对窄一些，但独立性、生存能力、学习成绩等可能不比城里的学生差。

（五）善用心理辅导和积极的自我暗示

自我观察、自我反省、自我分析，是自我意识的主渠道，其他方法只能起指导和参考作用，因此，大学生要学会对自己的心理活动和行为表现进行全面的、完整的分析和评价，不能只评价自己的一两个特征，以偏概全地认识自己。现在大部分高校都设有心理咨询中心或类似的辅导机构，配备专业教师为大学生提供心理辅导，大学生可以很好地利用这个资源，在心理咨询老师的帮助下，培养积极健康向上的自我意识。还可以使用自我暗示的方法，改变消极的自我认知、自我体验，促进自我意识的健康发展。

（六）努力悦纳自己、完善自我

我们不仅要建立理性的自我认知，还要获得肯定、积极的自我体验，喜欢并接受自己，即悦纳自己，这是健全自我意识的重要组成部分。悦纳自己的基本特征有：第一，自我接受，即能够认识自己的缺点，但并不因此而挑剔自己；对自己所属的类型基本满意，具有自我宽容的特点，但不包括完美感，能认识自己的缺点，而且努力去克服这些缺点。第二，喜欢自己，悦纳自己，能够怡然自得。自己喜欢自己，自我感觉良好；但不见得把自己看得比别人更好，能怡然自得而已。第三，对自己的价值有适当的尊重。大学生要努力成为悦纳自己的人，并在悦纳自己的同时，尽可能地谋求自身的充分发展，追求自我完善。

正能量

折翼的天使

“我的确是残疾，我参加选美，就是站出来告诉每个人，也许我们外表不同，说话方式、行为举止也不尽相同，但我们都能做得很棒。”对于身体上的不完美，凯利从小到大一直都不回避。

23年前，小凯利出生时左臂只有半截。尽管如此，父母依然对她宠爱有加，凯利因此养成了活泼乐观的性格。小时候，每当小伙伴问凯利，为什么她的左手只有

半截时，凯利总是开玩笑地说：“另外半截被鲨鱼咬掉了呀。”从小就习惯被别人注视的她，比一般孩子更加大胆、勇敢，不管是男孩的项目——棒球，还是跳舞，凯利几乎样样擅长。“我的世界里没有‘不行’两个字，没有什么是我不敢尝试的。”就在不断尝试的过程中，凯利发现自己的兴趣和热情所在之处——舞台。在舞台上，她能够抬头挺胸、自信满满。

凯利以前从未想过自己会登上选美的舞台，她说，她根本没憧憬过这条路。虽然如此，当她得知选美比赛的消息时，这位从不拒绝尝试的女孩自然也不会错过。2013 年 2 月，她开始为选美紧锣密鼓地训练。

4 个月中，除了遵守严格的饮食规律外，凯利的训练内容丰富无比，从穿高跟鞋走路、回答问题，到发型、服饰、拍照姿势，甚至包括笑容的幅度，都在训练之中。

凯利的努力没有白费，历时 3 天的比赛中，凯利阳光、乐观与机智的表现，让评委刮目相看。才艺表演时，她以高亢的嗓音唱出经典曲目《反抗引力》，全场仿佛听到了她的心声：“我要反抗引力腾飞，谁也不能阻止我。我不要再认命，就因为别人都说本应如此。也许有些事我改变不了，但若不去试，我怎么能确定！”

荣膺“爱荷华小姐”之后，凯利迅速被美国有线电视新闻网、美国广播公司等知名媒体包围，要求采访，但都被凯利都拒绝了。她说：“之所以参赛，我想要证明残疾人和普通人一样，普通人做得到的，残疾人通过自己的努力也能做得到。我会像以往的‘爱荷华小姐’一样为代表本州竞争‘美国小姐’尽最大努力去表现。”

“美国小姐”赛事已经举办 92 年。这个天生没有左手的女孩虽然没有在总决赛夺冠，但她在事业上获得了成功。不久前，她刚刚被授予杰弗逊奖，这个奖项专门奖励那些为社区和公共服务做出贡献的人。对凯利来说，无论“美国小姐”还是“爱荷华小姐”，都只是一个起点，她的人生才刚刚开始。

（摘编自：《独臂美女：我的世界里没有“不行”》，小故事网 http://www.xiaogushi.com/Article/mingrenlizhi/2014022122192.html）

测一测

你了解自己吗?

测试内容	选　项	
1. 你的情绪是否时常变动?	是（　）	否（　）
2. 你对别人的友情能保持多久?	是（　）	否（　）
3. 你购买廉价或处理商品，是否常超出自己的需要?	是（　）	否（　）
4. 你守信用吗?	是（　）	否（　）
5. 你是否轻率地结识异性朋友和定下约会?	是（　）	否（　）
6. 你对自己购买的东西满意吗?	是（　）	否（　）

续表

测试内容	选项	
7. 你是否轻率地对人或事下定论?	是（ ）	否（ ）
8. 你从事的工作是否常有疏误?	是（ ）	否（ ）
9. 你是否有不再喜欢的老朋友?	是（ ）	否（ ）
10. 你的生活习惯正常吗?	是（ ）	否（ ）
11. 你是否常凭初次印象判断人?	是（ ）	否（ ）
12. 你能认真地写信给他人吗?	是（ ）	否（ ）
13. 你是否因做错事而感到不安?	是（ ）	否（ ）
14. 你平时遵守交通规则吗?	是（ ）	否（ ）
15. 你在阅读书刊或文件时，常忽略注解而成为习惯吗?	是（ ）	否（ ）

计分规则：

1、3、5、7、9、11、13、15 题，回答“否”记 1 分；2、4、6、8、10、12、14 题，回答“是”记 1 分。

结果分析：

得分为 11 分以上者，说明“自我”是比较成熟的；得分在 8 ~ 10 分之间者，说明“自我”是部分成熟的；得分在 5 ~ 8 分之间者，说明“自我”是不够成熟；得分在 5 分以下者，说明“自我”是相当幼稚。

第三篇　挖掘潜能

卡耐基说：“人可以忍受不幸，也可以战胜不幸，因为人有着惊人的潜力，只要理智发挥它，就能渡过难关。”你的潜能在哪里呢？

突破常规
——大学生如何进行思维拓展

聆听之声

法国有位女高音歌唱家，她有一个美丽的大花园。周末，常有人在里面郊游，留下一片狼藉。管家曾想尽办法制止，可无济于事。最后，女歌唱家写了一块牌子立在园门口。从此，人们就不再进来了。

老师问在校大学生，你们猜一猜，牌子上写了什么呢？一块小牌子为什么有那么大的威力呢？A同学说，本园不对外开放；B同学说进园罚款；C同学说园内有猛兽，请勿进入……而这个女高音歌唱家写的是："请注意！如果在园中被蛇咬伤，距此最近的医院有50多千米，驾车要半个小时。"听后，大学生们对女主人的智慧大加赞扬。女高音歌唱家用美丽的谎言，对私自闯入者进行了善意的提醒，足以让人望而却步。

这位女歌唱家的做法，叫作"逆向思维"。

智慧点拨

这一堂课，老师让大学生们明白了不同思维的妙处，使他们大开眼界。用突破常规的思维来考虑问题，换一个角度去思考，就可以产生一些新观点，在生活和学习中，让自己的思维与众不同，往往能收到事半功倍的效果。

思维是人脑对客观现实概括的和间接的反映，人的思维的过程，也就是信息内容的处理过程。其中包括对信息的接收、加工、储备与传递的过程。创造性思维是以新颖独特的方法解决问题，并产生首创的、具有社会价值的思维成果的认知活动。

创造性思维有如下特点：首先，独创性思维不受传统习惯与先例的禁锢，超越常规；其次，求异性思维标新立异，出奇制胜；再次，联想性思维，即面临某一种情境时，思维可立即向纵深方向发展，觉察某一现象后，思维立即设想它的反面；最后，灵活性思维，即突破"定向""规范""系统""模式"的束缚，遇到具体问题灵活处理，活学活用。一项创造性思维成果往往要经过长期探索，刻苦钻研甚至遭遇多次挫折方能取得。

追根溯源

（一）不具有创造性思维的表现类型

从生活角度出发，遇到问题，不具有创造性思维表现有哪些呢？

1. 常规思维

常规思维，指人们根据已有的知识经验，按现成的方案和程序直接解决问题的过程。其特征为，经常按某一规律从事相关的活动而产生的主观能动性影响甚至决定之后从事的其他相关活动。

2. 思想保守

思想保守，表现为具有传统的道德理念，把真理视为自己做人的宗旨，循规蹈矩，不愿接受一些新的观念和事物，就像那些教条主义者一样，墨守成规地生活。例如，清朝时期的中国人，思想非常保守，这与清朝的愚民政策和闭关锁国有关。这种政策长期推行，导致国家的闭塞，也使中国的社会发展长期处在停滞状态，在西方资本主义蓬勃发展的情况下，我国经济却大大落后于世界。

3. 偏离主题，钻牛角尖

钻牛角尖，比喻费力研究不值得研究或无法解决的问题，也指思想方法狭窄。钻牛角尖，是读书者常犯的乱咬滥嚼的毛病，有时候还自以为是“认真”。钻牛角尖者，最后要么无路可走，要么走向反面。

（二）缺乏创造性思维的原因

1. 缺乏灵活性

不上进，没有深入思考的意识；一些人习惯于对问题全盘接受，不做周全考虑，因此变得头脑简单。例如：在错误的、蒙蔽真相的事情面前，特别容易相信眼睛看到的假象，缺乏灵活性，使思维无法突破定向的束缚，没有联想性，思维无法向纵深方向发展。

2. 不求上进，自我评价低

思维受传统习惯和先例的禁锢，安于现状。即习惯了目前的状态，不愿意去改变，不求进取，没有求异性来让思维标新立异。

另一方面，对所处状态的不满，想要更多更好，但是因为没有创新、逆向等多种思维能力，因此，很多的事情考虑不到，或是考虑不周，自己想要的得不到满足，易怨天尤人。

3. 思考过于简单化

缺乏缜密和创新思维的人，无论在人际交往还是在处事方面都非常简单，只看到问题或事物的表面，未能综合性地对诸多信息进行概括，将抽象内容具体化。

出谋划策

老师在课堂上提出这样的问题：树上有十只鸟，猎人一枪打来，还剩几只？

学生 A：猎人一枪打来，被打死的那只小鸟挂在树上，其他九只已经飞走了，所以只剩一只。这是常规的回答方式，但是，如果老师循循善诱，让学生从多角度展开思考，不局限于我们数学中的定式思维，为问题赋予更多的思考，答案又如何呢？

学生 B：猎人一枪打来，被打死的那只小鸟挂在树上，小鸟的丈夫很伤心，留下来陪伴死去的妻子，其他八只已经飞走了，所以还剩 2 只。

学生 C：猎人一枪打来，被打死的那只小鸟挂在树上，小鸟的丈夫很伤心，孩子也很伤心，他们一家三口不离不弃。有 2 只小鸟留下来陪伴已故的亲人，其他 7 只已经飞走了，所以还剩 3 只。

学生 D：猎人一枪打来，所有的鸟儿都挂在树上，因为猎人用的是无声枪，所以还剩 10 只。

学生 E：有 5 只鸟排成直线型，猎人枪法很准，一枪打来，打死 5 只不能动弹，其余 5 只已经飞走了，所以还剩 5 只……

不同的思考，带来不同的影响力，思考在一定程度上启发人们的创造性，提升人们的想象的空间，所以才会出现人们看到的火药和大炮；人们看见鸟在天上飞，发明飞机；人们看到甲壳虫在地上跑，因而发明汽车等。这说明思维能力很重要，那对人们来说，有什么方法可以改变和提升思维能力呢？

（一）思维能力的训练

思维能力的训练，是一种有目的、有计划、有系统的教育活动。后天的环境与训练对思维能力的影响更大、更深。孟子母亲通过几次搬家，利用后天环境的影响，成就了孟子的一生。这说明，后天环境对人的影响是较为重要的。思维能力的训练，主要目的是改善思维品质，提高学生的思维能力。只要能在实际训练中把握思维品质，进行有的放矢的努力，就能带来思维方式的突破。

首先，要懂得各种思维方法，逐步运用。懂得思维一般规律，寻找突破点。突破传统观念和习惯禁锢，从新的角度认识问题，以新的思路、新的方法解决现实难题或创造更好、更美的东西。逆向思维是求异思维的一种重要形式，也是众多创造性思维成果诞生的重要运思策略。从美术创作的角度看，如可以画花的生长或凋谢过程，可以把正视、俯视、仰视等结合起来，运用在同一作品中，可以把一幅作品剪贴、随意粘贴、想象成另外的作品等，运用求异思维来创作。

其次，智力水平主要通过思维能力反映出来。思维水平的高低，反映一个人智力活动水平的高低。

再次，思维所赖以运行的内容是无数概念的输入、连接、拆分、输出等，如果没有概念，或者没有语言、图画等多种形式所表达的概念，思维将如无源之水、无本之木，难以运转。

最后，工作中如果自满、故步自封，就不能广取博采，就不能发展、创新，就决策易失误。从古至今，骄傲自满危害极大，严重干扰思维的突破。

（二）训练思维，我该怎么做？

1. 推陈出新训练法

当看到、听到或者接触到一件事情、一种事物时，应当尽可能赋予它们新的性质，摆脱旧的思维认知的束缚，力求运用新观点、新方法、得出新结论，反映出独创性，按照这个思路对学生进行思维方法训练，往往能有推陈出新的结果。

2. 聚合抽象训练法

把所有感知到的对象依据一定的标准“聚合”起来，显示出它们的共性和本质，以增强学生的创造性思维。首先，对感知材料形成总体轮廓认识，从感觉上发现十分突出的特点；其次，对感觉到的共性问题进行肢解分析，形成若干分析群，进而抽象出本质特征；再次，对抽象出来的事物本质进行概括性描述，最后形成具有指导意义的理性成果。

3. 循序渐进训练法

这种训练法对学生的思维很有裨益，能增强领导者的分析思维能力和预见能力，能够保证领导者事先对某个设想进行严密的思考，在思维上借助于逻辑推理的形式，把结果推导出来。

4. 生疑提问训练法

此训练法是对事物或过去一直被认为是正确的东西或某种固定的思考模式，敢于、善于提出新观点和新建议，并能运用各种证据，证明新结论的正确性，这也是衡量学生创新能力的高低的标准之一。即在观察一件事物或现象时，无论是初次还是多次接触，都要问“为什么”，并且养成习惯；其次，每当遇到问题时，尽可能地寻求解决问题的规律，或从不同角度、不同方向变换观察同一问题，以免被知觉假象所迷惑。

正能量

故事一：一张讨债单

一家外企的贸易业务很忙，工作节奏也很紧张，往往是上午的货物刚发来，中午账单就传真过来了。会计的桌子上总是堆满各处讨债单，都是千篇一律地要钱，会计不知该先付谁好。经理往往看一眼后就扔在桌子上说：“你看着办吧。”但有一次却是马上说：“付给他。”

那是一张从巴西传真过来的账单，除了列明货物标的价格、金额外，大面积的空白处写着一个大大的“SOS”，旁边还画了一个头像，头像上正在淌着眼泪。画像线条简单，但很生动。这张不同寻常的账单一下子便引起了会计与经理的注意——人家都流泪了，以最快的方式付给他吧！

经理和会计心里都明白，这个讨债人未必是真的流泪，但他却成功了，一下子以最快的速度讨回了大额的货款。因为他多用了一点心思，把简单的“给我钱”换成一个富含人情味的小幽默画像，仅此一点，就从千篇一律中脱颖而出。

从这个小故事中，我们感受到打破常规是创造思维的重要表现。如果按照常规思维，那张账单就不会那么“幸运”。正是由于一点小小的改进，一点与众不同的表达，一点巧妙的设计，使它出奇制胜，在众多讨债单中脱颖而出，从而吸引了老板的注意，最终达到目的。而生活中一些人却没有这么“幸运”，处处碰壁、不如意，关键在于，他们都在用别人也会用、正在用的老套方法。在竞争激烈的现代社会，又怎么能给自己带来好运呢？

（摘编自：《一张罚款单》，博客网，http：//blog. sina. com. cn/s/blog_4c8a6777010008ff. html）

故事二：换个角度

在一次欧洲篮球锦标赛上，保加利亚队与捷克斯洛伐克队相遇。当比赛剩下 8 秒钟时，保加利亚队以 2 分优势领先，一般来说稳操胜券。但是，那次锦标赛采用的是循环制，保加利亚队必须赢球超过 5 分才能胜出。要用仅剩的 8 秒钟再赢 3 分，谈何容易？这时，保加利亚队教练突然请求暂停。暂停后比赛继续进行，球场上出现了令人意想不到的事情，只见保加利亚队队员突然运球向自己篮下跑去，并迅速起跳投篮，球应声入网。全场观众目瞪口呆。比赛时间到，当裁判员宣布双方打成平局需要加时赛时，大家才恍然大悟。

保加利亚队这出人意料之举，为自己创造了一次起死回生的机会。加时赛的结果，保加利亚队赢了 6 分，如愿以偿地出线了。

辩证唯物主义认为，创造性思维就是以科学理论为指导，面对实际，敢于提出新问题、解决新问题，创造性思维的一个重要表现就是要敢于打破常规，进行逆向思维。保加利亚队教练在遵守规则的前提下不墨守成规，而是进行了创造性的思考，从而获得了出线，真是令人拍案叫绝。

（摘编自：《59 个经典的人生哲理故事，一堂精彩的人生课》，个人图书馆，http：//www. 360doc. com/content/12/1222/23/5177773_255757339. shtml）

测一测

下面是思维能力在性格上所表现出来的一些特质，他们当中有些特质可能你非常赞同，有些特质可能你不赞同，请根据自己的情况来判定它们。

请先仔细看清每一特质，并确信你已经理解了它的含义，然后参看下表，在相应的题号下，按照下面的程度说明，在对应的数字上打√，以表示你对该项目的赞同程度。

计分办法：

程度	非常赞同	相当赞同	比较赞同	一般赞同	相当不赞同	非常不赞同
分值	1	2	3	4	5	6

测试内容	选项
维度 1. 寻找真理	
1. 面对有争议的论题，要从不同的见解中选择其一，极不容易	1，2，3，4，5，6
2. 对某件事如果有四个理由赞同，而只有一个理由反对，我会选择赞同这件事	1，2，3，4，5，6
3. 即使有证据与我的想法不符，我仍会坚持我的想法	1，2，3，4，5，6
4. 处理复杂的问题时，我感到惊慌失措	1，2，3，4，5，6
5. 当我表达自己的意见时，要保持客观是不可能的	1，2，3，4，5，6
6. 我只会寻找一些支持我看法的事实，而不会去找一些反对我看法的事实	1，2，3，4，5，6
7. 有很多问题我会害怕寻找事实的真相	1，2，3，4，5，6
8. 既然我知道怎样做这决定，我便不会反复考虑其他的选择	1，2，3，4，5，6
9. 我们不知道应该用什么标准来衡量绝大部分问题	1，2，3，4，5，6
10. 个人的经验是验证真理的唯一标准	1，2，3，4，5，6
维度 2. 开放思想	
1. 了解别人对事物的想法，对我来说是重要的	1，2，3，4，5，6
2. 我正尝试少做主观的判断	1，2，3，4，5，6
3. 研究外国人的想法是很有意义的	1，2，3，4，5，6
4. 当面对困难时，要考虑事件所有的可能性，这对我来说是不可能做到的	1，2，3，4，5，6
5. 在小组讨论时，若某人的见解被其他人认为是错误的，他便没有权利去表达意见	1，2，3，4，5，6
6. 外国人应该学习我们的文化，而不是要我们去了解他们的文化	1，2，3，4，5，6
7. 他人不应该强逼我去为自己的意见作辩护	1，2，3，4，5，6
8. 对不同的世界观（例如：进化论、有神论）持开放态度，并不是那么重要	1，2，3，4，5，6
9. 他人有权利发表他们的意见，但我不会理会他们	1，2，3，4，5，6
10. 我不会怀疑众人都认为是理所当然的事	1，2，3，4，5，6
维度 3. 分析能力	
1. 当他人只用浅薄的论据去为好的构思护航，我会感到着急	1，2，3，4，5，6
2. 我的信念都必须有依据支持	1，2，3，4，5，6
3. 要反对别人的意见，就要提出理由	1，2，3，4，5，6

续表

测试内容	选项
4. 我发现自己常评估别人的论点	1，2，3，4，5，6
5. 我可以算是个有逻辑的人	1，2，3，4，5，6
6. 处理难题时，首先要弄清楚问题的症结所在	1，2，3，4，5，6
7. 我善于有条理地去处理问题	1，2，3，4，5，6
8. 我并不是一个很有逻辑的人，但却常常装作有逻辑	1，2，3，4，5，6
9. 要知道哪一个是较好的解决方法，是不可能的	1，2，3，4，5，6
10. 生活的经验告诉我，处事不必太有逻辑	1，2，3，4，5，6
维度 4. 系统化能力	
1. 我总会先分析问题的重点所在，然后才解决它	1，2，3，4，5，6
2. 我很容易整理自己的思维	1，2，3，4，5，6
3. 我善于策划一个有系统的计划去解决复杂的问题	1，2，3，4，5，6
4. 我经常反复思考在实践和经验中的对与错	1，2，3，4，5，6
5. 我的注意力很容易受到外界环境影响	1，2，3，4，5，6
6. 我可以不断谈论某一问题，但不在乎问题是否得到解决	1，2，3，4，5，6
7. 当我看见新产品的说明书复杂难懂时，我便放弃继续阅读下去	1，2，3，4，5，6
8. 人们说我做决定时过于冲动	1，2，3，4，5，6
9. 人们认为我做决定时犹豫不决	1，2，3，4，5，6
10. 我对争议性话题的意见，大多跟随最后与我谈论的人	1，2，3，4，5，6
维度 5. 批判性思维的自信心	
1. 我欣赏自己拥有精确的思维能力	1，2，3，4，5，6
2. 需要思考而非全凭记忆作答的测验较适合我	1，2，3，4，5，6
3. 我的好奇心和求知欲受到别人欣赏	1，2，3，4，5，6
4. 面对问题时，因为我能做出客观的分析，所以我的同辈会找我做决定	1，2，3，4，5，6
5. 对自己能够想出有创意的选择，我很满足	1，2，3，4，5，6
6. 做决定时，其他人期待我去制定适当的准则做指引	1，2，3，4，5，6
7. 我的求知欲很强	1，2，3，4，5，6
8. 对自己能够了解其他人的观点，我很满足	1，2，3，4，5，6

续表

测试内容	选项
9. 当问题变得棘手时，其他人会期待我继续处理	1，2，3，4，5，6
10. 我害怕在课堂上提问	1，2，3，4，5，6
维度 6. 求知欲	
1. 研究新事物能使我的人生更丰富	1，2，3，4，5，6
2. 当面对一个重要抉择前，我会先尽力搜集一切有关的资料	1，2，3，4，5，6
3. 我期待去面对富有挑战性的事物	1，2，3，4，5，6
4. 解决难题是富有趣味性的	1，2，3，4，5，6
5. 我喜欢找出事物如何运作的原因	1，2，3，4，5，6
6. 无论什么话题，我都渴望知道更多相关的内容	1，2，3，4，5，6
7. 我会尽量去学习每一样东西，即使我不知道它们何时有用	1，2，3，4，5，6
8. 学校里大部分的课程是枯燥无味的，不值得去选修	1，2，3，4，5，6
9. 学校里的必修科目是浪费时间的	1，2，3，4，5，6
10. 主动尝试去解决各样的难题，并非那么重要	1，2，3，4，5，6
维度 7. 认知成熟度	
1. 最好的论点，往往来自对某个问题的瞬间感觉	1，2，3，4，5，6
2. 所谓真相，不外乎个人的看法	1，2，3，4，5，6
3. 付出高的代价（例如：金钱、时间、精力），便一定能换取更好的意见	1，2，3，4，5，6
4. 当我持开放的态度，便不知道什么是真、什么是假	1，2，3，4，5，6
5. 如果可能的话，我会尽量避免阅读	1，2，3，4，5，6
6. 对我自己所相信的事，我坚信不疑	1，2，3，4，5，6
7. 用比喻去理解问题，像在公路上驾驶小船	1，2，3，4，5，6
8. 解决难题的最好方法是向别人获取答案	1，2，3，4，5，6
9. 事物的本质和它的表象是一致的	1，2，3，4，5，6
10. 有权势的人所做的决定便是正确的决定	1，2，3，4，5，6

计分解释：

① 30 分以下，表明被试者的批判性思维倾向与该量表反映的某种批判性思维倾向相背离；

② 30～40 分，受测者在该倾向方面是弱的，且被试者对该倾向持矛盾态度；

③ 高于 50 分，表明被试者在批判性思维倾向方面为强；

④ 低于 210 分，表明被试者的倾向与批判性思维严重对立；

⑤ 总分在 210 ~ 280 分，表明被试者的批判性思维倾向处于矛盾范围；

⑥ 达到或高于 350 分，表明被试者的批判性思维倾向全面强。

成长的烦恼
——体验成长之道

聆听之声

小钟，某专业大一的学生，出生于一个交通较为便利的小镇。他个头不高，体型偏胖，从小性格内向、不善言辞。考入大学之后，他发誓一定要引起老师们的关注，给自己创造不一样的人生。进大学后，他非常想做班干，军训期间，老师暂时让他管理了一下班上的事务。军训结束后，班主任组织学生进行班干投票选举。可是，他仅仅只得了 15 票，名落孙山的他心情抑郁。

当班主任组织评选奖助学金时，小钟固执地说，奖助学金非我莫属，我家很贫困。但是，老师仔细盘查其家庭情况时，发现他家庭经济状况实际上较为富裕。从小钟的表现看，他是“心理贫困”，而不是“经济贫困”。借助心理咨询师的帮助，班主任给小钟一个做辅导员助理的机会，从此，他不再固执任性，不再坚持参评奖助学金。他在老师的带领下，游刃有余地完成了许多学生工作。一个不合群的孩子逐渐改变了前期对事物存在的偏见，他认真学习，人际关系良好，与室友打成一片。

智慧点拨

学生是发展中的人，在老师的帮助下，学生还可以是不断进步的人。有些学生不是家庭贫困，而是“心理贫困”。面对心理贫困的学生，教师要给予更多的关爱，“浇花要浇根，育人要育心”。大学教育与中学教育有区别，大学教育不仅要教育学生学好书本知识，还要让学生学会面对社会。在大学中，鼓励学生学会管理、懂得管理，是对学生组织能力、协调能力的锻炼。作为大学一线管理教师，可尝试借鉴大学生轮流做班干的方法，培养其自信心和责任感，提高他们组织管理的能力，锻炼其沟通技巧，以培养其良好的协调能力。为学生在未来就业考试中，增加一些报名考试的机会（一些岗位报考有限制，只有做过班干才有报名资格），为他们今后步入社会打下良好基础。

追根溯源

面对大学的学习生活，大学生会出现哪些方面的不适应呢？

（一）生活、学习适应困难

生活和学习适应困难而产生焦虑，这是大学生中比较常见的现象。大学生远离家乡和亲朋好友，异地求学读书，失去了父母亲友的呵护和疼爱，原来的依赖心理受到强烈的冲击；另一方面，大学生还面临着对当地文化适应的问题。在学习内容方面，老师课堂上讲得不多，需自己课下自学的内容较多；在时间支配上，学校除了一天安排的几节课，其余时间由学生支配，而在中学一直习惯与被老师安排的大学生，不会支配自己的时间；在学习方法上，习惯于被动的学习方式，从而导致心理焦虑，并伴随各种紧张症状。

（二）人际关系失调

人际关系失调是大学生心理焦虑的一个重要原因。在心理学上，人际关系是指人与人相互交往中，彼此影响而形成的一种关系。人际关系反映了交往双方寻求满足其社会需要的心理状态。大学一年级新生由于初入新环境，远离亲人、家乡，不免有孤独、失落感。特别是独生子女，从未离开过父母。有的大学生在与同学的交往过程中对周围的人或事敏感多疑，往往担心自己不能处理好与他们的关系，担心别人会嘲笑自己，担心与别人产生矛盾隔阂等。还有一些大学生因自尊心太强或因自私自利等不被周围同学认可接纳，相处一段时间后，容易与周围的人产生隔阂，造成人际交往较为被动，一旦遇到新的交往环境便感到紧张焦虑。

（二）能力培养的压力

当前，随着我国高校毕业生制度改革的深化，就业竞争压力增大，市场对于人才素质需求提高，就业问题成为大学生们担心的首要问题。择业时，冷门专业的学生为能否找到工作而焦虑。热门专业的学生又为留在本市还是回家乡而焦虑，加上近几年高校不断扩招，找工作难已成为大学生们棘手的问题。现实与理想之间存在很大的分歧，强烈的期望带来的往往是更强烈的失望。面对这些问题，很多人感到不知所措，产生危机感、迷茫感，甚至是恐惧感。大学生须培养更好的能力，以适应社会的发展。能力是什么？能力指能够顺利完成某些活动所必须具备的个性心理特征，在大学期间，学生应具备多方面的能力。

1. 交往能力

人际交往能力是人们实践经验的结晶，因此，要培养自己的交往能力，就要大胆参与各种交流、交往的机会，培养自己与他人在心理方面的融合。交往时注重诚实守信，注重人格之间的平等。

2. 适应能力

适应能力是一个人综合素质的反映，与个人的思想品德、知识技能、创造能力等密切相关。一个适应能力比较强的人能够很快适应新的环境，即使是在比较困难的情况下，也能够变不利因素为有利因素，取得事业上的成功。

3. 管理能力

在工作中，人们会不同程度地运用到组织管理能力，这是现代社会对于人才的新要求。

在大学生活期间，培养自己的组织管理能力应注意两点：一是要学会抓住机遇锻炼自己；二是要注意用心向他人学习，以他人之长来补己之短。

4. **表达能力**

表达能力包括口头表达能力、文字表达能力、数字表达能力与图表表达能力等。主要应把握以下几点：首先，要敢于说，这是练好口才的前提；其次，要做到有话可说（知识面），这是练好口才的基础；再次，要善于谈话，这是练好口才的关键。文字表达能力也是各种高级专门人才必备的基本素养之一，而当前大学毕业生的文字表达能力却整体欠佳，这与部分高校的课程设置与培养模式的不够完善有关。因此，在校生应该抓紧时间研读有关的著作和范文，多做练习，以便使自己的文字表达能力得到锻炼和提高。

5. **创新能力**

开拓创新能力是各种智力因素和能力品质在新的层面上融为一体、有机结合后所形成的思维能力。它能在各种实践活动中不断提供有社会价值、经济价值的新思想、新理论、新方法。当今社会的竞争，与其说是人才的竞争，不如说是人的创造力的竞争。

6. **动手能力**

动手能力是将知识转化为物质的重要保证，是高级专门人才所必备的一项实践技能。对毕业生而言，无论今后从事教学、科研工作，还是在生产第一线从事技术管理工作，动手能力的强弱，都将直接影响到能量的发挥程度。因此，大学生应克服重理论、轻实践的倾向，做到基础理论扎实、实际动手能力强。

7. **竞争能力**

在现代社会，竞争能力是人们顺利完成某项活动所必备的一个条件，因而也成为人类所追求的一种能力品质。当代大学生竞争能力的培养尤为重要。在培养竞争能力时，应注意竞争能力是自身发展和社会发展的需求，同时要意识到，竞争实际上是对人格的考验，必须在竞争中保持健康的心态。

8. **团队精神**

团队精神是人的社会属性在当今的企业和其他社会团体中的重要体现。现在的用人单位，一般会把个人能力和团队精神作为两个最重要的评估标准，而对于后者则更为重视。

9. **沟通能力**

现代社会的进步与科学技术的发展，要求每个社会成员必须具备较强的沟通能力。作为个体，已不可能再像过去那样独立完成工作或研究课题。培养沟通能力，需要自信和技巧，沟通时要注意双方互惠互利，学会站在对方的立场与观点看问题，积极在矛盾和冲突中找共同点。

10. **决策能力**

决策能力是人们在面临多项选择时，能及时、果断地做出选择的一种能力，它可以以较少的付出获得较大的收获。培养决策能力要注意克服从众心理，增强自信心，并注意把握全局，勿求十全十美。

出谋划策

刚进校的大学生，其生存能力、适应能力需要加强，因此，在大学中，要学会做好以下八个方面。

（一）关注进校的重要阶段

大一年级上学期是由高中步入大学的关键期。良好的行为与习惯可促进大学生的发展，若大学生在刚进校时未能适应大学生活及掌握学习规律，容易导致考试不及格而补考。同时，前期的补考经历，也会对后期评先进、选优秀造成不利影响。

（二）与师者的重要沟通

大学生重视在自己教师心目中的印象。经常与老师们沟通，有利于在人生导师的引领下获得正确的奋斗目标。

（三）整理内务

有些大学生在家有勤劳的父母帮助整理内务，但离开父母后住校，宿舍中便乱成一团，这一点在男生身上尤为突出。整理内务，不仅仅指叠被子，还包括书桌、衣柜甚至整个房间的清扫整理，以及换洗衣服叠整齐等。千万别觉得这是女孩子该做的事情，养成整洁有序的习惯，无论到什么时候，对自己来说有百利而无一害。

（四）重视人际关系的发展

虽然刚进校园，还没完全适应大学生活，但可以尝试展望自己未来的职业前景。参加一些高年级的宣讲会，多与高年级同学谈心，找到努力的方向，进行自我定位。总提前了解就业市场，有利于督促自身尽早地制定实践计划。

（五）社交礼仪

进入大学，应参加各种社会活动，实践社交礼仪。比如酒会、舞会、演讲比赛等。其在活动中表现的一言一行，无形中锻炼了人际交往的能力，为未来真正走上社会奠定基础。

（六）学会爱与被爱

在大学里学会爱别人和被人爱，这是非常重要的课题。无论将来毕业之后是不是会分手，这都是人生的必修课，爱情需要实践，但面对失爱需具备良好的抗挫能力，不因遭受挫折而自毁人生。

（七）学会了解社会，了解自己

第一次远离父母拥有自己独立的小天地，为人处世都要靠自己。大学生需要学会在与他人相处、与社会的互动中，了解社会、了解自己。当然，这件事很复杂，要一步步慢慢来。比如，在坐火车的路上就是一个看社会、接触社会的机会。了解社会不代表要立刻去打工，而是要像一个成年人一样，开始独立处理和解决问题。

（八）合理理财

第一次带较多财物离家奔赴大学，许多学生在消费上较为冲动。该怎么合理消费、有计划地消费，是大学生重点关注的话题。我们需要对自己的财物统筹安排，合理理财，即便遇到喜欢但较贵的商品也需理性对待……这一系列的问题，值得大学生合理规划、做出调整、宏观把控，以免出现因盲目消费而导致入不敷出的局面。

正能量

情商，智慧之源

泰瑞·道森，20世纪50年代去日本学习气功的一位美国人。

一天下午，他坐东京的地铁回家，在车上遇到了一个酒气冲天的男子寻衅滋事。男子跌跌撞撞，把一个怀抱婴儿的妇女撞跌在一对老夫妇身上。他大吼着，似乎想将车厢正中的一根铁柱子连根拔起。满车的人都吓坏了，大气都不敢出。

泰瑞准备用他所学的气功小试身手，来自卫和保护他人。他慢慢地站了起来，醉汉见状立即做出准备出击的姿势，一场干戈即将发生。突然，车厢里发出一声洪亮而友好声音："嗨！"这声音使人感到一种好友久别重逢的欣喜。醉汉惊奇地转过身去，只见一位年约七十的矮小老人正笑容可掬地向他招手，并说："你过来一下！"醉汉大踏步地走过去，怒问："我凭什么要跟你说话？"老人充满笑意地望着醉汉问："你喝什么酒？"醉汉说："我喝清酒，但这关你什么事？"老人说："太好了，我也喝清酒，每天晚上我都要温一小瓶清酒拿到花园里和太太边聊边喝。园中景色很美，那里的柿子树长得很好……你一定也有一个不错的老婆吧？""不，她过世了……"醉汉开始哽咽着对老人讲述他的不幸。老人鼓励他把所有的压抑都说出来。当泰瑞要下车时，他看到醉汉已经平静下来，斜倚在椅子上，他的头几乎埋在老人的怀中。

这个故事是高情商的一次精彩展现，人们不知道老人在处理数学和语言中的智商有多高，但他的人际智商却令全车厢的人折服。

情商并不是智商的对立面。情商本身就是一种智慧，因而不能把智商值作为预测将来智力的唯一标准。事实证明，智商与遗传有关，但后天的努力更为重要。情商在不同工作岗位上的要求不同，所以每个人想在事业上获得成功，既要重视自身智力的开发与能力的提高，也要注意自己情商的培养。

（摘编自：《情商是调控情绪的一门艺术》，博客网，http：//blog. sina. com. cn/s/blog_626b6ee00100fe7u. html）

拓展空间

（1）思考的越多，得到的越多，因为思考可以释放能量。通过思考，你能比从前做更多更出色的工作，获得比现在更丰富的知识，你会从亲身体验中了解到：在积极或兴奋的状态下，你可以完成相当于平时三四倍的工作量，且不会感到丝毫疲倦。精神上的疲惫比实际身体上的疲劳更让人厌倦。所以，当工作成为一种享受，你便会永无止境地奋斗下去。

（2）如果你自认被打败，那是真的失败；如果你自认不敢，你便的确不敢；如果你想赢，却认为自己不行，机会就从指尖溜走。如果你预感到失败，那你已经失败，因为你会发现很多人的失败，在事业开始时已被宣告。

（3）伟大的梦想让成就随之成长，相信自己，就必然会做到；一切都由意识掌控。如果你认定自己要展翅高飞，就一定出类拔萃，即使第一枚奖章还未颁发，你已获得难得的自信，你已懂得随梦想起飞。生命的战争并不总青睐于所谓的强者；或早或晚，赢得胜利的人，是相信自己可以强大的人。

到底是谁惹的祸

——不同归因给大学生的启示

聆听之声

王萍是某普通高校的大学生，因英语四级考试未通过，整天郁郁寡欢。在朋友的劝说下，她来到心理咨询室。

咨询师：你需要我为你做点什么呢？

王萍：老师，我觉得自己是一个一无是处的人。

咨询师：是什么样的事件引起了你的忧伤？

王萍：我是一个运气很差、非常倒霉的人。每次英语考试都遇到一些不可理喻的事情。第一次忘记带准考证，回寝室拿了准考证再次奔赴考场，却迟到20分钟被取消考试；第二次由于下大雨，我摔倒在地上，脚被扭伤了不能到考场考试；第三次去考试时，那女老师穿着讨厌的高跟鞋，在教室里走来走去，导致我烦躁不安，因此也影响了我的考试成绩。这一切都怪我妈，早不生，晚不生，偏偏在鬼节那个非常不吉利的日子里生下我，让我一直处于不幸的命运之中。

咨询师：……

智慧点拨

案例中王萍采用消极的归因，让她陷入人生的困境。能积极归因的学生，无论成败，都对未来学习抱有信心；消极归因的学生，容易降低其成就动机。当大学生把学业上的失败归因于诸如教材太难、学习环境差、考题太难等外部因素时，他们可能原谅自己并减轻失败的内疚感、羞愧感，但无助于提高自己的学习责任心和自制力。因为稳定的归因会导致行为相对不变，学习责任心的降低将导致不良的学习效果。

心理学家韦纳认为，我们对成功和失败的归因，会对以后的行为产生重大影响。如果一个人把考试失败归因于缺乏能力，那么以后考试还会预期失败，这是源于能力是一个稳定性的原因。如果把考试失败归于运气不佳，那么以后考试就不大可能预期失败，这是源于运气是一个不稳定性的原因。

有成就需要的人，会把成就归因于自己的努力，把失败归因于努力不够。不甘于失败，坚信再努力，便会取得成功。相信自己有能力应付，只有尽力而为，做事才可能成功。相反，成就需要不高的人，认为努力与成就没有多大关系。他们把失败归因于其他因素，成功被看成是外界因素的结果，如任务难度不大、正好碰上运气等。

韦纳认为，教育和培训将使人在成就方面发生激励变化并促进激励发展，体现努力与不努力所产生的不一样的结果。

追根溯源

不同的大学生，会对自己的失败以不同的方式进行归因，这是什么原因呢？

（一）自我效能感低下

自我效能感指个人对自己能否成功地进行某种成就行为的主观判断。它是个体发挥潜能最有影响力的主导因素，对控制与调节个体的成就行为，尤其是在个体面对困难时的态度、坚持性及策略的采用方面有着重要的作用，能激发个体为达到目标付出持久的努力，使其勇于面对各种挑战，不怕困难和挫折。班杜拉（1982）认为，个人自身行为的成败经验是影响其自我效能感的最重要因素。一般来说，成功经验会增强自我效能感，反复的失败会降低自我效能感。

案例中，王萍因多次努力，却还是未通过英语四级，变得消极不自信，其自我效能感明显降低。

（二）自我防御机制

人们总是期望获得成功，而这种倾向有可能导致归因偏差，把成功看作加强自我权威或保护自尊心的手段，对自己失败的行为做歪曲解释。案例中王萍把失败归结为外来因素，因此出现“这一切都怪我妈，早不生，晚不生，偏偏在鬼节那个节骨眼上生下我”的毫无科学依据的归因。面对失败，人们会下意识地寻找背后的原因。个体在归因过程中，对自我卷入事情的解释，带有明显的自我价值保护倾向。在成败归因中，成功时，个体倾向于内归因，而失败时，个体倾向于外归因。成功内归因有利于自我价值的确定，而失败外归因，即减少自己对失败的责任，这是一种自我防卫。

（三）思维定式

所谓定式思维，是指人们在认识事物时，由一定的心理活动所形成的某种思维准备状态，影响或决定同类后继思维活动的趋势或形成的现象。

定式思维可能会有助于新问题的解决，而有时又会妨碍问题的解决。大学生学习时，常常不自觉地把自己习惯的思维方式运用于新的学习情景中，不善于变换认识问题的角度，因而造成学习问题得不到正确地解决。如大学生会将过去解题的成功经验错误地用于新的问题，一些所谓的“上当题”多是由于思维定式的影响而产生。这种思维对学习有影响，就人们所遭遇的事件来说，负性的思维方式会在一定程度上影响人的判断力，让人做出错误的归因。

（四）没有正确认识自己

一般人认为，没有人比自己更了解自己，但事实上并非如此。俗话说，“当局者迷，旁观者清”，“不识庐山真面目，只缘身在此山中”。其实，世界上最难的事情，就是能正确、客观地认识自己。比如说，有些大学生从小成绩比较优异，总认为自己超人一等，反应敏捷，很少遭遇失败，自我评价高。待进入大学后，在学习和生活中的各类事件中很难如中小学时候那样让他们具有优越感。尤其是在不幸遭受负性事件后，因自身不懂得及时处理并合理归因，一旦受挫，便对生活失去信心，陷入迷茫、苦闷之中，对自己产生错误的评价，遇事消极应对，从而耽误美好的大学生活。

出谋划策

（一）帮助大学生建立良好的认知归因模式

苏格拉底说：“一个真正认识自己的人，才是最有力量的人。”谦虚使人的心缩小，像一个小石卵，虽然小，但很结实。大学生只有正确认识自己，形成正确的认知归因模式，才能在学习与生活中得到成长。

（二）对积极的归因应及时表扬

巩固良好的归因形态，要使学生能够持续进行积极的归因并不断取得成功，还必须对他们取得的成功进行及时表扬，并不断地给予他们以成功的反馈，使他们不断感觉到自己的归因是积极有效的，以此来激发他们潜在的学习能力。

（三）努力学习法，使归因更有激励的作用

当大学生在学习方面出现困难时，应教给他们一些有助于学习的方法、诀窍，让大学生认识到过去的不足，对今后的学习，制定明确的学习目标和计划，并围绕目标和计划前行。引导大学生主动与人沟通，借助各种多媒体技术解决本身的学习困难问题，在不断的学习中找到学习的成就感。

（四）适当娱乐，学会交往

老师要关心学生，让学生有一种成就感。合理定位后，使其参与学习和一些社会活动，学会竞争。从准备材料到优化组合均需全盘考虑，周密安排。先让其单独思考，然后选两人一组作为对照，使其明确共同学习不仅可以提高效率，还可以增进智力和完善人格。

（五）学会引以为用法

子曰：“三人行，必有我师焉。”要善于学习别人的长处，弥补自身的不足。合理地分析别人取得成功的原因，有利于在别人的经验中找到生活的捷径。适应新群体新环境是一个全方位的行为，多听、多看、多想、多行动……多管齐下，才能以较短的时间担当大学生的角色。勇敢地面对挑战，唯有适应角色，融入角色，才能稳定自我，进而求发展，不断成长。

正能量

敢问路在何方

任何的限制，都从自己的内心开始，恐惧自己受苦的人，已经因为自己的恐惧在受苦。没有过不去的事情，只有过不去的心情。很多事情我们之所以过不去是因为我们心里放不下，比如被欺骗了报复放不下，被讽刺了怨恨放不下，被批评了面子放不下。大部分人都只在乎事情本身并沉迷于事情带来的不愉快的心情。其实只要把心情变一下，世界就会完全不同。

态度决定一切，实力捍卫尊严。人要经得起诱惑耐得住寂寞，没有礁石的阻挡，哪有浪花的激越；没有羚羊的快捷，哪有猎豹的英姿。有了风的拥抱，帆张开了胸膛；有了雪的映衬，梅越加冷艳高洁。人生的路上，我们时时被挫折环伺，被失败包围。让我们越挫越勇，越败越强，只要不倒下，只要不溃退，失败和挫折就如垫脚石，只会增加我们的高度，厚重我们的人生。

没有口水与汗水，就没有成功的泪水。

（摘编自：《情商是调控情绪的一门艺术》，博客网，http：//blog. sina. com. cn/s/blog_626b6ee00100fe7u. html）

测一测

瞧瞧你的归因风格

下列题项中，你认可哪句话，就选哪个答案：

1. a 孩子们出问题，是因为他们的家长对他们责备太多。
   b 如今，大多数孩子所出现的问题在于家长对他们太放任。
2. a 人们生活中很多不幸的事都与运气不好有一定关系。
   b 人们的不幸起因于他们所犯的错误。
3. a 产生战争的原因之一就在于人们对政治的关心不够。
   b 不管人们怎样努力去阻止，战争总会发生。
4. a 最终人们会得到他/她在这世界上应受到的尊重。
   b 不幸的是，不管一个人如何努力，他的价值多半会得不到承认。
5. a 那种认为教师对学生不够公平的看法是无稽之谈。
   b 大多数学生没有认识到，他们的分数在一定程度上受偶然因素的影响。
6. a 如果没有合适的机遇，一个人不可能成为优秀的领导者。
   b 有能力的人却未能成为领导者是因为他们未能利用机会。
7. a 不管你怎样努力，有些人就是不喜欢你。
   b 那些不能让其他人对自己有好感的人，不懂得如何与别人相处。
8. a 遗传对一个人的个性起主要的决定作用。

b 一个人的生活经历决定了他是怎样的一个人。
9. a 我常常发现那些将要发生的事果然发生了。
b 对我来说，信命运不如下决心干实事好。
10. a 对于一个准备充分的学生来说，不公平的考试一类的事情是不存在的。
b 很多时候测验总是同讲课内容毫不相干，复习功课一点用也没有。
11. a 取得成功要付出艰苦努力，运气几乎甚至完全不相干。
b 找到一个好工作主要靠时间、地点合宜。
12. a 普通老百姓也会对政府决策产生影响。
b 这个世界主要由少数几个掌权的操纵，小人物对此做不了什么。
13. a 当我订计划时，我几乎肯定可以实施它们。
b 事先订出计划并非总是上策，因为很多事情到头来只不过是运气的产物。
14. a 确实有一种人一无是处。
b 每个人都有其好的一面。
15. a 就我而言，能得到我想要的东西与运气无关。
b 很多时候我们宁愿掷硬币来做决定。
16. a 谁能当上老板，常常取决于他能否很走运地先占据有利的位置。
b 让人们去做合适的工作，取决于人们的能力，运气对此没有什么关系。
17. a 就世界事务而言，我们之中大多数人认为，我们对世界事务是难以把控的。
b 只要积极参与政治和社会事务，人们就能控制世界上的事情。
18. a 大多数人都没有意识到他们的生活，在一定程度上受到偶然事件的左右。
b 根本没有“运气”这回事。
19. a 一个人应随时准备承认错误。
b 掩饰错误通常是最佳方式。
20. a 想要知道一个人是否真的喜欢你很难。
b 你有多少朋友取决于你这个人怎么样。
21. a 最终我们碰到的坏事和好事机会均等。
b 大多数人不幸都是因为缺乏才能、无知、懒惰。
22. a 只要付出足够的努力我们就能铲除政治腐败。
b 人们要想控制那些政治家在办公室里干的勾当太难了。
23. a 有时我实在不明白教师是如何打出卷面上的分数的。
b 我学习是否用功与成绩好坏直接联系。
24. a 一位好的领导者会鼓励人们对应该做什么自己拿主意。
b 一位好的领导者，会给每个人做出明确的分工。
25. a 很多时候我都感到我对自己的遭遇无能为力。
b 我根本不会相信机遇或运气在我生活中会起很重要作用。
26. a 那些人之所以孤独是因为他们不试图显得友善些。
b 尽力讨好别人没有什么用处，喜欢你的人，就自然会喜欢你。
27. a 中学里对体育的重视太过分了。

b 在塑造性格方面体育运动是一种极好的方式。

28. a 事情的结局如何完全取决于我怎么做。

b 有时我感到自己不能完全把握住生活的方向。

29. a 大多数时候我都不能理解为什么政治家如此行事。

b 从根本上讲民众对国家及地方政府的劣迹负有责任。

评分标准：从 1 ~ 29 按顺序。

题 项	得 分	题 项	得 分	题 项	得 分
1	不计分	11	a 计 1 分	21	b 计 1 分
2	b 计 1 分	12	a 计 1 分	22	a 计 1 分
3	a 计 1 分	13	a 计 1 分	23	b 计 1 分
4	a 计 1 分	14	不计分	24	不计分
5	a 计 1 分	15	a 计 1 分	25	b 计 1 分
6	a 计 1 分	16	b 计 1 分	26	a 计 1 分
7	b 计 1 分	17	b 计 1 分	27	不计分
8	不计分	18	b 计 1 分	28	a 计 1 分
9	b 计 1 分	19	不计分	29	b 计 1 分
10	a 计 1 分	20	b 计 1 分		

分数标准：

① 最高分为 23 分（极端内部归因者）。

② 最低分为 0 分（极端外部归因者）。

③ 平均分为 11 分（高于 11 分为偏内部归因者；低于 11 分为偏外部归因者）。

是金子总会发光
——如何培养大学生的自信

聆听之声

故事一

某知名高校曾经发生过这样的一个故事。

一场毕业考试即将开始，清脆的铃声响过后，一位白发苍苍的老人拿着一沓试卷缓缓步入讲台。面对着数十双紧张的眼睛，教授轻声说："下面开始考试，请想考C分的同学离场。"同学们没听明白，你看看我，我看看你，疑惑着。

教授提高了声音："我们现在进行一场考试，如果有想现在离开教室的同学，我可以直接给他C等分。"时间一分一秒地过去了，最后听见几张座椅相碰的声音，好多同学半信半疑地离开了教室。

教授关上了教室的门，接着说："现在还有出去的吗？想出去的我给B等分。"经不住教授的馈赠，又有不少的同学涌出教室。

这时教室只剩下寥寥无几的学生……

教授再次关上门，问最后这几位同学还能坚持吗？同学们态度坚定地说："能！"教授欣慰地笑了，这才是他教出来的真正的优秀的学生！而试卷中夹着当地最有名的企业的聘书……

故事二

小刚是一位普通的大一新生，进入大学后，他发现身边的人总是比自己优秀。他在选班干时从未想过站上讲台，害怕同学们嘲笑他。后来班主任推行班干部轮流做，他主动拒绝，对班主任说："老师，我很了解自己，从小我的梦想就是做一名好学生，你让我上讲台说话，那是我挑战不了的极限，根本不可能做到，所以请老师理解。"他又成为他"自己"，室友邀请他参加一些社团活动，他往往小心翼翼，生怕出一点差池，每一次干部竞选他都不作声。同学们邀请他参加体育比赛，他直接拒绝大家，习惯性地把自己的心关闭起来。

逐渐地，他更坚信自己是平庸的，从未在公众面前表达过的他，认为自己就是一个如此性格的人，娘胎里就是，不能勉强……

智慧点拨

潜能，不是只属于天才，它属于每个普通人。所谓自信来源于内心，自信的人不会怀疑自己的能力，也不会轻易接受别人的施舍。故事一中大部分的同学抱着不自信的心理陆续地离开教室，因为他们不相信自己能考到 B、C 等分，或者他们觉得 B、C 等分已经让他们感到满足。然而也正是这样的不自信，让这些学生错失到知名企业上班的机会。作为大学生，学会挖掘自身的潜能（指人具有的但又未表现出来的能力），勇敢地激发潜能，相信自己，才是获得成功的关键。

故事二中，小刚之所以这样，是因为他不懂得开发自己的潜能，导致他用定式思维思考问题，这是一种不合理的心理现象，是对自我心理不了解。如总是觉得自己能做什么，一定不能做什么。如自己一定能考优异的成绩，但自己运动一定不行，因为从小学到高中自己都是“东亚病夫”，所以，自己可以继续理所当然地成为全班体育最差的，继续不运动，拒绝体育比赛，逃避甚至害怕，因为认为自己真的不可能做到；某次考了 89 分，是读书以来最高的分数，于是认为自己已经达到极限，再想进步根本不可能，就放弃了努力；看到别人走在自己前面时，便开始灰心丧气，抱怨自己能力永远比不上别人，实际是自己没有发挥潜能。在生活中，我们从没想过自己会做到那么好，但在成功的那一刻，又肯定那是自己的努力。不过，能一次又一次地站在讲台上的人，永远比那些一辈子都固执地认为自己性格中就理应缺少尝试和突破的人强。

有多少人在浑浑噩噩过日子呢？有多少人在安逸的生活中懈怠呢？有多少人认为自己没有什么本事因而安于现状、不思进取呢？有些时候，我们需要一种危机，来激发我们自身的潜能，唤醒我们内心深处被掩藏已久的人生激情，来实现人生的最大价值。人的平庸，多数不是因为自身能力不够，而是因为安于现状、不思进取，没有激发自己的潜能，在平淡机械的日子中埋没自己。

现在，让我们来分析大学生对自身潜能认识不足的原因。

（一）不合理的个人信念

1. 一个人的能力天注定，自己无法改变

这是一种消极的心理暗示，他会使你做每件事都变得消极，它会浇灭你成功的可能性。马斯洛的需要层次理论告诉我们，人先要有需要，才能有动机去做，当你告诉自己不可能时，你的潜能就不能很好地发挥。世上本没有路，只有你跨出那一步，才有属于自己的路。如果认为人的能力是天生无法改变的，那么你就永远固守自己的小天地，对个人潜能的发现起阻碍作用。

2. 潜能只属于优秀的人，普通人只能平庸

大多数人认为，潜能是高深莫测的，只有科学家、大文学家，即那些本身就足够有才能的人才能拥有潜能，只有他们才能使用潜能。其实不然，每个人都具有潜能，它是人与生俱来的，但它需要我们去发掘。只有当人处于某种需要时，才能激发潜能。如果无法认识到这一点，只会使自卑的人更自卑，平庸的人一生平庸，那么人类社会也就止步不前。

3. 潜能是有限的，达到某个年龄便停滞不前

人的大脑有众多的脑细胞处于沉睡状态，如果能够让它们从沉睡中醒来，哪怕只提升一

个百分点，一名普通人也能获得不可思议的突破。即便是伟大的科学家，他们在临终前也常常说自己的智商开发太少，潜能还待挖掘。

4. 创新、冒险会打乱有秩序的生活，无实质性的作用

这种想法对于老一辈来说，是可以理解的，但是，大学生需要优化人格，整合、塑造健全人格，不仅为了避免身心疾病，更重要的是达到自我实现的目的。所谓自我实现，即人是可变的，人能够实现任何一种个体潜能，能够塑造自己的生活，适应周围环境的改变。所以健全的人格中，潜能的实现是必要的。

（二）多角度认识影响潜能发挥的因素

1. 从情绪的角度认识潜能发挥

人的情绪很容易影响潜能的发挥。在遇到不开心的事情时，人会表现出一定的情绪状态，这种情绪状态一般比较负面，很少有人在遇到问题和麻烦时，还能以积极、高昂、无所畏惧的心态去应对，而是表现出焦虑、无奈、害怕、冲动、麻木、逃避等。从自我防御理论出发，遇到问题时人一般都会采取一定的防御措施，而当防御机制起作用时，就在很大程度上限制了潜能的发挥。我们不能奢望一个人在焦虑的情况下，还能理智地分析与解决问题。要想充分发掘自己的潜能，学会控制自己的情绪是首要和非常重要的任务。

2. 从意志力的角度看潜能的发挥

意志力的发挥是建立在清晰的自我意识与控制好自己情绪的基础上的，意志力的核心是个人的信念，只有具有坚定的信念才有坚强的意志力，也只有具备坚强的信念才能充分发掘个人的潜能。一般人认为，成功主要来自天赋才能，没有天才就不会有成功，但美国的格拉德威尔则认为，生来的才能和一定的知识固然重要，但天才并非唯一或最为重要的东西，真正有用的是普通的实践经验。这也就是很多人都听过的“成功的一万小时准则”。长期的练习、实践，对个人的成功非常重要，只是很多人不明白这一点，往往在专业学习和做事时心浮气躁，不能始终如一，也就谈不上成功，更不知道自己的潜能有多大。

3. 从自我认知的角度看潜能的发挥

自我认知，是一个人对自我状况的觉察情况，自我认识不完整、不清晰或者不准确，会造成一个人的平庸。简单地说，就是他不知道自己有这样的潜能，或者不知道自己的潜能有多大。当一个人的自我认识不准确时，很容易对个人的决定产生影响，比如过分自大，自我感觉过分良好，但真正遇到问题时，很容易失败；自我感觉很渺小，缺乏自信，自然谈不上成功与潜能的发挥。

出谋划策

如何激发自身的潜能，挖掘自身的价值？

（一）掌握进步成功的因素

1. 树立理想信念

苏格拉底曾说："世界上最快乐的事，莫过于为理想而奋斗。"因此，如果说社会是大海，人是小舟，那么，理想信念就是引航的灯塔和推进的风帆。理想信念能指引人生的奋斗目标，提供人生前进的动力，提高人生的精神境界。所以，树立正确远大的理想信念对大学生具有重要意义。

2. 坚持与专注

许多事没有成功，不是由于构想不好，也不是由于没有努力，而是由于努力不够。坚持就是要拥有遇到困难也绝不放弃的韧劲。一生只做一件事或者一生做好一件事，就足以成就人生。然而现代社会中有很多人，虽然才华横溢、精力充沛，但由于目标不专一，认为自己什么都可以干，结果却疲于奔命，收效甚微。而有些人执着、坚毅，瞄准一个目标永不放弃，最终水滴石穿，与成功相伴。现实生活中很多人的成功，看似意外，实则意料之中。

3. 有一定的胸怀

所谓胸怀，指用天下之材，尽天下之利的气度，同时，还包括相当程度的包容，例如对异己的包容、对陌生的包容、对不如己者的包容。只有这样，人才会形成一种从广大处觅人生的态度，把生命的境界做大，把事业做大。

4. 具有冒险与行动的勇气

人的自由在于人的主动性，人的主动性在于向多种可能性敞开怀抱。如果不经过尝试，就不会真正知道自己是什么、要什么。

（二）发掘创造潜力

首先，运用已有的表象进行思维活动，即当事物不在眼前时，在人的头脑中出现关于该事物的形象并由此进行分析、判断的过程。例如，爱因斯坦喜欢用图形思考问题，这是常见的形象思维，形象思维是发展抽象思维的基础。在解决问题中，以新颖、独创的方式解决问题，这是人类思维的高级过程，会产生新的思维成果。创造性思维的"闪光点"往往得益于灵感。灵感来去匆匆，经常给人一种豁然开朗、妙思突发的体验。许多科学问题和伟大的发明创造都来自 "一触即发"的灵感。比如，德国化学家凯库勒因为梦见一条蛇咬自己尾巴的画面，从而发现苯环的结构，解决了困扰他多时的科学问题。灵感建立在长期对一个问题思考的基础上，创造性思维的发展，也得益于深厚的积累和广阔的见识。

其次，通过创造力，在创造性解决问题的过程中，采用不同寻常的方式独立地解决问题，取得独特新颖的成果。

再次，适时增加压力。虽然人的潜力是无限的，但只有在一定条件下，才能最大限度地激发自身的潜能。逆境是开发人体潜能的动力之一。科学家贝弗里奇说，人们最出色的工作往往是在逆境中做成的，思想上的压力甚至肉体上的痛苦，都可能成为精神上的兴奋剂，很多作家、画家平时灵感难寻，只有在交稿时间迫近的压力下，大脑里才闪现出灵感。

最后，通过自我暗示法，改变自己。要想成功，就要每天不断地在心中念诵自励的暗示宣言。强烈的成功欲望、无坚不摧的自信心，使精神与行动一致，获得信念的神奇力量，帮助人们打开潜能宝库之门。

正能量

在尝试中成长

一个人抓到一只幼鹰，他把幼鹰带回家，放在鸡笼里。这只幼鹰和鸡一起啄食、嬉闹和休息，它以为自己是一只鸡。这只鹰渐渐长大，羽翼丰满了，主人想把它训练成猎鹰，可是由于终日和鸡混在一起，它已经变得和鸡一样，根本没有飞的愿望了。主人试了各种办法，都毫无效果，最后把它带到山顶上，一把将它扔了出去。一开始这只鹰像块石头似的直掉下去，慌乱之中它拼命地扑打翅膀，就这样，它终于飞了起来。

相信自己的能力，更要相信自己的潜能：你行，你一定能行！

诗人鲁黎说："还是把自己当作泥巴吧，老是把自己当作珍珠，就会有被埋没的痛苦。"的确，真正认识自己的人，明白自己该干什么，是什么样的人，有怎样的力量，从而依据事实，确立符合实际的目标，去追寻适合自己的成功，人生道路上也会平坦许多。

相信自我，超越自我。冬天寒冷的风刺骨，我们在不断努力奔跑着，只为了触摸自己心目中的那米阳光。我们只有认识自己，才能不断地超越自己，实现自己的梦想，才不会让自己的灵魂在迷茫中堕落。自古至今，人无完人，当今世界，只有学会正确看待自己，才能够进步，才能够有所提高。

相信自己，正确认识自己，会使自己的学业进步；正确认识自己，会使自己和别人关系融洽；正确认识自己，会使自己拥有一个美好的明天。留出一只眼睛看看自己吧，我们不学夸父逐日，也不学精卫填海，而要做真实的自己。认识自己，将自己放在正确的位置上，这样的人生才是无憾的。

认知自我，相信自我，它是梦想之石，去击出理想之花；它是理想之火，去点亮希望的灯；它是希望之灯，去照亮成功的路；它是成功的路，引领你走向属于自己的人生。认知自我，用一种乐观开朗的态度面对生活，用一种快乐的心态迎接黎明。认知，让我们懂得自己真正的需求是什么，知道自己的目标是什么，理解自己的人生观、价值观是什么。认知自我，就能不卑不亢，自信乐观，豁达开朗，发现自己是无可替代的。

（摘编自：《在尝试中成长》，https：//www. zybang. com/question/80e49b4c63aec6220b6d56 aee2e6b501. html）

拓展空间

蝴蝶效应

一只南美洲亚马孙河流域热带雨林中的蝴蝶，偶尔扇动几下翅膀，可以在两周以后引起美国得克萨斯州的一场龙卷风。其原因在于蝴蝶扇动翅膀的运动，导致其身边的空气系统发生变化，并产生微弱的气流，而微弱气流的产生又会引起四周空气或其他系统产生相应的变化，由此引起一个连锁反应，最终导致其他系统的极大变化。不起眼的一个小动作却能引起一连串的巨大反应，由此推知，人再怎么微小，也可用我们无限的潜能，改变世界、开天辟地。

定式思维

定式思维，指按照积累的思维活动经验教训和已有的思维规律，在反复使用中所形成的比较稳定的、定型化了的思维路线、方式、程序、模式。例如，如果给你看两张照片，一张照片上的人英俊、文雅；另一张照片上的人丑陋、粗俗。然后对你说，这两个人中有一个是全国通缉的罪犯，请指出谁是罪犯。多数人会毫不犹豫地把丑陋、粗俗的人认定为罪犯。为什么呢？先前形成的知识、经验、习惯，都会使人们形成认知的固定倾向，从而影响后来的分析、判断，形成“思维定式”——即思维总是摆脱不了已有“框框”的束缚，表现出消极的思维方式。认识的固定倾向是一种习惯，而习惯却是一种因循式的思维形式。习惯——已经熟练掌握的不假思索的反应行为和适应行为，经常使人不饥而食，不困而眠，不愠而吼，压倒合理的思想而不给它以自由发挥的机会。在生活中，大多数人都习惯用固定思维去思考人和事，这就阻碍了自己真正能力的发挥。若想要提高能力，就必须从冲破思维定式开始。

第四篇　成长

鲁迅说："我之所谓生存，并不是苟活；所谓温饱，并不是奢侈，所谓发展，也不是放纵。"今天，你怎样看诗自己的成长呢？

再伤也要活下去
——透析大学生创伤性心理问题

以人为镜

娜娜上高中一年级时，母亲因患肝癌不治身亡，这给娜娜的内心留下了伤痛的记忆。可是，厄运似乎与娜娜的人生有着必然的联系，当她上大学一年级时，得知已出嫁的39岁姐姐也患上了肝癌。姐姐婆家东挪西借已花费60万余元，但姐姐病情未见好转，这让娜娜再一次经受了严重的心理打击。娜娜家庭经济条件较差，母亲过世，姐姐出嫁后，家中剩下辛劳的爸爸和两个正在上高中的弟弟，仅靠爸爸一人挣钱养家，沉重的家庭负担与精神压力落在娜娜的肩上。这一切让这位20来岁的女孩失去了同龄人的欢乐，同学们经常说娜娜是20岁的人，40岁的心。如今娜娜已是一名大四的学生，她常常参加勤工俭学，希望借此为家庭减轻经济负担。但性格内向的她，不善于和别人沟通。娜娜的哀伤，一言难尽……

智慧点拨

在心理学层面，广义的哀伤指因丧失而引发的哀伤情绪体验。狭义的哀伤指人在失去所爱或所依附的对象（主要指亲人）时所面临的境况，这种境况既是一种状态，也是一个过程。当人们哀伤时，会表现出以下特点：在情绪方面，他们心情忧郁，对周围事物漠不关心；对自身来说，他们自暴自弃，把自己封闭在狭小的生活空间；在人际关系方面，他们不轻易对他人敞开心扉；在处理事务方面，他们做事不主动，不积极。

地震、空难、火车出轨、山体滑坡、车祸、疾病等意外事件发生后，会带给当事人哀伤的情绪。哀伤既是人们心情的一种表达方式，也是让别人接受自己内心深处最真实反应的一种讯号，它可以使人对周围事物失去信心，让自己所生活的世界变得一团糟糕。生离死别是人生最大的创痛，面对深刻的哀伤和分离，常表现为如下认知：一是重要的他人走了，世界显得更可贵，更珍惜，这种认知较为积极，会带来前所未有的坚强的生命力，使生活更具有积极意义；二是重要的他人走了，一切美好都随之而去，世界已经没有什么意义。这种认知给人带来的影响为生命在重要的他人走后，似乎就停滞了。很多无法走出悲伤的人，都是在第二种认知下，沉沦在痛楚、自罪、灰暗中而无法自拔。

从心理学角度出发，哀伤的表现有哪些呢？

深入探究

（一）哀伤的表现类型

1. 幻想

幻想，指一个人遇到挫折时，企图以自己想象的虚幻情景来应对挫折。通过幻想人们可以暂时脱离现实，在自己想象的情境中满足一些自己的需要和欲望，使人产生一种暂时的愉快和满足的感觉。

2. 冷漠

冷漠，指个体遭受挫折后所展现出来的对于挫折情境漠不关心与无动于衷的情绪反应。这种现象表面上显得冷淡退让，内心深处则往往隐藏着很深的痛苦，是一种受压抑的情绪反应。

3. 逃避

逃避，是个体不敢面对自己所预感的挫折情境，而逃避到自认为比较安全的环境中去的行为。

4. 焦虑

焦虑，指个体在遇到挫折行为时表现出消极的情绪状态，包括自尊心损伤，自信心丧失，失败感与愧疚感交织而成的紧张、忧虑、不安、恐惧等情绪状态。如个体在学业考试失败或人际关系处理不当时，会产生不同程度的焦虑。持久和过度的焦虑会导致心理疾病，从而影响个体的工作、学习和正常的生活。

5. 轻生

轻生，指个体难以承受突如其来的沉重的挫折和打击时，将自己的身体作为迁怒的对象，采取自残或自杀的行为。这是一种后果极其严重的表现类型。如果一个人忍耐力不强，便沉溺于负面情绪中不能自拔。一些因哀伤事件引发的不良心理特征，会让大学生在生活中迷失自己的方向，甚至会产生可怕的轻生念想。

6. 退化

退化又叫倒退，指个体在遭受挫折后倒退回不成熟的阶段，表现出与其年龄不相称的幼稚行为。一些人遇到挫折之后，丧失自控能力，常做出非理智的表现。如和他人大打出手、上学迟到、装病在床、容易轻信别人、缺乏判断力、丧失独立性等。

7. 抑郁

抑郁，即心境低落，产生显著而持久的情感低落，情绪悲观。轻者表现为闷闷不乐、无愉快感、兴趣减退，重者则悲观绝望、痛不欲生、度日如年、生不如死。典型抑郁患者的心境有晨重夜轻的节律变化。在心境低落的基础上，患者会出现自我评价降低，产生无助感和无价值感，常伴有自责自罪，严重者出现罪恶妄想和疑病妄想，部分患者可出现幻觉。

（二）哀伤的原因分析

1. 不可控的自然环境因素

导致哀伤的自然因素，指个人不能预料和控制的天灾人祸、意外事件等，如地震洪水、交通事故、疾病、死亡等。案例中的娜娜即是遭遇亲人死亡而无法自拔。

2. 社会环境因素

构成哀伤的社会环境因素，是指个人在社会生活中受到的各种人为因素的限制与阻碍，包括政治、法律、道德、风俗习惯等方面。如在政治斗争中，导致其他的家庭成员成为政治斗争的牺牲品。

3. 家庭结构不完整或关爱缺失

长期生活在单亲、父母双亡的破裂家庭中或父母在外打工的生活环境中的大学生，他们成为“弃婴”中的一部分，因长期得不到关爱，觉得自己是被社会抛弃的人。当看到别人沐浴在爱河时，触景生情，感到很忧伤。对于青春期的大学生来说，倘若和异性分手，未能及时调整自身的情绪，也容易导致哀伤的情绪发生，在爱的缺失中自暴自弃。

4. 性格内向，语言障碍，不善于交流

有些大学生先天性格内向，在公共场合不善于表达自身的情感，如果得不到家长及老师的关爱，不及时采取有效的解决方法进行调解，那么内心便容易感到忧伤。

出谋划策

缺乏快乐会使我们的生活失去色彩，如果我们一直处于哀伤的情景之中，会渐渐使我们变得抑郁，甚至还有可能患上抑郁症，从而影响我们的身心健康。

首先，一直处于哀伤之中的大学生，会变得更加孤单，使自身的交际范围缩小，对探求他人的内心世界，揣摩人际关系的方法也茫然不知。长期脱离交际圈，脱离生活环境，会抑制人的各种能力的发展。

其次，缺乏快乐会导致个体的心理品质的异常性。长期处于哀伤的心理状态，会使人形成自卑、孤僻的性格，进而对情绪、智力发展、语言交流等方面产生障碍；同时，哀伤的人注意力难以集中，容易出现多虑、猜疑、自暴自弃、郁闷、过于敏感等心境。对他人的评论十分敏感，对批评常常难以释怀，并表现出贬低、妒忌他人的言语或攻击行为。

再次，缺乏快乐的人，缺少融入集体的意识和勇气。由于不主动参加集体活动，对集体生活缺少体验，缺少集体意识和集体荣誉感；面对困难或挫折的承受能力差，回避参与任何竞赛及竞争，这样很容易被现代社会中日益残酷的竞争所淘汰。

那么，我们如何面对哀伤，让自己变得快乐呢？

（一）策略一：及时调节情绪，必要时寻找心理咨询师的帮助

心理学家说，情绪就像体温计，能够衡量人的心理健康水平。如果一个人情绪长时间处于高亢或者低落状态，说明其心理健康出现了问题。心理健康的人，能够在适当的场合适度控制自己的情绪，能够进行恰当的情绪管理，特别是在遇到哀伤事件的时候，能尽快从中走出来，振作起来。对自己通过努力仍不能及时解决的心理问题，可以求助心理咨询师。

（二）策略二：转移注意力

别林斯基说："不幸是一所最好的大学。"许多在事业上做出成绩的青年几乎都是从这所"大学"毕业的。他们或经历单亲家庭，缺少父爱或母爱，或饱尝经济的困苦，或因先天缺陷而造成后天发展困难，但他们把个人的不幸埋藏在心底，全身心投入到更高的目标中，从而取得成功。学会从哀伤中崛起，是人生成长的关键点。

（三）策略三：正确面对哀伤

当我们的内心处于哀伤的状态时，整个人就会处于不快乐的状态，所以，我们要直面内心的痛苦，以便更好地面对生活。网上曾流行这么一句话："哥从来不寂寞，因为有寂寞陪着哥。"虽然初次看起来很好笑，不过仔细想想却有丰富的含义。要学会适应寂寞，不是每个人在每段时间都会抽空来陪自己，社会节奏的加快，每个人都有自己的烦恼与困惑，此时，我们应学会去适应或打发寂寞，做一些自己想干的事情，例如，出去散步、旅游，找份工作，学习一些新知识等。另外，还要广交益友，与社会上不同角色的人适当交往。

（四）策略四：积极暗示法

积极的暗示能使人改变消极的心态，产生积极的情绪。我们可以有意识地采用"我OK！我一定能行！"之类的积极语言为自己加油，根据自己的实际情况，拟定鼓舞人心的话，每天在出门之前对着镜子重复练习几遍，在语言暗示后做自己该做的事。

（五）策略五：勇敢坚强地面对不幸

人生不如意之事十有八九，每个人的人生并不都是一帆风顺的，当不幸降临到我们头上时，唉声叹气自认倒霉，这是一种负面情绪。唉声叹气不会帮助你改变现实，只会削弱你和命运抗争的意志，使你消极地接受生活。悲观失望、自暴自弃，用悲观自弃来对待不幸，实际上是在帮助挫折打击自己，是在既有的痛苦中为自己制造新的痛苦。现实并不因人的埋怨诅咒而有所改变。事实上，在诅咒之中，真正受到伤害的并不是诅咒的对象，而往往是诅咒者自身。

在生活中，倘若遭遇不幸，就应该表现出伟大的胸怀，鼓起勇气，振作精神，以刚毅坚强的态度与厄运进行不屈的斗争。在不幸的生活面前，谁能用刚毅坚强的态度对待人生中的不幸，谁就能最终克服不幸。在不幸面前越坚强，就越能减轻不幸带给自己的打击。

正能量

微笑面对生活

微笑着，去唱生活的歌谣。不要抱怨生活给予太多的磨难，不必抱怨生命中有太多的曲折。大海如果失去巨浪的翻滚，就会失去雄浑；沙漠如果失去了飞沙的狂舞，就会失去壮观；人生如果仅求得两点一线的一帆风顺，生命也就失去了存在的魅力。

微笑着，去唱生活的歌谣。把每一次的失败都归结为一次尝试，不自卑；把每一次的成功想象成一种幸运，不自傲。就这样，微笑着弹奏从容的弦乐，去面对挫折，去接受幸福，去品味孤独，去战胜忧伤。

微笑着，去唱生活的歌谣。去把“人”字写直写大，活出一种尊严，活出一种力量，不向金钱献媚，不向权势卑躬。清贫，是一首朴素的歌；平凡，是一行亮丽的诗。微笑着，我们去唱去吟，在平静中看红尘飞舞，在孤寂中品世事沉浮。

微笑着，去唱生活的歌谣，把尘封的心胸敞开，让狭隘自私淡去；把自由的心灵放飞，让豁达宽容回归。这样，一个豁然开朗的世界，就会在你的眼前层层叠叠打开：蓝天，白云，小桥，流水……潇洒快活地一路过去，鲜花的芳香就会在你的身边醉人地萦绕，华丽的彩蝶会在你身边曼妙地起舞。

微笑着，去唱生活的歌谣。眼泪，要为别人的悲伤而流；仁慈，要为善良的心灵而发；同情，给予不幸的朋友；关怀，温暖鳏寡孤独的凄凉。微笑着的我们，要用微笑的力量，去关照周围，去感化周围，去影响周围，直到每一个的脸上都挂着灿烂的微笑。

（摘编自：《微笑着，去唱生活的歌谣》，https：//wenku. baidu. com/view/74049a22f90f76c660371aa7.html）

测一测

请拿起你的笔，了解一下自己的挫折承受能力。答案没有对错之分，你怎么思考，就请根据自己内心真实的想法进行选择。

1. 碰到令人担心的事，你会

A. 无法着手工作　　B. 照干不误　　C. 两者之间

2. 碰到讨厌的对手时，你会

A. 感情用事，无法应付　　B. 能控制感情，应付自如　　C. 两者之间

3. 失败时，你是怎样想的？

A. 不想再干了　　B. 努力寻找成功的机　　C. 两者之间

4. 工作进展不快时，你的情绪是

A. 焦躁万分，无法思考　　B. 可以冷静地想办法　　C. 两者之间

5. 工作中感到疲劳时，你认为自己

A. 脑子不好使了　　B. 耐住疲劳继续工作　　C. 两者之间

6. 工作条件恶劣时，你的想法是

A. 无法干好工作　　B. 克服困难创造条件　　C. 两者之间

7. 在绝望的情况下，你的选择是

A. 任凭命运的摆布　　B. 力挽狂澜　　C. 两者之间

8. 碰到困难时，你会

A. 失去信心　　B. 开动脑筋　　C. 两者之间

9. 接到很难完成的任务或很难完成的工作时，你打算

A. 顶回去　　B. 千方百计干好它　　C. 两者之间

10. 困难落到自己的头上时，你的想法是

A. 厌恶之极　　B. 欣然努力克服　　C. 两者之间

评分标准和解释：

① 选 A 为 0 分；选 B 为 2 分；选 C 为 1 分。

② 总分在 17 分以上，说明受挫能力很强。

③ 10 ~ 16 分，说明对某些特定挫折的承受力比较强。

④ 9 分以下，说明承受能力较弱。

辛酸母亲的哭诉

——感恩教育之思

以人为镜

2006年9月，有人发现，某大学公告栏上贴着一封以“辛酸母亲的哭诉”为题的信，该信记述了某大学一女生与其父母之间的一些生活事实。大学女生将父母为其所做的一切看作是理所当然，对父母缺乏问候，写信、打电话只为索取钱物，她在校期间，吃喝玩乐、盲目攀比，丝毫不痛惜父母的血汗钱。甚至曾经向学校寝室楼下修皮鞋的师傅借钱不还。辛酸的母亲来信写道：

亲爱的女儿：

尽管你伤透了我的心，但你终究是我的女儿，虽然你考上大学成为我们家几代以来唯一的大学生，但是我心里已分不清咱俩谁是母亲，谁是女儿。妈妈扛着行李，陪你去大学，帮你挂蚊帐、缝被子、办饭卡，甚至教你挤牙膏，这一切在你看来都是天经地义的。大学四年来，我们所接到你打来的电话，除了一句句与“钱”有关的催款内容以外，我们从来没有听到半点你在学校与你成长进步有关的消息，孩子，你究竟在做什么……

一些大学生的不良表现，让家人失望。如何培养大学生学会感恩，正确面对生活，是我们大学教育中必不可少的必修课。让我们一起来见证感恩。

智慧点拨

百善孝为先，孝为德之本。尊老、敬老、感恩是中华民族的传统美德。知恩、感恩、报恩，是为人处事的基本准则，也是人生成功的必备品质。

感恩，是一种回报父母师长、回报亲朋好友、回报国家与社会的深厚情感。仁者爱人，懂得感恩、懂得爱、懂得珍惜，方能善待自己、善待他人。

古语云：“爱由亲始，亲亲而仁民。”一个人爱他人、爱祖国的情感必然是从爱父母、爱亲人开始的。一个人如果能对社会、对父母、对老师、对亲朋好友永存爱心和感激之情，那么他就会得到爱和情感的回报，他的一生将充满快乐和幸福。反之，一个连父母都不懂得孝敬，连亲人都不懂得关爱的人，走向社会后，同样也不会关爱和帮助他人，那么他也不易得到他人的关爱与帮助。一个不懂感恩的人，又怎么会得到幸福和成功呢？

感恩不仅是一种情感、生活智慧与处世哲学，更是一种人生境界。人生在世，不可能一帆风顺，种种失败和无奈都需要我们勇敢面对和豁达处理。永怀感恩之心使我们在失败时看到差距，在不幸时得到慰藉，在冷落时得到温暖，在困难时获得勇气和动力。感恩意识不仅是回报父母养育之恩、师长教育之恩、朋友关爱之恩，它更是一种责任意识、自立意识。

深入探究

感恩是什么？感恩是对自然、社会和他人给自己的恩惠和方便的认可，并真诚回报的一种认识、情感和行为。感恩教育是教育者运用一定的教育方法与手段、通过一定的感恩教育内容对受教育者实施的知恩、感恩和报恩的人文教育。是什么样的原因导致部分大学生精神空虚，情感苍白，行为失范，不懂感恩呢？

（一）家庭教育的缺失

在家庭教育方面，由于是独生子女，很多家长的认识较为片面，家庭教育中重智轻德。他们认为，孩子认真学习就是对父母最大的孝顺，却忽视了道德品质的教育。一些父母不仅为子女创造养尊处优的生活条件，更提供了众星捧月式的生活氛围。这样的环境容易导致孩子更多地注重自我感受，不懂得感激、尊重和珍惜。甚至有不少学生不但不懂得体谅父母的辛劳，反而无休止地索取。在他们眼中，向父母要钱是天经地义的事。正是一些父母或长辈毫无原则的溺爱，“造就”了一批以自我为中心、独立意识差、生存能力不足的孩子。这样的孩子，他们只爱自己，不懂得关心别人。一些大学生自主意识、权利意识强烈，但自立意识、责任观念淡薄，依赖思想、享乐思想严重。

（二）社会风气的负面影响

随着市场经济不断发展，社会上一些人逐渐形成了浮躁心理，为社会道德失范营造了不和谐的氛围。社会上各种不良影响，扰乱了大学生的思绪，影响了他们对事物的判断。在某种程度上，道德教育对大学生的影响被社会上的一些失范行为负面诱导。大学生被社会上的一些片面追求个人物质利益、不讲道德的非正当经济行为，见利忘义的个人主义和拜金主义的错误思想所蒙蔽，在思想和行为上产生不良的反应。

部分大学生心情浮躁，不学无术，还满腹牢骚怨天尤人，抱怨社会不公。他们缺少对社会生活的反思，未能很好地把握自己的社会角色，明确自己的权利与义务。因此，他们道德感缺失，在孝顺层面，他们难以产生对父母的内疚心理。

（三）学校教育的重心偏移

一些学校把工作重心放在智育方面，忽视了情感的培养。美国心理学家推孟与哈佛大学心理学家霍华·加登纳研究表明，一个人最后在社会上占据什么位置，绝大部分取决于非智力因素（如情商等）。情感因素对人的思维具有激活、调节和导向功能。苏联著名教育家苏霍姆林斯基说，学校的中心任务之一是培养道德的、理智的、审美的高尚情操，他强调，一个真正的人不能没有善良的情感，实际上教育就是从培养真诚的关怀之情开始，培养大学生良好的品质，才会使他们自身的发展获得真正的意义。

苏霍姆林斯基指出，薄情会产生冷漠，冷漠会产生自私自利，而自私自利是残酷无情之源。因此，情感教育对于学生心理的健康发展，对于受教育个体道德的培养及品质养成都具有重要作用。传统的德育以教师为中心，采取灌输式注入的德育方法，没有真正把学生视为有思想、有感情需求的人，有积极性和创造性的人并充分尊重他们，从而否定了学生的能动性，把学生作为工具打造而较少关心其情感的发展，因此，最终会影响到塑造和培养大学生感恩意识的有效性。

（四）自我意识的影响

21 世纪已进入全球信息化时代，网络不仅可快速、敏捷、准确地向人们提供信息，而且提供的信息具有跨空间性。网络向人们提供不同的角色模式、角色评价、价值标准、行为规范等，对大学生人格的发展起着潜移默化的影响。网络传播的负性事件，侵蚀着大学生的思想，大学生若缺乏良好的自我意识，缺乏明辨是非的能力，势必会影响其人格发展。

出谋划策

（一）家庭教育先行

由于家庭教育在家庭成员之间进行，这就决定了它的初始性、持久性和施教者与受教者之间关系的亲密性。家庭是学生生活和学习的重要场所，也是第一个教育阵地。家长是孩子的第一位启蒙教师也是终身的老师。有心理学家说：“家长是原件，孩子是复印件，孩子如果出了问题，请看原件。”这句话说明父母的言行举止对孩子影响很大，家庭教育是学校和社会教育所不能代替的。所以，家庭教育要先行，而且要成为一项伟大的终身教育事业。

（二）学校教育随行

随着改革开放的进一步发展，社会上出现一些道德缺失的现象，例如，拜金主义、享乐主义，社会所需人才存在才高德低现象。如果学校对德育教育工作重视不够，教育形式较为单一，内容空洞，也会形成事实上的教育缺失。学校道德建设迫在眉睫，学校是道德教育的主阵地，应加强大学生的道德教育，将德育教育渗透到各学科之中。

学校教育不仅应传授科技知识，还应当注重人文修养，矫正传统教育重科学知识的传授、轻人文精神的培养，重理论的灌输、轻情感培育的单向教育模式，建立新时期以人为本的发展观，建立品德教育的长效机制。

（三）实践活动常行

在实践中，要善于利用榜样的教育作用。教师应在心理健康教育的基础上，加强学生亲身实践的能力，并加以内化。感恩教育也是如此，让大学生作为主体参与感恩教育的实践活动，通过亲身体验，让当代大学生人格更加完善。大学生可通过参与各种公益活动，培养社会责任感。例如到敬老院服务、做环保志愿者、假期开展支教活动等。开展“寓教于乐”的感恩活动，树立大学生尊重他人、为他人服务的理念，将感恩意识内化于心。同时，在各种活动的开展中，使学生在服务社会的过程中获得成就感，发现自身的价值，同时洞察自身素质与社会需求之间的差距，以此找到前进的动力与方向。

（四）个人教育有行

大学生本人应充分发挥自我意识，调动自身的主观能动性。认识到自己从亲人、他人以及社会得到的关爱与呵护都是“恩情”，没有哪份关怀是理所当然的馈赠，大学生应当以更大的诚意与实际行动给予回报。这种回报需从小事做起，大学生可以从细小的物质层面或情感方面践行自己的感恩之旅。

（五）社会氛围齐行

强调大学生感恩意识，其目的为完善人的生命，特别是完善人的精神生命。因此，大学生感恩教育的发展，需在整合社会、家庭和学校三大教育力量的基础上，形成一种新的、充满活力的、符合时代特征与要求的教育精神，从而使当代大学生的感恩意识与行为能得到充分培养与塑造。

正能量

新疆大哥阿里木

阿里木，新疆维吾尔族人，一位普通而平凡的人，却有着令人感动的事迹。他用自己卖烤羊肉串赚得的钱，资助了近200位素未谋面的贫困学生完成了学业。

据粗略统计，8年来，阿里木烤了大概有数十万串羊肉串，所赚的钱除了留下一些生活和做生意必备的资金后，其余一分未留，全部进行助学捐款。这些年，他居住在自己的小屋中，每天卖着每串只有几毛钱利润的羊肉串，虽然生活艰苦，但他却乐观向上，微笑始终挂在脸上。

有人曾问阿里木，你作为新疆人，不在家待着，为什么要走这么远，到贵州毕节来呢？阿里木说，我曾经当过兵，退伍后在地方信用社工作，可是干了三年后，信用社倒闭了。年轻的心总是充满着激情，那时候的我，总想出去闯荡一番。我喜欢烤羊肉串，并曾天真地想过，要是所有人都能吃到我阿里木烤的羊肉串，那该是一种多么有意思的事啊！然而现实是残酷的，阿里木在创业的过程中，历经千辛万苦，辗转全国多个城市。他曾经过着颠沛流离的生活，漂泊的日子让他筋疲力尽，他的心似乎没有归宿。但是，一次意外的出行，他毅然来到贵州。在这里，他从事了烤羊串的生意。

阿里木是一个心怀感恩之人，他常说，当国家遇到危难时，挺身而出的都是英雄。生活稳定的阿里木，一心想回报社会，回报这座让他安身的城市，于是，阿里木将自己烤羊肉串赚的钱在毕节学院设立了“阿里木奖学金”，专门用来资助贫困学生。他说，我这么做的原因很简单，因为我从前没有读过多少书，没有文化，在社会上吃了不少亏，我不希望那些贫困的孩子像自己一样没有文化。只有多读书多学习文化知识，学会做人，才会成为一位对社会有贡献的人。

阿里木是一位平凡的中国公民，但是他的精神，他的事迹却深深感动着大学生们。如果你身上只有一百块钱，你拿出了十块钱来做善事，比得上一个亿万富翁捐出的一百万。人生的价值在于回馈社会，阿里木的资助学子事迹，让亿万人知道，每位同胞都可以做一位感恩的使者。

（摘编自：《阿里木事迹介绍》，https：/wenku. baidu. com/view/9eb550b3fd0a79563c1e727b. html）

测一测

亲爱的朋友，请你做一做以下测试题，答案没有对错之分，请根据自己的实际情况如实填写。若与自己的情况“很符合”记 2 分，“较符合”记 1 分，“介于符合与不符合之间”记 0 分，“较不符合”记 – 1 分，“很不符合”记 – 2 分。最后，将分值计入结果中。

测试内容	选项
1. 我不到万不得已，一般不与父母同住	2，1，0，－1，－2
2. 只要是父母的事情，我便会全心全意地去做	2，1，0，－1，－2
3. 父母交代的事情，我能拖则拖	2，1，0，－1，－2
4. 父母的事情，我有选择性地去做，视情况而定	2，1，0，－1，－2
5. 我讨厌父母的唠叨，不愿意与父母在一起	2，1，0，－1，－2
6. 我心里时常挂记着父母	2，1，0，－1，－2
7. 父母不说的话，我就尽量不问	2，1，0，－1，－2
8. 我一般视父母的具体情况，再决定问父母，是否需要帮助	2，1，0，－1，－2
9. 我只要有时间就给父母打电话，为他们排忧解难	2，1，0，－1，－2
10. 除非是父母有要求，否则我一般不会问候父母	2，1，0，－1，－2
11. 多数情况下，我认为自己还是很孝敬父母的	2，1，0，－1，－2
12. 对于父母总是要求做这个事情或做那个事情，我感觉很反感	2，1，0，－1，－2
13. 不是父母特别提出的，自己也会按照父母的要求做事	2，1，0，－1，－2
14. 我总是主动向父母问长问短，关心他们的饮食起居	2，1，0，－1，－2
15. 当我遇到父母提出有些为难的要求时，心里总是很抵触	2，1，0，－1，－2
16. 我对父母提出的各种要求，都能够应付自如	2，1，0，－1，－2
17. 无论心情如何，我都会对父母的要求尽量满足	2，1，0，－1，－2
18. 当自己的工作忙时，实在无暇顾及父母	2，1，0，－1，－2
19. 我尽量做到“忠孝两全”，灵活地应对父母要求	2，1，0，－1，－2
20. 当父母出现不测时，我认为没什么大不了的	2，1，0，－1，－2
21. 我对父母很依恋，长大了也如此	2，1，0，－1，－2

续表

测试内容	选项
22. 在父母面前，我无法做主	2，1，0，－1，－2
23. 父母的主张，符合自己兴趣的，就干，不符合自己的兴趣的，就拖或推	2，1，0，－1，－2
24. 我对父母的事情，不上心、不尽心	2，1，0，－1，－2
25. 我往往视父母的情况，决定是否听从他们的意见	2，1，0，－1，－2
26. 我与父母的关系不冷不热	2，1，0，－1，－2
27. 我愿意陪伴父母，一有空我就带他们出去玩	2，1，0，－1，－2
28. 有时当父母很生气时，我才会很不情愿地带他们外出	2，1，0，－1，－2
29. 我视父母的身体情况，决定是否带他们外出	2，1，0，－1，－2
30. 我不喜欢父母对自己的工作提意见，希望自己决定自己的事	2，1，0，－1，－2
31. 父母来看望我，自己会落落大方地介绍给大家，没有任何不适感	2，1，0，－1，－2
32. 我不希望父母主动找自己，反对父母干预自己的事	2，1，0，－1，－2
33. 父母来找我，我尽量回避公开场合	2，1，0，－1，－2
34. 尽管与父母发生过冲突，但我很快会调节心情，不再计较	2，1，0，－1，－2
35. 我总是对父母不服从，容易产生矛盾，不愿与之沟通	2，1，0，－1，－2
36. 我一旦认准父母的需要，就会尽力做，做到父母满意	2，1，0，－1，－2
37. 我总认为父母很古怪，难以相处	2，1，0，－1，－2
38. 父母的事再小，也是大事，我必须认真对待	2，1，0，－1，－2
39. 我总是与父母的意见不相吻合，协调起来很困难	2，1，0，－1，－2
40. 父母做父母的事，我做自己的事，能兼顾则好，不能兼顾也行	2，1，0，－1，－2
41. 我难以按照父母要求去做，即使做了，心里也不乐意	2，1，0，－1，－2
42. 我非常赞同“家有一老，如有一宝”的说法	2，1，0，－1，－2
43. 我与父母发生冲突后，心情久久不能平静	2，1，0，－1，－2
44. 接受父母的要求后，我会视情况而办理	2，1，0，－1，－2
45. 我的父母总是倚老卖老，自己心里很不舒服，但又不敢说	2，1，0，－1，－2
46. 我能够较好地在父母的要求与自己的情况之间实现平衡	2，1，0，－1，－2
47. 我总是被动接受父母的劝告	2，1，0，－1，－2
48. 父母毕竟老了，即使他们的意见再不对，我也要设法让他们满意	2，1，0，－1，－2
49. 我怎么做，都难以如父母的意	2，1，0，－1，－2
50. 我总觉得自己在父母面前长不大	2，1，0，－1，－2

续表

测试内容	选项
51. 我觉得已是成人，反对父母把自己当孩子看	2，1，0，－1，－2
52. 一般情况下，父母说她们的，我做自己的	2，1，0，－1，－2
53. 父母总觉得自己是对的，自己不赞同，但又没办法说服他们	2，1，0，－1，－2
54. 我愿意听父母拉家常	2，1，0，－1，－2
55. 我做父母要求做的事情，总是能推后就推后	2，1，0，－1，－2
56. 我能够较好地把握父母的想法	2，1，0，－1，－2
57. 我喜欢有条不紊地按自己的意图，安排父母的晚年生活	2，1，0，－1，－2
58. 只要父母高兴，我就特别开心	2，1，0，－1，－2
59. 对父母的话，我总是耿耿于怀	2，1，0，－1，－2
60. 假如与父母意见不合，我马上会另想办法	2，1，0，－1，－2

计分方法：

把计入答卷的分数相加，所得分即为各类型的得分。

① 如果某一项或两项的得分超过 20 分，则为该类型。例如，如“孝顺型”超过 20 分，则为典型的“孝顺型”。如果“现实型”和“孝顺型”得分均超过 20 分，则视为典型的这两种类型的混合型。

② 如果某一项或两项以上得分在 10～20 之间，其他各项得分较低，则为该项的一般类型，如一般“现实型”，一般“现实型”与“被动型”的混合型。

③ 如果各项得分均低于 10 分，但某项或某几项得分较其余项为高（一般相差 5 分以上），则为略倾向于该项类型（或几项混合型），如略倾向“无奈型”等。

④ 其余类推。

一般来说，正分值越高，表明被测人越具有该项类型的典型特征。反之，正分值越低或负分值越大，表明被测人越不具备该项类型的典型特征。在实际生活中，典型的类型人或许不多见，多数偏某一种类型或两种类型的混合。

类型	题号	合计
孝顺型	2 6 9 14 17 21 27 31 36 38 42 48 50 54 58	
现实型	4 8 11 16 19 23 25 29 34 40 44 46 52 56 60	
被动型	1 7 10 13 18 22 26 30 33 39 43 45 49 55 57	
非孝型	3 5 12 15 20 24 28 32 35 37 41 47 51 53 59	

类型特征：

① 孝顺型：非常孝顺父母，能与父母相处和谐，尊敬父母，并愿意与父母同居住。帮父母排忧解难，能及时照顾父母，时刻关心父母。尽力去满足父母提出的各项要求，若做不到时也会及时解释，请求父母理解。

② 现实型：凡事视客观情况而定，对待父母也如此，总体相处融洽。能做到孝顺父母，

但不能事事迁就父母。可以与父母进行沟通，但有时缺乏耐心，偶尔还会简单粗暴。

③ 被动型：与父母关系一般，但事事处在被动地步，不能随父母之意，总觉得父母不太理解自己。父母说了才会去做，一般自己不会主动做。尽量不与父母住在一起，喜欢有各自独立的空间，若看望父母，视情况而定。

④ 非孝型：与父母的关系紧张，当做父母要求做的事情时，凡是不愿意或很无奈的，能回避的就回避，能拖就拖，总是觉得父母越老越古怪，自己难以满足他们。很抵触父母，容易迁怒父母，责怪父母，甚至还会辱骂父母。对自己的父母不尽心，甚至不孝顺。

贫穷不是祸

——贫困生如何走出自卑

以人为镜

家境贫寒的刘×，家住贵州一个偏远的小山村，奶奶生病多年，父亲瘫痪10余年。由于经济比较困难，哥哥只好辍学外出打工，现在只有母亲一个人在家务农，因家庭入不敷出已欠不少外债。刘×家居住多年的房子屋顶已经凹陷，围墙倒塌多次，家人整日生活在恐惧之中……

进入大学后，由于经济条件的差距，加之缺少交往经验，自尊心较强的刘×经常和同学闹矛盾。人际关系的不协调，让他一度表现出种种不适应。一次，因借同学200元钱迟迟未还，遭到同学的强烈侮辱。刘×既没有告诉老师，也没有和其他同学商量寻找解决的办法，而是一怒之下将同学打伤至瘫痪。刘×冲动的行为不仅让本就困难的家庭雪上加霜，更重要的是，他故意殴打他人致残的行为，导致他失去继续读大学的机会。

智慧点拨

由于心理发展不成熟，情绪不稳定，且受家庭经济条件的限制，大学生面临一系列生理、心理与社会适应的问题时，心理冲突时有发生。这些矛盾若得不到有效疏导，予以解决，久而久之可能会形成心理障碍。同时，在遇到冲突时，大学生容易做出一些过激的行为，正如案例中的刘×一样，以极端的暴力方式解决问题。

深入探究

（一）自卑感影响大学生的人际交往能力

自卑心理，指对自身不恰当的自我评价和不恰当的自我认识而造成的自我否定，主观意识上总认为自己比不上别人，这就使得大学生在人际关系方面表现出畏缩，害怕跟别人交往，从而影响到他们的人际交往质量。大学生群体的人际交往和自卑心理，除了心理因素的影响以外，也受到家庭因素、社会环境因素和他人行为因素的影响。大学生自卑心理和人际交往模式的形成是一个综合作用的过程，需要从多角度进行分析和探讨。自卑大学生群体所出现的社会行为偏差、社会性格改变的原因在于家庭环境和生活模式的变化，而这些性格上的弱点，会影响其人际关系的发展，不利于大学生健康成长。

（二）法律意识不健全

大学生法律意识，指大学生对法律的情感、认知、评价和信仰等内心体验。虽然大学生的年龄层次和受教育程度有别于其他社会群体，在大学教育中学习过有关法律理论，但由于大学生尚未形成成熟的人生观与世界观，致使他们在观察问题、分析问题时还不够全面，他们的法律意识带有明显的易变性与不成熟性。

（三）他人负面的评价

面对旁人对自己的负面评价，恐怕一般人很难做到处乱不惊，尤其是遇到远离事实真相的非议，他们往往会愤愤不平，可能会申辩，可是这种激烈的反应常常会导致事与愿违的结果；某些大学生可能会把澄清事实真相的希望寄托在外界的自然进程中，这是一种不成熟的心理表现。

（四）缺乏沟通的技巧

对一些性格内向或缺乏语言表达技巧的大学生来说，他们可能因第一步沟通交流迈不出去，从而产生各种焦虑情绪。比如说，他们会对他人的表现产生这样的想法，例如，他们会说，“我不知道和别人该说些什么”“我说话地方口音太重”“他们说的我都听不懂”等，长此以往，也会降低他们的自我效能感。

出谋划策

（一）增强自信心是大学生面临困境最重要的手段

一般来说，有强烈自信心的人，能对自己的表现做出肯定的评价，在学习时表现得较为积极、主动；而另一种类型的人往往缺乏自信，把自己的能力限制在低于实际所能达到的水准，不知不觉地降低自己的能力。在大学中，一些学生因各方面的原因，生活得并不开心，过着没有成就且毫无目标的生活，似乎没有能力应对日常生活中出现的问题和状况。他们任由自己过着平庸的生活。

（二）学会具备抵御困难的能力，克服心理障碍

学习过程不是一帆风顺的，总会产生一定的压力或经受一些挫折。在日常教学中，帮助学生克服正常的自卑心理和自怨情绪尤其重要。学生只有具备了良好的心理素质，才能经受挫折的考验。如果不形成一些能承受被他人拒绝的能力，不具备良好的耐挫力，就会使我们因遭受他人拒绝而产生负面情绪，使自己处于劣势。

（三）学会绽放自己的闪光点

大学生在成长的过程中，应该寻找一条适合自己的路。也许这条路平坦，也许这条路荆棘丛生。然而，奇迹和命运可以靠自己书写，正如身体高位截瘫的张海迪一样，她正是用坚

强意志力战胜身体残疾，改写了自己的人生。柏拉图曾说，“人生最大的敌人是自己。”没有人能够打倒你，真正击败你的便是自己。

面对未来，我们需要用良好的心态去挖掘生命的潜能，保证生命的质量。不管生命的长度如何，只要开心快乐有意义，那么人生就没有遗憾。生命到底应该属于什么颜色？我想，这取决于你对生命的诠释。在这个世界上，你就是自己的画家。你可以随性挥动画笔，调配色彩，描绘出五彩缤纷的新世界，这个世界若少了任何一种色彩，都不会美丽。所以，生命，只因你的“闪闪发光”而精彩。

正能量

改变命运靠自己

穷人家孩子，是指这一辈出身于穷人家庭，父母均为无权无势的普通人，在事业和生活方面，都不同程度陷入穷人的烦恼和困境的人。照这个观点看，咱们身边的很多人都算穷人家孩子。穷人家的孩子打小受穷，没少挨过苦日子，都盼着长大成人能有作为，改变命运，拥有财富、名声和一定的社会地位；努力了，达不到这一指标，退而求其次，也希望才华获得赏识，能力得到认可，日子过得舒坦一些；如果再不成，年轻时日子过得不如意，也要尽力把下一辈培养成富人，将来也好“父凭子贵”享受一个不错的晚年。

改变穷命不能光靠想，要用积极务实的策略赢得将来，结束苦日子。很多时候，有想法没行动要比没想法慢慢堕落更加消极。穷人家孩子应当趁年轻努力一把，成就好的人生。

有一句歌词讲得好：“英雄不怕出身太单薄，志气高天也骄傲！”对于穷孩子来说，穷出身不代表你这辈子就会穷到底。放眼周遭，穷孩子出身的成功者比比皆是，他们都是接受现实，抱着平常心态和正确的策略改变穷命的年轻人。他们有理想，有行动，不断地积累、提升能力，抓住机遇，真就摘掉了“穷帽子”，改变了生活的轨迹；从租房到买房，从挤公车到开私家车，从在周围转转到出国旅游……穷人家孩子只要坚定不移地努力，就有可能一步步提高生活质量，换来明天的幸福。

戴尔·卡耐基说：“靠能力拯救自己，是成功的唯一准则。”无论你是自主创业的小老板、加入职场的大学生，还是某个公司和集团的中高层骨干，只要是“穷人家孩子”出身，就应该按照穷人家孩子的方式去学习、成长和奋斗，赢得一份好生活和好事业，成为“真正的富人”或者“富人的老爸”。

立志，让困窘的生活充满目标和动力，激励你甩掉包袱，勇往直前；正确的观念，让你与财富不再南辕北辙，以正确的思维方式武装头脑，谋求发展之道；生存的现实，使你在职场中不再单纯懵懂，在激烈的竞争中顺利发展；机会，靠你参透世事、用心领悟得来；忍耐，是收获一切的前提，为你塑造成功者的平常心；创业，为学历较低的穷人家孩子开拓快速致富的商业之路。

（摘编自：李典泰，《改变命运的策略》，中国长安出版社，2009）

测一测

今天你自信了吗

请根据你的实际情况，对下列题目做出“是”或“否”的回答。

测试内容	选　项	
1. 你觉得自己经常会遇到麻烦	是（　）	否（　）
2. 你觉得在众人面前讲话是很困难的	是（　）	否（　）
3. 如果可能，你将会改变你自己的许多事情	是（　）	否（　）
4. 你很难做出决定	是（　）	否（　）
5. 你没有许多开心的事情可做	是（　）	否（　）
6. 你常常感到心烦	是（　）	否（　）
7. 你对新鲜事物的适应很慢	是（　）	否（　）
8. 你与你的同学相处得不好	是（　）	否（　）
9. 你的家人通常不关心你的感情	是（　）	否（　）
10. 你常常会做出让步	是（　）	否（　）
11. 你的父母对你期望太多	是（　）	否（　）
12. 你是个很麻烦的人	是（　）	否（　）
13. 你的生活一团糟	是（　）	否（　）
14. 别人通常不听你的意见	是（　）	否（　）
15. 你对自己的评价不高	是（　）	否（　）
16. 你多次有离家出走的念头	是（　）	否（　）
17. 你常常觉得学习很烦，没有意思	是（　）	否（　）
18. 你认为自己不如大部分人长得漂亮	是（　）	否（　）
19. 你常常在众人面前欲言又止	是（　）	否（　）
20. 你觉得家人不理解你	是（　）	否（　）
21. 你不像大部分人那样讨人喜欢	是（　）	否（　）
22. 你常常觉得你家里的人好像是在督促你	是（　）	否（　）
23. 你常常对你所做的事情感到失望	是（　）	否（　）
24. 你常常希望你是另外一个人	是（　）	否（　）
25. 你是不能被人依靠的	是（　）	否（　）

评分规则及解析：

每题回答“是”记 0 分，回答“否”记 1 分。各题得分相加，然后乘上 4 即为总分。

50 分以下：说明你很自卑；

50 ~ 70 分：说明你自信程度较低，有些自卑；

70 ~ 80 分：说明你自信程度正常，无自卑；

80 分以上：说明你自信程度较高或过于自信。

你是否一条孤舟

——如何增强人际交往能力

以人为镜

案例一：小东，大一男生，性格内向，不善于与人沟通，经常独来独往。最近，他上课常打瞌睡。原来，小东室友最近经常在寝室看青春偶像剧，声音很大，该剧还吸引了其他寝室的同学前来观看。为顾及同学情面，他不好当面给对方提意见，可是，同学们看到凌晨两点还是没有歇停，这深更半夜的折腾，严重影响了小东的睡眠质量。

案例二：最近，正在热恋中的萍萍，每晚都会和男友有很长的电话卧谈，凌晨 24 : 00，萍萍依然躲在被子里嘀嘀咕咕与男友交谈。这对情侣的对话，虽然声音不大，但这嘀嘀咕咕的声音，对寝室的琴琴、敏敏来说，依然造成入睡困难。每到第二天，琴琴、敏敏总是打不起精神。她们对萍萍的行为极其反感，但又没有好的解决措施，她们只愿意与原来中学时期的朋友有联系，对大学同学间的人际关系较为失望。

智慧点拨

进入大学后，面对新的伙伴，新的环境，要求大学生能独立与不同性格的人交往，但由于缺乏交往技巧或自身性格缺陷等方面的原因，一些人难以建立友好而深入的人际关系。在心理体验方面，表现为缺少知心朋友，不愿与人主动交流。在大学生活中，有的同学主动适应，寻求改善，渐渐适应了大学人际关系，但一些学生可能在整个大学期间都没有适应新朋友，其友谊还停留在过去，交往密切的对象依然是以往的伙伴。

首先，大学生来自全国各地，由于各地饮食习惯、气候不尽相同，且由原来依赖父母的家庭环境过渡到相对自立的集体生活，生活环境与生活方式的巨大转变，会使他们感到不适应。在心理方面，容易产生孤独感，出现思念亲人、怀念老同学等现象，由此出现焦虑、抑郁、敌对、低落的情绪，严重者甚至会影响心理健康。另外，一些学生表现出不良的生活习惯，诸如打牌、睡懒觉、熬夜、沉迷于网络等，大部分时间在消遣中度过，对学习逐渐失去兴趣。

其次，从中学阶段步入大学阶段，对于一些大学生来说，角色未及时转换，还带着“过去的荣耀”来到大学。进入大学后，面对其他出类拔萃的同学，其荣耀不再凸显，会使他们无法接受理想自我和现实自我之间的差距，从而产生失落情绪与自卑感。

再次，大学生在学习目的、内容、方式等方面与中学时代存在差异。大学学习更强调启发性、研讨性、自学式教育，自学能力的高低成为影响学业成绩的重要因素。许多新生入学后，对大学学习安排不知所措，独立学习能力欠缺，这些表现在近年入校的独生子女身上尤为突出，这也导致他们在人际交往上不知所措。

不良的人际关系会影响大学生的情绪，让他们产生心理落差。社会学认为，人际关系指人们在生产或生活过程中所建立的一种社会关系。心理学层面认为，人际关系指人与人在交往中建立的直接的心理联系。人作为社会的一部分，有其独特之思想、个性、行为模式及价值观等，而人际关系对每个人的情绪、生活、工作有很大的影响，甚至对组织沟通、气氛、运作、效率及个人与组织之间的关系均有较大的影响。良好的人际交往能深化大学生自我认识，促进大学生社会化进程，可见，人际交往是大学生实现人生价值的桥梁。

深入探究

不良人际关系的形成有多方面的原因，具体分析如下。

（一）源于家庭环境的影响

首先，由于家庭亲情的缺失，造成大学生早年成长环境不健全。比如，父母长期在外打工，将孩子交予祖父母辈或其他亲属管教。若孩子在外面受到欺负，没有可倾诉的对象，没有人替他擦去眼泪，做其坚强的后盾，而年迈的爷爷奶奶代替不了父母，使得年幼的孩子，心理和精神上得不到亲情的呵护和满足，大多情况下孩子会拒绝与人交流，而选择沉默，不愿沟通。而另外一些孩子则表现为发脾气、做出攻击行为等，就是为了引起父母更多的注意；而有的会显得自卑，不愿意与他人相处。

其次，在家庭教养方式中，存在父母对孩子的过度性保护。一些独生子女，自幼受到父母宠爱，受到父母的过多保护，习惯于以自我为中心，致使缺少与人交往的原则以及个人的心理空间，对与人交往中的许多问题不知所措。

（二）生活中缺少重要他人的指引

重要他人，指在个体社会化及心理人格形成的过程中，具有重要影响的具体人物。重要他人可能是成长个体的父母、长辈或兄弟姐妹，也可能是老师、同学，甚至是萍水相逢的路人。在访谈中，通过对老师、家长和学生调查了解发现，一些孩子从小不懂得如何与人相处，形成正确的价值观和价值取向。这有可能与以下因素有关：

首先，与父母的文化水平有关。父母文化层次低，不懂得正确地引导学生成长。他们认为，让孩子吃饱穿暖是父母的责任，教育孩子是老师的责任。

其次，在学校教育中，班级授课制的教育教学形式下师少生多，对学生的关爱存在不足；如果学生的玩伴群体品行不良，也有可能影响其成长。

（三）自身因素的影响

大学生心理尚未完全成熟，缺乏社会阅历，思想单纯。其学习内容多集中于理论知识，但因生活阅历简单，心理承受能力较差。其自我认识、自我评价、自我教育多以学习为基点，在正确分析自己、恰当地处理同学关系时，极易产生困惑。此外，他们在自我适应环境、自我认知、人格健全等方面可能存在问题，影响人际交往的能力。

（四）学校因素的影响

长期以来，学校过分追求分数，忽视人际交往能力的培养，导致学生进入大学后出现智商高、情商低的现象。一些大学生往往处理不好与他人相处、沟通、交流等问题。高校教学方式的相对滞后，也使大学生在人际交往方面未能得到有效的指导与帮助。

（五）社会因素的影响

在市场经济体制下，竞争日趋加剧，重利轻义观念抬头。社会上功利意识浓厚，往往使人们在不知不觉中产生嫌贫爱富、追逐名利的思想意识。青年学生嗅觉敏感，容易接受新思想、新观念、新事物，因此，功利意识在大学生人际交往中体现较为明显，“穷学生”与“富学生”间产生了交往壁垒。

（六）寄情于虚拟网络

互联网打破了人们在时间和空间交往上的限制，虚拟的网络交往代替了人们直接的情感交流。网络在快速传递知识信息、提供娱乐游戏的同时，也为大学生发泄不良情绪、寻求精神寄托、逃避现实生活提供了渠道，导致大学生交往较为封闭，使其社会交往能力下降。一些学生沉迷于网络交往，忽视了现实生活，遇到问题习惯于网上找答案、寻帮助。

（七）不良心态的影响

在不良的人际交往中，大学生可能存在以下不良心态，对人际关系产生影响。

1. 自卑心理

有些人容易产生自卑感，缺乏自信，办事无胆量，畏首畏尾，随声附和，没有主见。这种心理若不克服，会磨损人的独特个性。同时，在与人沟通中，他们又往往无端猜疑，不轻易相信别人，造成人际关系的僵化。

2. 求反心理

有些大学生喜欢与别人抬杠，对事情不管是非曲直，别人说好，他就说坏；别人说对，他就说错，这样的沟通方式，常常会引来他人的反感。

3. 应酬心理

有的大学生把交朋友当作逢场作戏，于是见异思迁，朝秦暮楚，爱吹牛，爱说漂亮话，与某人见过一面，就会说与某人交往有多深。这种人与人交往只是做表面文章，因而缺乏感情深厚的朋友。

4. 利用心理

有的大学生极端地认为，交朋友的目的是为了“互相利用”，对自己有用、能给自己带来好处的朋友才交往，而且常常“过河拆桥”。这种贪图财利，沾别人光的不良心理，会使自己的人格受到损害，自然也会影响其人际关系。

5. 漠视心理

有些事对自己没有利益，大学生便冷漠看待，不闻不问，或者错误地以尖刻的言语、孤傲的态度表现出来，致使别人不敢接近自己，从而失去一些重要的朋友。

出谋划策

悦纳自我，欣赏自我，主动沟通，是大学生拓展人际关系的重要途径。那么，大学生如何沟通，才能在人际关系中拓展生存空间呢？

（一）树立自信，是赢得别人欣赏的第一步

成功来源于自信，人最大的敌人是自己，缺乏自信的大学生，往往在人际关系中不懂沟通、不能沟通甚至不敢沟通。如果我们不相信自己在别人眼中的实力，便不能正确地认识自己。走出第一步，学会在课堂上第一次发言，学会第一次与陌生人打交道，学会在大庭广众之下表演才艺，这第一次的露脸，尽管因腼腆可能会得不到内心所追寻的效果，但这勇敢的第一次，却能为第二次的出场创造空间。

（二）真诚尊重是沟通的原则

千金易得，知己难求。有些大学生在他人面前呈现的友好仅是昙花一现，未能赢得他人的好感，而最后被接纳的往往是那些以诚待人，胸无城府的朋友。真正的友谊，需建立在自尊和尊重他人的基础上。自尊主要表现为在各种场合都要尊重自己，维护自己的尊严，不要自暴自弃。尊重他人就要尊重别人的生活习惯、兴趣爱好、人格和价值，只有尊重他人，才能得到他人的尊重。

（三）换位思考是体验交往双方内心世界的重要方式

在人际交往中，大学生难免会产生矛盾冲突。在交往中要学会换位思考，从对方角度出发，想想自己的言行会引发什么样的后果，再通过深思熟虑，获得最佳沟通的效果。理解是成功的人际交往的必要前提，要真正了解对方心情的好坏、处境、需要等。在未征求他人同意时盲目提建议或做决定，可能会遭到他人的拒绝，因此，考虑双方共同利益，体谅他人，尊重他人，有利于深化双方感情。这也是大学生在交往中必备的心理素质。

（四）善于倾听别人的表达

在与别人交流时，仔细认真地听别人说话，能准确地理解和领会别人想要表达的意思与说话的目的，很好地与人交流和沟通，能达到事半功倍的效果。我们不仅要学会聆听，同时要给予适当的反应，表情自然，与对方进行目光交流，适当用点头、微笑来表示自己在耐心地倾听。这样，别人才更有信心继续表达。若有疑问，我们可以提出一些富有启发性的问题，

让对方感到你对他的话很重视，以达到更好的沟通效果。

正能量

朋友是永远的财富

我们每个人都会有一些朋友。朋友是彼此有交情的人，彼此要好的人。在这个世界上，友情有别于其他感情，它是一种最纯洁、最朴素、最高尚、最平凡的感情，也是最浪漫、最结实、最动人、最永恒的情感。我们不可能避开友情独自生活，你可以没有爱情但是你决不能没有友情。没有友情的生活犹如一潭死水，生命不会泛起任何精彩的波澜。在人的一生当中，友情无处不在，她伴随你左右，萦绕在你身边，一生都在守候你。

朋友是一种相遇。

大千世界，芸芸众生、茫茫人海中，朋友能够彼此遇到，能够走到一起，彼此相互认识，相互了解，相互给予，实在是缘分。在人来人往，聚散分离的人生旅途中，在各自不同的生命轨迹上，在不同经历的心海中，能够彼此相遇、相聚、相逢，可以说是一种幸运，缘分不是时刻都有的，应该珍惜得来不易的缘。

朋友是一种相知。

朋友相处是一种相互认可、相互仰慕、相互欣赏、相互感知的过程。对方的优点、长处、亮点、美感，都会映在你脑海，尽收眼底，哪怕是朋友一点点的可贵，也会成为你向上的力量，成为你终身受益的动力和源泉。朋友的智慧、能力、知识、激情，是吸引你靠近的磁力和力量。

朋友是一种相契。

朋友是一种心灵的感应，是一种心照不宣的感悟。你的举手投足，一颦一笑、一言一行，哪怕一个眼神、一个背影、一个动作、一个回眸，朋友都会心领神会，不需要彼此的解释，不需要废话，不需要多言，不需要张扬，都会心心相印。那是一种最温柔、最畅快、最惬意、最美好的意境。

朋友是一种陪伴。

朋友是漫漫人生路上的彼此相扶、相伴、相承、相佐。友情是你烦闷时送上的绵绵心语或大吼大叫，寂寞时的欢歌笑语或款款情意。快乐时的如痴如醉或痛快淋漓，得意时善意的一盆凉水。在倾诉和聆听中感知朋友的深情，在交流和接触中不断握手和感激。

朋友是一种相助。

风雨人生路，朋友可以为你挡风寒，分忧愁，为你解除痛苦和困难，朋友会伸出友谊之手。她是你登高时的一把扶梯，是你受伤时的一剂良药，是你饥渴时的一碗白水，是你过河时的一叶扁舟，是只有真心才能够换来的最可贵、最真实的东西。

朋友是一种相思。

朋友是彼此的牵挂，彼此的思念，彼此的关心，彼此的依靠，思念就像是一条不尽的河流，像一片温柔轻拂的流云，像一朵幽香阵阵的花蕊，像一曲余音袅袅的洞箫。她有时也是一种淡淡的回忆、淡淡的品茗、淡淡的共鸣。

朋友是一种相辉。

朋友就像夜空里的星星和月亮，彼此光照，彼此星辉，彼此鼓励，彼此相望。朋友镶嵌在默默的关爱中，不一定要日日相见，永存的是心心相通；朋友不必虚意逢迎，点点头也许就会意了；有时候遥相辉映，不亦乐乎？

朋友是这样一种人，一生与我们相遇、相知、相契、相伴、相助、相思、相辉。

（摘编自：《朋友是永远的财富》，文章阅读网，http://www.duwenzhang.com/wenzhang/youqingwenzhang/20091201/82000.html）

测一测

本测验共有36道题目。请根据自己的实际情况，对其中的每一个问题做出回答。符合你的情况，则把该问题后面的“是”圈出来；不符合你的情况，则把该问题后面的“否”圈出来。

测试内容	选项	
1. 你平时是否关心自己的人缘？	是	否
2. 在食堂里你一般是独自吃饭吗？	是	否
3. 和一大群人在一起时，你是否会产生孤独感和失落感？	是	否
4. 你是否时常不经同意就使用他人的东西？	是	否
5. 当一件事没做好，你是否会埋怨合作者？	是	否
6. 当你的朋友有困难时，你是否时常发现他们不打算来求助你？	是	否
7. 假如你的朋友们跟你开玩笑过了头，你会不会板起面孔，甚至反目？	是	否
8. 在公共场合，你有把鞋子脱掉的习惯吗？	是	否
9. 你认为在任何场合下，都应该不隐瞒自己的观点吗？	是	否
10. 当你的同事、同学或朋友取得进步或成功时，你是否真的为他们高兴？	是	否
11. 你喜欢拿别人开玩笑吗？	是	否
12. 和与自己兴趣爱好不相同的人相处在一起时，你也不会感到兴味索然，无话可谈吗？	是	否
13. 当你住在楼上时，你会往楼下倒水或丢纸屑吗？	是	否
14. 你经常指出别人的不足，要求他们去改进吗？	是	否
15. 当别人在融洽地交谈时，你会贸然地打断他们吗？	是	否
16. 你是否关心和常谈论别人的私事？	是	否
17. 你善于和老年人谈他们关心的问题吗？	是	否
18. 你讲话时常出现一些不文明的口头语吗？	是	否

续表

19. 你是否时而做出一些言而无信的事？	是	否
20. 当有人与你交谈或对你讲解一些事情时，你是否时常觉得很难聚精会神地听下去？	是	否
21. 当你处于新的集体中时，你会觉得交新朋友是一件容易的事吗？	是	否
22. 你是一个愿意慷慨招待同伴的人吗？	是	否
23. 你向别人吐露自己的抱负、挫折以及个人的种种事情吗？	是	否
24. 告诉别人一件事情时，你是否试图把事情的细节都交代清楚？	是	否
25. 遇到不顺心的事，你会精神沮丧、意志消沉，或把气撒在他人身上吗？	是	否
26. 你是否经常不经思索就随便发表意见？	是	否
27. 你是否注意赴约前不吃大蒜、大葱、以及防止身带酒气？	是	否
28. 你是否经常发牢骚？	是	否
29. 在公共场合，你会很随便地喊别人的绰号吗？	是	否
30. 你关心报纸、电视等信息渠道的社会新闻吗？	是	否
31. 当你发觉自己无意中做错事或损害了别人，你是否会很快承认错误或做出道歉？	是	否
32. 闲暇时，你是否喜欢跟人聊天？	是	否
33. 你跟别人约会时，是否常让别人等你？	是	否
34. 你是否有时会与别人谈论一些自己感兴趣的话题？	是	否
35. 你有逗乐儿童的小手法吗？	是	否
36. 你平时告诫自己不要说虚情假意的话吗？	是	否

计分与评价：

请把你的答案和下面的答案逐个对照：

题号	选择	题号	选择	题号	选择	题号	选择	题号	选择	题号	选择
1	是	7	否	13	否	19	否	25	否	31	是
2	否	8	否	14	否	20	否	26	否	32	是
3	否	9	否	15	否	21	是	27	是	33	否
4	否	10	是	16	否	22	是	28	否	34	否
5	否	11	否	17	是	23	是	29	否	35	是
6	否	12	是	18	否	24	否	30	是	36	是

如果你圈的答案与上面所列的这道题的答案相同，就得 1 分，如果不相同，就不得分，把全部得分加起来。得分越高，表示你的人际关系越好，最高得分为 36 分。

第五篇　情感世界

丰子恺说："不乱于心，不困于情，不畏将来，不念过往，如此，安好。"你的感情可好？

失恋也要笑着活下去

——大学生如何面对失恋

以人为镜

21 岁的琳琳是某高校的大二女生。在她 12 岁时，父亲有了外遇，丢下琳琳和母亲离开了，而母亲至今未重新组建家庭，与琳琳相依为命。母亲虽未组建新的家庭，但在长期的家庭生活中，她时刻抱怨父亲给自己造成伤害。在琳琳成长的记忆里，母亲经常以泪洗面，在父亲的阴影中煎熬着。懂事的琳琳看见母亲可怜，却爱莫能助。对父亲的恨隐藏在心里，默默地埋下了愤怒的种子……

大一下学期，琳琳和刚认识一周的不同校的小东恋爱了。虽然他们学校之间距离很远，但小东每周都会到琳琳学校找她，他俩每周在甜蜜中谈笑风生。但是，这种状况并没有持续很久，小东找琳琳的次数慢慢变少。到了大二下学期，小东半个月才来见琳琳一次，后来基本都是琳琳去找小东。且每次她去找小东的时候，小东都会显得很不耐烦，于是两人便开始争吵。随着吵架次数增多，琳琳觉得很累，很多时候想到了分手，但又很舍不得这段感情。

有一次，琳琳无意间看到小东的电话记录，发现他与一个女生来往很密切。琳琳控制不住自己，便给那女生打电话，询问对方与小东的关系，那女生说自己是小东的女朋友。这突然的回答对琳琳来说，犹如晴天霹雳，她难以接受这个现实。小东知道这件事情以后提出分手。父母失败的婚姻已经让她非常难过，痛苦中的她又第二次受到伤害。她联想到可怜的妈妈，想到自己也逃不过妈妈的宿命，整天魂不守舍，情绪低落，郁郁寡欢，成绩下降……

智慧点拨

案例中的琳琳之所以郁郁寡欢，是由于她最信赖的男朋友背叛了她的感情。一场失恋，打乱了她正常的生活秩序、学习规律打乱，将她的身心健康搅得一塌糊涂。

从心理角度看，失恋后往往产生极大的挫败感，这是大学生最严重的挫折之一。失恋带来最直接的体验是自卑感和失败感。例如，有的同学失恋后，觉得自己在同学面前抬不起头来；有的突然对自己各方面的表现感到不满，觉得自己一无是处。若没有及时得到调适，失恋可能会动摇今后个人对建立亲密关系能力的评价，怀疑“会不会有人再爱自己”，怀疑自己“再去爱别人”的可能性。失恋的学生往往会产生“以后不可能再有这样的关系”之类的想法，无形中把自己永远归结为一个失败者。而且，这种消极的影响常常还会泛化到失恋者对生活、学习等其他方面的兴趣和信心，导致失恋者一蹶不振。

追根溯源

谁造成了你心底的伤，谁是你忘不了的情，谁是你醒不了的梦？见与不见，思念一直在；爱与不爱，心一直在。不是所有的人，都能一直在等；不是所有的情，都能维系一生。是什么样的原因导致像琳琳这样的大学生在失恋后无法自拔呢？

（一）“闪电式”恋爱

大学生在生理方面已经成熟，他们存在接近异性的冲动。对异性产生好感是正常的心理表现，但在不深入了解对方情况下进行的恋情，开始容易，结束也容易。

“闪电式”恋爱在大学生活中比较常见，由高中繁忙的学习生活走向看似轻松的大学生活，促使大学生对爱情产生向往之情。但知己不知彼的恋爱心态，对大学生维系恋爱的持久性会产生极大的障碍。

（二）缺乏承受失恋的耐挫力

失恋的人容易失去自信，认为失恋意味着无能，这是强加给自己的心理枷锁。在恋爱过程中，遇到挫折与打击是很正常的，处理不好，会使自尊心受到伤害，产生不良的情绪困扰，严重者还会导致心理疾病。失恋者往往对抛弃自己的人一往情深，对爱情生活充满美好的回忆和幻想，他们常常否认失恋的存在，陷入单相思的泥潭，也有大学生可能会出现特殊的情感矛盾，既爱又恨，且不能自拔。

（三）失恋中的非理性观念

首先，大多数失恋者能正确对待与处理好恋爱受挫现象，愉快地走向新生活。然而，也有一些失恋者不能及时排解糟糕的情绪，导致性格反常。案例中的琳琳就因难以承受失恋的打击而情绪反常。有的则因失恋而对学习生活失去信心，不愿放手而对对方做出一些过激行为，这种过于自私的占有想法，是未理解爱情的真谛的表现。有的因失恋而羞愧难当，陷入自卑和迷惘，心灰意冷，走向怯懦封闭，甚至绝望、轻生，成为爱情的殉葬品。

其次，大学生的社会心理并没有完全成熟。他们的道德观念、社会责任感、恋爱态度以及他们对恋爱与学习关系的处理不够成熟，青春期冲动的他们，把任何事物都看得很美好，缺少挫折锻炼，心理承受力较弱。一旦失恋就痛苦不堪，无法恢复自己的正常生活和学习。

再次，大学生未真正认识爱情的独立性特点。大学生恋爱，要把自己放在一个正确的位置，适当控制自己的情绪。即使恋爱失败了，也能在失败的恋爱中汲取经验，从中学会怎样和异性交往，这是大学生情感成长的关键。

（四）错误的归因指向

当恋爱失败或受挫后，他们将注意力放到对方的错误与缺点上，对他人的细微错误反应十分灵敏，而对自己的问题与弱点却不闻不问。失恋者考虑更多的是如何指责与仇恨，有时还可能存在更偏激的行为与动作。失恋者因失恋而绝望暴怒，推动非理智心态发展，从而产生报复心理，造成毁坏性的结局；或嫉厌世俗，怀疑一切，看着什么都不顺眼，爱发牢骚；玩世不恭，得过且过，求刺激，发泄心中的不满；或以扭曲的心理看待异性。

（五）文学作品与影视节目的负面诱导

一些青春期的男女，喜欢欣赏琼瑶类浪漫型爱情至上的文学作品。在文学作品或影视节目中，模仿纯洁神圣的爱情，将剧中虚拟化的爱情与现实情景中的爱情混为一谈，为了更进一步品尝爱情的甜蜜，有的大学生在校期间与恋爱对象租房同居，双方关系一旦破裂，即陷入失恋的困境中苦不堪言。

（六）爱的缺失

如果大学生从小生活的家庭环境长期缺爱，他们可能会通过异性交往补偿内心的缺失。处在青春期年龄阶段的大学生，正值“心理断乳”时期，他们渴求社会与他人的理解，常有一种莫名的惆怅和孤独。当环境不能满足这种心理需要时，有的学生往往以恋爱的方式向异性伸出求助之手。在外人看来，他们在谈情说爱，其实只不过是在寻找心理慰藉，以排除内心的孤独。实际上，这种“爱“的寄托，不利于大学生以正常的心理去接纳异性的爱。

出谋划策

如果有人说爱情是大学生活的必修课，那么如何面对失恋是必修课中的重难点之一。在失恋的现实面前，勇于接受，坦然面对，是大学生情感成长的关键点。

（一）从自身出发，理解爱情

1. 爱是自我成长

首先，大学生应学会爱自己。一个自爱的人是自知的，一个心理成熟的人，能自然而坦然地表达自我。自爱是要成为你自己，特别是女性，更要积极关注恋爱中的自我。爱自己意味着要学会珍惜自己的感情，爱自己也包含对自己负责，而不是为了爱盲目放弃自我。

其次，学会爱他人。大学生只有认识对方、理解对方才能尊重对方。我们也需要用他人的目光看待感情，把对自己的兴趣退居第二位，才能了解对方。爱不是一种消极的冲动，而是积极追求爱人的发展与幸福。

2. 理解爱情

爱情是给予不是索取，真正地爱一个人是希望对方幸福，而不是一定要占有对方。如果爱上一个人，虽然很想拥有对方，但是如果你的爱对他（她）来说是一种负担，或是一种痛苦，放手是对彼此最负责的选择。爱是责任的体现，人只有认识对方，才能尊重对方。不成熟的爱情观有：我爱，因为我被人爱；我爱你，因为我需要你。而成熟的爱情应这样表达：我被人爱，因为我爱人；我需要你，因为我爱你。所有的爱情都包含着一份神圣的责任，这种责任不是义务。爱是尊重，真诚的爱是建立在双方平等与理解基础上的。爱一个人也是爱一份生活，仅仅因为某种需要产生的爱未必能承担爱的责任。倘若大学生因一时的孤单与寂寞去寻求异性的呵护，体验被人关爱的感觉，或只为消磨业余时间，这些都不可能得到真正的爱情。

3. 具备解决爱的冲突的能力

爱的冲突，一方面来自日常生活中的不一致，或不协调；另一方面可能来自性格的差异。相爱的人不是寻求两人的一致，而是看如何协调、合作。爱需要包容、理解和体谅，相爱的人需用建设性的方式去解决冲突。恋人间需要有效的沟通，学生在恋爱期间，还不太会为对方着想，觉得对方对自己不忠，便开始怀疑对方。许多大学生在互相交往后，认为对方只能属于自己，除了自己谁也不能亲近，更限制对方与其他人的交流。这样会在一定的程度上，对对方的身心造成影响，甚至造成事物的反向发展。大学生应站在对方的立场学会换位思考，懂得如何沟通才能形成有效的沟通模式。

4. 在失恋后要理智，及时宣泄情感，不去纠缠

多数大学生认为，失恋是一件丢脸的事，不愿意向任何人倾诉。其实，过分埋藏和压抑失恋的痛苦，只会让自己更加痛苦。要懂得找亲近的朋友或心理咨询师予以倾诉，在倾诉中合理宣泄。正视现实，理智分析是宣泄后的必备菜。爱情不是同情，也不是怜悯，更不是强求。失恋不是非对即错的问题，而是适合不适合的问题。失恋后，环境转移与感情转移对于摆脱失恋的痛苦有一定帮助。失恋后之所以难以摆脱恋情的困扰，就在于生活的各方面都与昔日的恋人有着千丝万缕的联系。失恋后可以主动换环境，暂时离开触动恋爱回忆的景、物、人，让自己主动置身于另一种宁静之中。爱情固然重要，但不是生活的全部，失恋后，可以把感情转移到别的事物上，不可因此远离人生。失恋后，切忌因急于摆脱痛苦而迅速投身于另外一段感情，将第三人作为自己的情感替代品。这样有可能因盲目的爱而迷失方向，让自己的感情再次受到伤害。

（二）学校和家长需加强对大学生的爱情观教育

首先，学校需加强对大学生的爱情观教育。学校在督促学生学习的同时，也应关注大学生的情感问题。可以通过开展各种教育活动，引导大学生树立正确的爱情观。大学阶段是大学生各种价值观形成的重要时期，通过加强他们的爱情观教育，可以促进他们心理健康发展。

其次，父母要加强对孩子的爱情教育。在与家长的沟通中，研究者发现多数父母对大学生的爱情观教育较少，他们反对大学生在校谈恋爱，担心耽误学习。罗密欧与朱丽叶效应告诉我们，越是被阻止的爱情，越会让恋爱双方心理距离更近。只堵不疏的教育方法，不能有效解决其情感问题。所以，家长应帮助他们树立正确的情感价值取向。

正能量

心理学家的爱情观

相爱容易相处难，相处中最重要的是宽容和妥协，在信任和了解的基础上。没有宽容和妥协，任何两个人都无法相处。

单纯的爱也许只有一次，但是真爱未必只有一次，时间会抚平一切伤痕。

我们不是喜欢某个人，而是喜欢某种类型的人。先来的人与我们相遇了，于是我们幸福地走到了一起；对于后到的人，只能报以歉意，同时，祝福他早日找到属于自己的幸福。

没有谁是我们一生非拥有不可的，爱一个人，很多时候实际上是习惯了这个人。持久的爱情源于彼此发自内心的真爱，建立在平等的基础之上。任何只顾疯狂爱人而不顾自己是否被爱，或是只顾享受被爱而不知真心爱人的人都不会有好的结局。爱情是风险投资，难免有去无回，失恋是再正常不过的事情。爱过，就够了。

既然不能在一起，总有不能在一起的理由。不能因为别人负了你，就不负责任地游戏、报复或是堕落，自己演的戏，总要收场。因为他不爱你，你做什么他都不会在乎。

如果爱上，就不要轻易放过机会。莽撞，可能使你后悔一阵子；怯懦，却可能使你后悔一辈子。没有经历过爱情的人生是不完整的，没有经历过痛苦的爱情是不深刻的。爱情使人生丰富，痛苦使爱情升华。

请记住，喝酒不要超过六分醉，吃饭不要超过七分饱，爱一个人不要超过八分爱。爱一个人，要道歉也要道谢；要认错也要改错；要体贴也要体谅；是接受而不是忍受；是宽容而不是纵容；是支持而不是支配；是慰问而不是质问；是倾诉而不是控诉；是难忘而不是遗忘；是彼此交流而不是凡事交代；是为对方默默祈求而不是向对方诸多要求。可以浪漫，但不要浪费，不要随便牵手，更不要随便放手。

测一测

当遭遇负性事件，产生情绪困扰时，你是怎么处理的？有的人虽能力一般，却能够冷静地处理判断事物，因而取得成功；有的人虽智力优秀，但情绪却不稳定，因而改变了成长的方向。请结合以下内容，测一测你的情绪稳定程度。

1. 你对与自己关系最密切的人的满意程度如何？

A. 不满意　　B. 非常满意　　C. 基本满意

2. 你是否想到若干年后，会有什么使自己极为不安的事？

A. 经常想到　　B. 从来没有想过　　C. 偶尔想到过

3. 你上床以后，是否经常再次起床，看看门窗是否关好，炉子是否封好等？

A. 经常如此　　B. 从来没有　　C. 偶尔有过

4. 你是否被朋友、同事或同学起过绰号、挖苦过？

A. 这是常有的事　　B. 从不如此　　C. 偶尔如此

5. 看到自己最近拍摄的照片，你有何想法？

A. 觉得不称心　　B. 觉得很好　　C. 觉得还可以

6. 半夜时，你是否经常觉得有什么值得害怕的事？

A. 经常　　B. 从来没有　　C. 极少有这种情况

7. 你是否经常因为梦见什么可怕的事而惊醒？

A. 经常　　B. 没有　　C. 极少

8. 除去眼睛能看见的世界外，你心里有没有另外的世界？

A. 有　　B. 没有　　C. 记不清

9. 你是否曾有多次做同一个梦的经历？

A. 有　　B. 没有　　C. 记不清

10. 你是否有吃过某种食物使你呕吐的经历？

A. 有　　B. 没有　　C. 记不清

11. 你心里是否时常觉得，你不是现在的父母所生？

A. 时常　　B. 没有　　C. 偶尔有

12. 你是否觉得，没有人了解你？

A. 是　　B. 否　　C. 说不清

13. 你是否常常觉得你的家庭对你不好，但是你又确知他们对你好？

A. 是　　B. 否　　C. 偶尔

14. 你是否曾经觉得有一个人爱你或尊重你？

A. 是　　B. 否　　C. 说不清

15. 你在早晨起来的时候，经常出现的情绪是什么？

A. 忧郁　　B. 快乐　　C. 说不清

16. 每到秋天，你经常的感觉是什么？

A. 秋雨霏霏或枯叶遍地　　B. 秋高气爽或艳阳天　　C. 不清楚

17. 你平时是否觉得自己非常强健？

A. 是　　B. 否　　C. 不清楚

18. 你在高处时，是否觉得站不稳？

A. 是　　B. 否　　C. 有时是这样

19. 你是否一回家，就会把房门关上？

A. 是　　B. 否　　C. 不清楚

20. 你坐在小房间里，把门关上后是否觉得心里不安？

A. 是　　B. 否　　C. 偶尔是

21. 当一件事需要做决定时，你是否觉得很困难？

A. 是　　B. 否　　C. 说不清

22. 你是否常常使用抛硬币、翻纸牌、抽签之类的游戏来测凶吉？

A. 是　　B. 否　　C. 偶尔

23. 你是否常常因为碰到某些东西而跌倒？

A. 是　　B. 否　　C. 偶尔

24. 你是否曾看到、听到或感觉到别人觉察不到的东西？

A. 经常这样　　B. 从不这样　　C. 偶尔这样

25. 你是否需要一个多小时才能入睡，或醒得比你希望的早一个小时？

A. 经常这样　　B. 从不这样　　C. 偶尔这样

26. 你是否觉得，自己有超乎常人的能力？

A. 是　　B. 否　　C. 不清楚

27. 你是否觉得有人在注意你的言行？

A. 是　　B. 否　　C. 不清楚

28. 你是否曾经觉得因有人跟着你走，使你心里不安？

A. 是　　B. 否　　C. 不清楚

29. 你对他人自杀有什么想法？

A. 可以理解　　B. 不可思议　　C. 不清楚

30. 当你在一个人走夜路时，是否觉得前面暗藏着危险？

A. 是　　B. 否　　C. 偶尔

计分办法及解释：

① 选 A 得 0 分，选 B 得 2 分，选 C 得 1 分。

② 0～20 分，你的情绪极不稳定，日常烦恼太多，患得患失，使自己的心情处于紧张与矛盾之中。

③ 20～40 分，你的情绪比较稳定，自信心良好，擅长处理问题，胆大细心。

④ 40～60 分，你的情绪稳定、自信心强，具有较强的道德感、美感和理智，能沉着大胆地处理任何一件事，而且从不畏惧。你有一定的社会活动能力，能理解周围的人们的心情，顾全大局。你是一位个性爽朗、受人欢迎的人。

打破束缚心灵的枷锁

——大学生应正视同居现象

以人为镜

男孩和女孩是一对青梅竹马的恋人，他们考上了同一所大学。

几个月后，女孩的 20 岁生日到了。在女孩生日宴会上，男孩喝了很多酒，他送给女孩一条心形的项链，女孩高兴地当众吻了一下男孩的脸。男孩脸红了，女孩的脸也一下子涨得通红，男孩把项链戴到女孩那白皙漂亮的脖子上。

不久后，男孩便与女孩在外面同居了。男孩对女孩百依百顺，女孩暗暗庆幸自己的选择。对于女孩来说，那真是一段幸福的日子。但是好景不长，当女孩怀孕时，男孩有了其他的女友，且消失得无影无踪。

当房东再一次来催女孩缴纳房租时，她只得走进当铺，把自己所有的金首饰摆在柜台上。老板眯着眼睛看了一眼说："你舍得拿这个首饰来典当吗？"女孩哭了，这不是项链，是一颗彻底让人毁灭的心……

爱情是人与人之间强烈的依恋、亲近与向往，以及无私专一且无所不尽其心的情感。它其实一半是性一半是情。对于大学生而言，爱情是把双刃剑，很多事情需要有度，一旦把握不好，容易伤害自己。虽然爱情让人陶醉，但大学生恋爱观的正确与否，对学生的生活、学习却有着重要的影响。

智慧点拨

同居是一对没有正式结婚的男女生活在一起，并通过在共同空间中生活，享受情感和性爱交流的状态。同居有多种情况，如，纯粹为享受性爱而同居；为金钱而与他人同居；为了情感而同居等。

陈某是一名在校大学生，他和女友是高校"夫妻部落"中的一员，两人在校园附近租下一套房子，过着同居的生活。2017 年 5 月，广东工业大学华立学院对在校大学生的调查表明，在受调查的同学中，有 53.2%的学生有同居行为。但不良性关系对男女双方都会产生影响，影响彼此的学业、身心健康，还会产生经济方面的压力，也有可能引发一系列的后果。小则危害身体，带坏风气；大则可能触犯法律，危及社会。

作为大学生群体，从性生理来看基本发育成熟，但在性心理方面还未完全成熟，这时期的大学生具有本能性、好奇性、掩饰性、强烈性、不稳定性和压抑性等性心理特征，在好奇心和探究心理的推动下，他们开始带有冒险色彩的性尝试活动。因恋爱心理不成熟，大学生进入恋爱阶段后，为进一步稳固感情，他们往往以性关系作为筹码来控制感情。

若一个人的性心理年龄与现实年龄不相同，那他的性心理或多或少会存在一些问题。

追根溯源

我们要辩证地看待大学生同居现象，既要看到有利的一面，也要看到不利的一面。首先，我们应该看到，基于建立在真挚情感基础上的同居，有利于大学生感情的巩固，促使双方能更进一步解对方。目前大学不提倡性压抑，但也不鼓励性泛滥。同时，大学生应理智地对待自己的爱情和婚姻，为未来生活提供借鉴。另一方面，大学生同居存在许多不利因素，其主要表现为以下几个方面。

（一）加重经济负担

来自农村的多数大学生，家庭经济条件并不优越，农作物的收入，几乎是学生费用的根本来源。大学生同居，会给双方带来较大的经济压力。过生日、吃饭、看电影等，势必使消费增加。若双方消费价值观不同，还会产生各种矛盾，带来心理的烦恼。

（二）同居不受法律保护，加重身心负担

同居的男女，他们担心被学校发现，可谓是提心吊胆；他们对性似懂非懂，时常发生因同居导致未婚先孕从而做人工流产的情况。作为成年人的大学生，有自己恋爱的权利。但是，在同居过程中发生的各种纠纷或损失，得不到法律的保护。

（三）担心怀孕，对女生影响相对来说更为严重

同居带来甜蜜，在享受爱情的同时，还要时刻注意避孕，做好避孕措施。毕竟这一阶段不是要宝宝的最佳时期，学生双方都暂时没有经济能力给对方和孩子幸福。

（四）影响课业、学业

大学生同居，在一定程度上会影响到课业与学业，会分散消耗自己学习时间和精力。进入大学后，大学生依然要以学业为重，以真才实学面临未来生活的挑战。

出谋划策

当前，大学生在恋爱期间同居的现象在高校较为常见。那么，我们该如何引导大学生正确面对同居呢?

（一）学生方面

第一，大学生是具备完全责任能力的公民，而他们恋爱的季节正处于大学阶段。大学生同居被视为个人私密范畴的问题，应该由他们自主决定。但是，对于选择同居的大学生来说，

他们在行使自己的性权利，获得性愉悦的同时，要学会保护好自己，不能只有激情，而忽视责任和爱的情感。

第二，对于大学生而言，有必要认真思考同居的后果。同居期间，女孩子很真挚地投入感情，若同居并发生婚前性行为，但最后又陷入分手状态，其心理上若承受不了这样的结果，她会感觉到受到最大的伤害，不知道将来怎么生活，怎么去面对将来的丈夫。恋爱是为了寻找志同道合的终身伴侣，而不是为了安慰解闷，更不是单纯为了性满足。

第三，恋爱动机。恋爱机动直接关系到恋爱的成功与否。当今社会，一些人将“高富帅”与“白富美”作为择偶标准。大学生作为新时代建设的生力军，其恋爱观应该与理想、道德、事业有机结合。应做到不盲从，提高明辨是非、抵制诱惑的能力，特别是女大学生要提高自我保护意识；男大学生更应认真对待自己的恋爱和婚姻，不能因一时冲动而伤害他人。

（二）家长方面

孩子的第一任老师是父母，作为父母，应该从小培养孩子的社会荣辱观，可适当地传授性知识包括避孕安全措施。例如，西方国家的家长会为孩子准备安全套。也可通过日常生活的点滴来加强大学生对自我的保护意识。家长应创造良好的氛围，让孩子从小多阅读积极健康的书籍，给予孩子正确的人生指引，不让孩子做温室里的花朵。

（三）学校方面

首先，学校应增设“两性观”“处女观”“婚恋观”等教育内容。浙江大学心理与行为科学系主任沈模卫教授认为，处于大学阶段的学生，对异性有比较大的好奇心。但是，由于心理不成熟，往往容易产生偏差。大学生产生好奇心，其重要的原因在于他们对此事物的不了解，可适当地对他们进行“两性观”与“处女观”的教育，学校可举办性教育专题讲座。除此以外，女生应洁身自好，加强自我保护意识，男生应正确看待“处女情结”问题，让大学生更好地了解性知识。

其次，学校要加强大学生的心理辅导。目前大学生同居现象普遍，难免会给他们的身心造成一定的影响，而这或许会让他们为此付出沉重的代价，如同居后，因同学的舆论引起心理压力，女生在同居的过程中意外怀孕，人流后留下心理阴影，或女生同居后被男友抛弃而不再相信爱情等，均需要专业的心理辅导，从而减少大学生同居受伤后带来的负面影响，以保障大学生身心的健康发展。

再次，学校应采取温和的手段解决问题。许多高校虽意识到大学生同居的危害，但所采取的办法却不能很好地解决大学生同居带来的负面影响。其重要的原因是，他们运用的是强制性手段，而大学生存在着“越是约束我，就越要去做”的叛逆思想。因此，高校应采取温和的手段代替强制性手段，从而安抚大学生的叛逆情绪，例如，部分高校可取消校外租房与评先选优挂钩的规定，关注大学生各方面的需求等。

（四）社会层面

大学生的价值观和人生观还不够成熟，未婚同居现象还没有得到社会的普遍认同，他们对爱和责任的理解还不够全面，也没有足够的精神和物质准备来面对现实。并且，大学生的社会压力与家庭压力都比较大。社会应理解大学生的同居行为，可借鉴某些城市或西方国家的做法开展性文化节，从不同层面引领大学生形成正确的性爱观。

正能量

致青春，原来你还在这里

“我爱你，不是因为你是怎样的一个人，而是因为我就是喜欢与你在一起的感觉。”这句话形容《致青春》这部电影里的男主角程铮再好不过了。

电影里的男主人公程铮是一位“高富帅”，在学校成绩一直都名列前茅，可以说他近乎完美，是女孩心目中的白马王子。女主人苏韵锦相貌平平，出身贫寒，成绩也一般，父母想尽办法把她送到市里一所最好的学校，试图让她将来能改变家里的状况。影片中，为符合剧情的需要，男女主角相遇后，他们的关系越走越近，陈铮还帮助苏韵锦补习。在程铮的帮助下，苏韵锦的成绩一步一步地提高。当然，两人的感情也在慢慢地升温。最后，两人相约，程铮考清华，苏韵锦考北京的一所普通的高校，这样不至于两人相隔两地。但是，事与愿违，苏韵锦没考上，只得去了另一个城市。经过长久的分离，在一次见面时，两人发生了关系，于是两人便在外面租房同居，可无奈相爱容易相处难，自小生活环境的差异以及性格的不同，导致两人矛盾逐渐升级，矛盾由小变大，以至于后来两人发生争吵，失去了当初的新鲜感。经过一段时间的相处后，两人最终不得不分开。

在同居中，平时不易被察觉的不足会逐一被放大。同居之后，会增加彼此的相处时间，会发现大大小小的事务都不是原本想象的样子。这些都需要两人之间商量，若双方不知退让，言语过激，便容易产生分歧。所以，同居需谨慎，应考虑一切可能会发生的因素，为保护好自己提前做好准备。

拓展空间

关于大学生同居现象辩论赛辩词（节选）

正方：对方辩友认为同居好比药，是药三分毒，难道你们会因为药有毒而不吃药，然后放弃治疗吗？

反方：是药三分毒，不假。但是，你在选择吃药时，已经认识到药的药性大于毒性，但是相对于婚前同居来说，你不能确定危害性有多大，在不确定危害性多大时，你还会放心大胆与异性同居吗？

正方：我们不确定危害性有多大，但在现实中，有很多情侣通过婚前同居不断磨合成长，他的利处显而易见。倘若与异性一起生活，一起为人生的理想而奋斗，目标明确，感情坚不可摧，这样稳固的爱情还有什么能使之破碎呢？

反方：对方辩友，双方天天生活在一起，难免会审美疲惫，想想每天面对卸妆后的他/

她，要么是胡子拉碴的他，要么是满脸青春痘的她，感情还会那么牢固吗？

正方：情人眼里出西施，难道对方辩友没有听说过吗？能接受素颜，这就代表是真爱，不能接受最差的样子，难道还配拥有最美的样子吗？请问对方辩友，倘若等到婚后才发现不合适而离婚，那么，造成的伤害又如何弥补呢？

反方：正如我方之前所说，婚前与婚后的生活状态是不一样的。同样，男女双方的心理状态，在婚前和婚后也有很大的差异。当面对无法回避与较难解决的矛盾时，在婚前，双方会开始怀疑对方是否是自己的真爱，而在婚后，则是想着如何去解决这一矛盾。对方辩友只不过是在夸大婚前同居的效果罢了。而相对于对方辩友口中的试婚，我方更关心遇人不淑被欺骗后又该怎样来弥补呢？

……

正方：对方辩友说同居的另一方人心难测，难道就因为这样，选择婚前不同居，从而草率地结婚吗？

反方：难道对方辩友要为了一个不知道和你有没有结果的人，牺牲着自己的财力、物力、青春，用百分百的投入来赌博一个不可预见的结果吗？这样的代价是不是太大了呢？

正方：就正如很多科学家，他们奉献一生投入到科学事业中，科学实验也是有很大的不可预测性，试问对方辩友，这也是不值得的吗？

反方：科学研究可是在为世界做贡献！婚前同居怎可同日而语？难不成婚前同居还有利于世界和平啰？我方所说的不可预测的不只是结果，还有人心啊！

正方：婚前同居发现不合适，分开之后对双方有一定的伤害，那么，由于法律而带来的经济补偿又能真正地解决同居带来的精神伤害吗？

反方：亲爱的对方辩友，你说的这是一个对比性的问题，当你受到伤害之后，由于法律而得到一定的补偿，总比没有得到好，总不至于赔了夫人又折兵吧！再说，婚前同居造成的可不只是一点点伤害，他已经引发了一系列社会问题及心理问题，直接或间接引起了暴力犯罪、吸毒、甚至是自杀等严重的社会问题。

教师总结：

感谢同学们精彩的辩论！

首先，通过同居的方式，在一定程度可增进双方的认识和了解。但是，作为大学生，我们理应正确地把握婚恋关系。将未婚同居作为体现爱情的方式，用献出身体来表达爱情，这些行为都存在着对爱情认识的盲目，是十分不可取的。同时，未婚同居还存在着藐视社会的婚恋道德，放纵自己的情欲而选择未婚同居的观念，这样的婚恋观和道德观都需要得到正确的引导。

其次，最重要的是，正是由于当代男女的未婚同居具有选择自由，不受限制，同居的男女双方在选择同居时，更应该慎重考虑，也不能忘记女方在社会、生理、心理成本上承受较大压力。

最后，学校有相应的性心理健康咨询平台，并开设性知识课程，同学们可以通过更多的课程学习或借助心理专业老师的帮助，树立正确的婚恋观，提升自身认识两性关系的能力。

（改编自：“婚前同居利弊”，自由辩论部分 https://wenku.baidu.com/view/db8cc32aaeaad1f347933f26.html)

残损之爱
——让性知识走进校园

以人为镜

2007 年，张×和刘×两人进入大学校园并分配在同一个班，当时刘×18 岁，张×16 岁，两个年轻人很快便相恋了。一年后，他俩在学校外租房子，开始了同居生活。2008 年，张×怀孕并生下一女。虽国家对大学生婚恋政策已放宽，但当时刘×刚成年，张×还未满 18 岁，双方还未到法定婚龄，不能领结婚证。孩子出生后，两位大学生转眼成为父母，面临着各种舆论压力，面对还未完成的学业，张×暂时把孩子交由刘×的父母照管。

不久以后，二人因琐事产生矛盾，双方分手。这段恋情结束后，两人从学校毕业双双走向社会。此后，张×一直未付给孩子任何抚养费。2013 年，刘×将张×告上法庭，称由于他父母一直负担照顾孩子的费用，要求张×支付其孩子的抚养费。而张×辩称，自己刚参加工作，收入不高，自己的生活都难以保证，无法支付这笔费用。法院审理后认为，非婚生子女享有与婚生子女同等的权利，不直接抚养非婚生子女的生父或生母，应当负担子女的生活费和教育费。此案中，二人均确认孩子是两人的非婚生子，作为孩子的生母，张×理应承担相应的抚养义务。最后，法院依照张×现在的收入情况，酌情判定相应的抚养费用。

智慧点拨

随着大学生结婚的合法化与部分高校对校外租房的解禁，很多男女大学生开始在校外租房同居，这种现象被人们称为“夫妻部落”。在这个大学生“夫妻部落”群里，真正到民政部门登记的人寥寥无几，绝大多数是以恋爱为借口，以张扬个性，追求幸福为幌子，构筑二人世界。

大学生恋爱类型主要有以下几种。

（一）虚荣占有型

第一，一些大学生，尤其是男大学生，他们认为谈恋爱，被异性追求是有本事、有能耐的体现；反之，则是无能的表现。在这种心理的压力下，一些人从虚荣出发，匆匆在大学生群体里寻觅佳音。同时，一旦确定恋爱关系，便对对方有极其强烈的占有欲，若失败，便会产生仇视心理或做出伤害对方的行为。

（二）情投意合型

恋爱双方以共同的兴趣与爱好为基础，一般感情专一、互敬互爱，在遇到困难时，能够共同分担。这种恋爱人数占一定比例且成功率比较高。

（三）弥补型

由于对自身定位不足，使一些大学生感到精神空虚、孤寂和惆怅，于是通过寻求恋爱借以弥补。这种恋爱的基础局限于对精神空虚的补偿，毕业后恋爱关系易破裂。

（四）尝试型

进入大学校园的大学生，由于生理上的不断成熟，他们逐渐产生接近异性、追求异性的心理欲求。另外，社会上各种传媒的影响，也触发了他们较为强烈的体验欲，促使他们产生对异性的神秘感。但尝试型的大学生由于缺少正确的恋爱观，易遭到对方的拒绝，常常以失败告终。

追根溯源

当前，大学生出现同居现象的原因多种多样，主要为以下因素。

（一）西方文化和生活方式的影响

随着改革开放的深入，我国在引进西方先进科学技术与文化的同时，也难以避免地带来了西方的思想和生活方式，这冲击着中国传统文化和原有生活方式。在西方国家，同居现象是司空见惯，这给我国的大学生造成了一定的效仿性。

长时间以来，我国一直处于性压抑的状态之下，甚至是谈性色变，人们内心深处渴望解放。正值此时，西方性解放观念的渗透，无疑是一根导火索。2017 年，据北京市对首都各主要高校开展的暑假返校动态调查显示：大学生性观念极为开放，认为婚前性行为不正确的人只占 32.6%，接受堕胎观念的人占 60.3%，有近半数的人认为同性恋是可以接受的。最令人吃惊的是，有超过 34.8%的人认为，同时有多个亲密的性伴侣也可以接受。

（二）社会对同居行为的宽容和默许

首先，随着社会的进步，人们思想观念的开放，使得人们对同居这一社会现象反对的声音不再那么强烈。对于大学生同居，进入 21 世纪以后，社会舆论并没有对此进行反对，而实际上是对这种行为的默许。在此方面“越轨”的青年，基本上不用付出社会转型前的那种高风险”和“高成本”。

其次，由于社会环境的作用，使人们的思想观念出现了多元化趋势，同居似乎成为一种时尚，而对于处在思想前沿的大学生来讲，更容易接受这种时尚。当前，社会上不法商贩为追求个人利益，大量制作、贩卖淫秽书刊、图片、电影等黄色资料，利用发达的网络，进行铺天盖地的黄色轰炸。黄色文化的崛起，也诱惑大学生产生了“性趣”，从而诱发大学生同居现象。

（三）大学生生理和心理的需求

大学生已经成年，生理较为成熟，对于爱和性的需求也在增长，很多学生产生强烈的性冲动，这是一种正常的生理现象。2017 年，浙江大学曾对 319 名大学生做过调查，统计表明，平时有性冲动的占 87%，其中女生占 68.7%，男生占 96.3%。此外发生边缘性行为（包括接吻、拥抱）更占相当的比例。同时，大学生心理相对成熟，寻找自己的爱情并希望和她或他过自己心中理想的生活，不免要涉及同居。

（四）部分大学生缺乏人生理想

大学生多数具有积极的人生态度、强烈的事业心、责任感和使命感，他们渴望为祖国奉献智慧，施展才华。但是，不能否认，在大学生群体里，确实有部分学生不明白人生的意义，缺乏远大的人生目标和理想。

婚前同居，对大学生自身和下一代存在一定影响。毫无疑问，大学生同居是与高校校规相违背的。但高校大学生同居是一个社会现实，高校教育必须承认这一点，充耳不闻是对大学生不负责任的表现。处分的处理方式并不能从根本上解决问题。有教育界人士指出，学校加强对学生性观念的引导和教育已迫在眉睫，不仅如此，家庭、社会理应采取相应措施，使大学生树立正确的恋爱观、性观念，保证他们身心健康成长。

针对以上分析，我们要辩证地看待大学生性行为，既要看到有利的一面，也要看到不利的一面。我们应该看到，基于真挚情感基础上的性行为，有利于大学生感情的巩固，使双方能更进一步了解对方，也可以适当满足自身的生理需求。大学不提倡性压抑，但也不鼓励性泛滥。大学生应理智地面对性行为，为未来生活提供借鉴。

出谋划策

面对性，大学生该怎样处理？

方法一：严肃对待性

“性”是具有生理、心理与社会属性的行为，是涉及道德与法律、关乎他人与自己的前途命运、关乎家庭幸福的大事。在现实生活中，有许多大学生缺乏对性的正确理解，以及对男女两性的性生理、心理状态的差异的认识，进而出现诸多问题。有些女生一旦对异性产生好感，往往以“以身相许”的方式表达对对方的真挚感情，并希望以此“定终身”；还有的属于一时冲动，在无任何情感的基础上发生不安全的性行为，这些认识与行为显然是错误的。倘若女生轻易与男生发生性行为，不仅不会赢得男性的尊重，还有可能使别人认为轻浮，不懂得自尊与自爱，也不会引起对方对这份感情的重视。此外，恋爱当中的性交往，如果双方不注意安全防范，可能导致女性受到伤害，例如意外怀孕导致不得不堕胎，这对女方的身心健康和发展带来负面影响，甚至会酿成更为严重的悲剧。

方法二：正确对待性

首先，性不丑恶，不神秘，更不是洪水猛兽。性是影响健康人生的重要因素，也是完善人格不可缺少的重要部分。恋爱的男女大学生在性接触方面要两情相悦，相互尊重。面对性行为的抉择，应当审慎思考，自己是否有能力承担相应的责任，更要思量性行为本身是否有助于增进彼此之间“爱”的关系。

其次，性行为一旦发生，一定要注意避免身体伤害。初尝禁果的大学生需注意性卫生，避免感染疾病。婚前性行为对女方伤害更大，有感染妇科疾病的风险，还可能承担怀孕的后果。因此，性安全很重要，需要做好避孕的安全措施，千万不要心存侥幸。如果发现意外怀孕，要及时到正规医院检查，及时处理，以将伤害降低到最小。

再次，亲密行为是人的自然需求。因此，若是任何一方有性激情的行为，另一方应先体谅和理解，然后把自己的考虑和对未来的想法，以及存在的问题和对方坦诚交流，表达自己延迟性行为发生的意愿。此外，恋爱的双方不必羞于谈性，只有彼此坦诚交流，才有助于获知对方对于“性”的感受、理解和需求。

方法三：健康对待性

性健康包括性观念健康、性生理健康、性行为健康、性心理健康四个方面。

第一，性观念健康：要认识到性具有两重性，一是自然属性，是人的一种本能；二是社会属性，受所在国家法律、道德、传统观念、民俗民风等制约。不能将性看作是个人的私事，随心所欲，想怎么做就怎么做。

第二，性生理健康：注意性器官的卫生，预防各种性的疾病，尤其要严格防止不洁性交，防止性传播疾病缠身。

第三，性行为健康：要在法律允许的情况下发生性行为，洁身自爱。对丧失人格的性骚扰、性暴力、性虐待等不良行为，一生都要杜绝。

第四，性心理健康：要保持性心理的健康，正确面对性，理智面对各种性诱惑，在性问题上把握好“度”。

性科学是一门综合性的学科，所以性健康有着广泛的科学内涵，它涉及性生理学、性行为学、性医学、性社会学、性心理学、性法学、性伦理学、性文学等众多科学，我们不能等闲视之。一个人，对性、对异性抱有怎样的观点和态度，往往可以折射出这个人的道德意识和道德品质。从生理发展规律看，青春期后期，是男性性欲最强的时期。在咨询中，我们经常接到大学生来电，他们说自己自慰频繁，难以控制，担心把自己的身体搞坏，对于这些求助的电话我们表示理解。但是，大学生不仅具有自然属性，还具有社会属性，要以“社会我”去约束自己的行为，绝不能为了满足自己的性欲去伤害别人。

正能量

大学生性健康的标准

（一）性教养的标准

达拉斯·罗杰斯认为，一个在性方面有教养的人，应当符合以下几点标准：

1. 具有良好的性知识。

2. 对于性没有由于恐惧和无知所造成的不当态度。

3. 性行为是否符合人道。

4. 在性方面是否能做到“自我实现”。

5. 能负责地做出有关性方面的决定。

6. 能较好地获得有关性方面的信息交流。此外，还包括社会道德和法律的制约。

（二）大学生性健康的标准

1. 有正常的性需要和性欲望。

2. 有科学的性知识。

3. 有良好的性道德。

4. 有正当的性行为。

正常的性需要和性欲望是心理健康的物质基础，科学的性认识是性心理健康的自我调节机制，正当的性行为是符合校纪、道德、法律规则的行为。只有在以上几个方面做到协调，才具备健康的性心理。

测一测

请结合自身实际，做出选择：

1. 你想象中的爱情是

A. 具有令人神往的色彩　　B. 能满足自己的情欲

C. 使人振奋向上　　D. 没想过

2. 你希望与恋人怎样开始

A. 在工作中逐渐产生情感　　B. 从小青梅竹马

C. 一见钟情　　D. 随便

3. 你对未来妻子的要求是

A. 别人都称赞她美丽　　B. 善于操持家务

C. 顺从你的意见　　D. 能在多方面帮助自己

4. 你对未来丈夫的要求是

A. 有钱有地位　　B. 为人正直

C. 没有不良嗜好、体贴　　D. 负责，有风度

5. 你认为完美的婚姻应该是

A. 门当户对　　B. 郎才女貌

C. 心心相印　　D. 情趣相投

6. 你认为巩固爱情的最好途径是

A. 满足对方所有要求　　B. 用甜言蜜语取悦对方

C. 对爱的人言听计从　　D. 努力使自己变得完美

7. 下列格言中你最喜欢哪一句

A. 生命诚可贵，爱情价更高

B. 爱情的含义在于帮助对方提高同时自己也提高

C. 有福同享，有难同当

D. 为了爱，我什么都愿意做

8. 你希望你爱的恋人在你的兴趣爱好方面：

A. 完全一致　　B. 虽不一致但相互照应

C. 服从自己的兴趣　　D. 互不干涉

9. 你对恋爱中的意外曲折是怎样看？

A. 最好不要出现　　B. 自认倒霉

C. 想办法分担　　D. 把它当作爱情的经验

10. 当你发现恋人的缺点时，你的态度是

A. 无所谓　　B. 抛弃对方

C. 内心十分痛苦　　D. 帮助对方改进

11. 你对家庭的向往是

A. 能同恋人天天在一起　　B. 人生有了归宿

C. 能享天伦之乐　　D. 激励对生活的追求

12. 自己有一位异性朋友时，你会

A. 告诉恋人，并在对方同意下继续同异性朋友交往

B. 让对方知道，但不允许对方干涉

C. 不告诉对方，因为这是自己的权利

D. 可以告诉也可以不告诉，要看恋人的气量和态度

13. 一位比恋人条件更好的异性对自己有好感，你会怎么做？

A. 讨好对方　　B. 保持距离，有必要时向对方说明真实情况

C. 十分冷淡　　D. 听之任之

14. 当你迟迟找不到理想的恋人时，你会

A. 反省自己的择偶标准是否切合实际　　B. 一如既往

C. 心灰意冷　　D. 随便找一个算了

15. 当你所爱的人不爱你时，你会

A. 愉快地同对方分手　　B. 毁坏对方名誉

C. 千方百计缠住对方　　D. 不知所措

16. 你的爱人对你变心时，你会

A. 采取“你不仁我不义”的报复手段　　B. 到处述说对方的不是

C. 当自己瞎了眼　　D. 从中吸取择偶交友的教训

17. 当你发现你所爱的人已有恋人时你会

A. 更加热烈追求

B. 用一切手段拆散他们

C. 若对方尚未确定关系，就进行合理竞争

D. 不管对方是否确定关系，自己都主动退出

18. 你认为理想的婚礼应该是

A. 能留下美好有意义的回忆　　B. 有排场，为人所羡慕

C. 亲朋满座，热闹非凡　　　　　　　　　D. 双方父母都满意

各题得分：

题号	选项			
	A	B	C	D
1	2 分	1 分	3 分	0 分
2	3 分	2 分	1 分	1 分
3	1 分	2 分	1 分	3 分
4	0 分	3 分	0 分	1 分
5	1 分	1 分	3 分	2 分
6	1 分	0 分	2 分	3 分
7	2 分	3 分	2 分	1 分
8	1 分	3 分	1 分	2 分
9	1 分	2 分	0 分	3 分
10	1 分	0 分	2 分	3 分
11	2 分	1 分	1 分	3 分
12	3 分	2 分	1 分	1 分
13	0 分	3 分	2 分	1 分
14	3 分	1 分	0 分	1 分
15	3 分	0 分	1 分	1 分
16	0 分	1 分	2 分	3 分
17	1 分	0 分	3 分	2 分
18	3 分	0 分	2 分	1 分

测试分析：

① 46 分以上说明恋爱观正确；

② 42 ~ 46 分之间恋爱观还可以；

③ 42 分以下，说明恋爱观不够正确，应该注意改正，目前不适宜恋爱；

④ 如果有一半的问题不知道怎么回答，表明恋爱观游离不定。

做情绪的主人
——如何正视情绪的困扰

以人为镜

有一位青年，看到死神正朝他的村庄走去，他很机警地询问死神："你去村庄的目的是什么？"死神面无表情地回答说："我要从前面的村庄带走100个人。"

这位青年听完后，立刻拔腿向前奔跑，他用最快的速度跑回村庄，然后不辞劳苦地告诉村里的人，要大家小心，因为他也不知道死神会带走的100人是哪些。

第二天早上，当死亡踏进村庄之时，这位好心报信的年轻人，却堵在死神前面，带着不满的口气说："你欺骗了我，你昨天明明说要带走100个人，可是，为什么昨晚村子里却死了1000多人？"

死神看了看年轻人，心平气和地说："年轻人，我没有骗你，昨晚死的人，只有100位是我名单里的，其余的都是被恐惧与焦虑带走的。"

故事中的人们，在死神的心理暗示下，变得惶恐不安，从而导致死亡人数从100人上升到1000多人。这个故事告诉我们，痛苦、恐惧、敌意、冲动、愤怒等情绪都是心灵的毒素。如果一个人被这些心理问题所困扰，就会出现身体上的疾病，甚至导致死亡。人类的情绪丰富，同时也容易波动。人类有上百种情绪，且情绪之间又有无数的关联，其复杂远超我们的想象。良好的情绪是心理健康的重要条件，而不良的情绪在一定条件下可导致身心疾病。中医说："怒伤肝，忧伤肺，思伤脾，恐伤肾。"不良情绪都有可能对我们的五脏六腑造成伤害，可能危及我们的身心健康。我们无法改变天气，却可以改变心情，做自己情绪的主人。每个人都应该学会调节自己的情绪，不要让不良情绪成为自己身心的杀手。

智慧点拨

一则新闻报道说，某地有一位家庭富裕的大学生，开着一辆宝马车在一条拥挤的街道上行驶时，与一位骑着自行车的年轻人发生口角，由于双方言语过激，几乎动手打起来，在人们的劝说下俩人才各自离去。当骑着自行车的年轻人离开一段路之后，那位开宝马车的大学生越想越生气，心想自己这么有钱还受一个穷小子的气，非得教训一下对方才行，让他知道自己的厉害。于是他踩着油门驾车向骑车的年轻人冲去，直至汽车撞上路边的人行道，将对方碾死。根据警方调查取证，这位大学生的行为属于故意杀人，必须承担相应的法律责任。

因不懂得忍让，导致双方付出了沉重的代价。大学生们，切记管理好自己的情绪。开宝马的大学生既毁了别人，也害了自己。俗话说："忍一时之气，免百日之忧；忍一时风平浪静，退一步海阔天空。"

在很多人看来，两人完全没有必要发生争执，但大学生却因一时的冲动，控制不住自己情绪，导致自己成了杀人凶手，其不理智的行为，带来了严重的后果。生活中的每个人，都应做自己情绪的主人，即使当时没能左右自己的情绪，也应该努力使自己在最短的时间内恢复理智，这样才能把损失降到最低。作为社会的一员，必然有外界的变化影响着我们，例如，他人的言行举止，自然环境的冷暖变化，客观事物的更替等。倘若我们不能以平静的心态来对待，就很难体验轻松与快乐。事实上，现实生活中的一些灾祸，就是人们在情绪未能正常宣泄的情况下，因疯狂举动所导致。在紧张的情绪下，人的呼吸会比正常状态更加急促，除了呼吸受到影响，紧张的情绪还可能通过分泌腺诱发疾病。在多数情况下，我们千方百计地想把情绪压抑下去、克制下去，但是，即使一个人做到压抑与克制，也只说明情绪从"显意识层"转移到"潜意识层"，而它对人们的影响仍然存在，且一直在找机会发泄出去。因此，我们不能强堵，而应采用疏导的方式，将不良的情绪以适当的方式宣泄出去。

追根溯源

为什么人们有时难以控制自己情绪呢？究其原因如下。

（一）情绪失控

第一，无限夸大事实，增加痛苦。本来是一件很小的事，却让别人搭进年轻的生命。现实生活中，很多从表面看似令人生气和悲伤的事件，如果换一个角度，用另一种眼光去看，常常可发现一些正面、具有积极意义的东西，从而避免负面情绪的产生。

第二，难以平衡自我心态。例如，同场竞技的对手与你实力相当，这时，谁能胜出，在很大程度上取决于一个人心理素质的好坏。如果你不能很好地调适心态，就可能失败。压力会让人无所适从，在关键时刻，外界因素的影响，可能干扰正常的发挥。

第三，认为成功就是一切，失去成功就是失去一切，愤怒情绪不能很好抑制。人如果长期、反复处于超强度的紧张状态中，就容易急躁、愤怒、激动，严重者会导致大脑神经功能紊乱，这不利于人的身心健康。

第四，未做好面对挫折的准备。前 NBC 新闻记者、新闻节目主持人坎贝儿说自己主持节目时永远不会慌乱，她的秘密是做好心理准备。她认为在准备过程中汲取资料固然重要，但更重要的是，做好心理准备。有些人相信人生没有挫折和困难，所以当他们面对困难时，就很难克服困难和挫折，常常陷于不能自拔的境地。

第五，通过外归因，习惯于把引起不良情绪的因素全归结于外界。很多人认为，不愉快的情绪由外在事物引起，他们相信，如果外在因素改变，他们便不会如此不愉快。而事实上，人的情绪大部分由自己的知觉、想法、评价所引起，是自己不能理智地控制情绪所造成。因而，人应对自己的情绪负责。

（二）家庭因素

家庭是人才成长的启蒙学校，家庭经济状况，家长的教育态度、内容与方式，家庭成员之间的亲疏关系，对学生情绪、情感水平的培养有着非常重要的影响，家长对子女产生过高的期望值或要求，过于急切的“望子成龙”“望女成凤”的心态，会加重其子女的心理负担，使之产生焦虑不安的情绪体验。

（三）人际交往挫折感的影响较大

受社会和学校的道德观、经济、风俗等方面因素的影响，不少学生离开学校这个象牙塔，会感到不适应，从而产生挫败感。一些大学生对友谊的渴求十分强烈，人际交往的期望值过高，一旦期望值难以达到，就容易对人际交往采取消极的态度。有些大学生很想正常与人交往，却因生性内向、过于腼腆，存在交往顾虑，从而游离于校园交际圈之外。一旦在心理上与人群格格不入，就不可避免地陷入紧张，焦虑的情绪之中。

首先，坏情绪致命，好情绪疗伤。良好的情绪能产生奇迹，尤其振奋人心的是，自信可以让人类战胜病魔。人一旦有了好情绪，会刺激垂体通过适当的方法达到荷尔蒙的平衡。荷尔蒙对每个人身体产生的影响不一样，适当的荷尔蒙会对情绪产生好影响，从而有益于身体。而不好的情绪，则会对身体产生有害的荷尔蒙，对人的健康造成不利的影响。

其次，情绪不稳诱发症并不是危言耸听。情绪诱发病和烦心事的多少并没有多大的关系。我们都知道，在日常的生活中，每个人都有可能碰到或大或小的烦心事，如果他可以自我调节，那么，情绪诱发病在他身上出现的概率会少得多；相反，如果在人生中遇到麻烦事，却不懂得怎么妥善处理，情绪诱发病便容易在他身上发生。

出谋划策

（一）让情绪调控伴我们一生

在快节奏生活的现代，无论是高官，还是普通的平民百姓，伴你一生的不是功名利禄，青春容颜，而是心情，心情可以左右人的一生，因此，学会调控情绪很重要。

有人这样解释乐观者和悲观者的区别，面对大四毕业，乐观者如此感慨：“真好，还有两个月就毕业了。”而悲观者却说：“可恨，只有两个月就毕业了，毕业之后没工作，出去吃什么？”由此，我们可以看出，乐观者和悲观者的区别在于他们看问题的角度不同。心理学家认为，乐观态度与悲观态度，都是人类典型的且最基本的态度倾向，它影响着人们的生活方式。为什么这么说呢？

首先，很多事情，换个角度，换种心情去看待，结果可能完全不同。决定快乐的，不是环境，而是心境。如果你心境阳光，选择的是快乐，那么，快乐就会围绕在你的身边，但是，如果你的眼里只看见烦恼，那么烦恼就会越来越多，直至让人窒息。

其次，世界上没有非嫁（娶）不可的人，没有非走不可的路，没有非做不可的事。该来的会来，该去的会去。宠辱不惊，看庭前花开花落；去留无意，望天上云卷云舒，这样你我才可能有一颗快乐的心。的确，快乐无处不在，只不过是因为每个人看问题的角度不同，思考问题的出发点有差异，那么，得到的结论也不尽相同。悲观和乐观，只是一念之差，然而，通过这一念之差看到的世界，却有着天壤之别。凡事朝着乐观的方向走，希望、幸福和快乐才会永远相随。

（二）自我调适情绪的方法

1. 转移注意，情感宣泄

转移注意法，就是把注意力从引起不良情绪反应的刺激情境，转移到其他事物或其他活动上去的自我调节方法。比如运动、听音乐、享受美食、欣赏美丽景色、读一本好书、和朋友相聚、记日记写下自己的愉快感受等。大学生一旦产生不良情绪，如果不能及时释放出来，就可能使人内心痛苦，行为异常，影响正常的学习、工作，甚至影响身心健康。遇到不良情绪，大学生可以向亲近的人诉说，在情绪波动时大哭一场，在盛怒时大声叫喊，以此宣泄不良情绪。

2. 理智控制

当遇到不幸或挫折时，为了避免精神上的痛苦或不安，可以找出一种合乎内心需要的理由来说明或辩解，以此冲淡内心的不安与痛苦。以积极的自我暗示来保持好的心态。大学生应发挥主观能动性，调适和放松心理紧张状态，使不良情绪得到缓解。或者与对方换一个位置，站在对方的角度思考问题。通过将心比心，体会他人的感受。

3. 放松治疗

通过聆听音乐改变心境，使心境放松。尽量到充满温暖色彩，色调明快的环境中去，再进行循序渐进、自上而下的放松，或通过自我催眠、自我按摩等方法使自己进入放松状态，从而消除不良情绪。

4. 幽默化解

研究发现，在问题面前，经常应用幽默作为应对机制的人，健康问题就比较少，而运用哭喊作为应对机制的人，健康问题相对较多。

下面是情绪测试题，请回想一下你曾经面对过的一个人情绪爆发的事情，它可能是一场争论，或是生你的气或对你心烦，或给你施加压力等。分析所发生的事情，考虑一下，他对你说了些什么以及怎样对你说的。

（1）确认那个人的情绪（他的体态语言显示了什么？）

（2）注意所描述的事实（他实际上说了些什么？）

（3）你做出了什么反应？你希望已经做出了什么反应？

（4）引起我愤怒的具体事情是什么？我愤怒的根源是什么？

（5）对这件事情我怎样解释？

通过将情绪分类，可以使情况缓和，使压力缓解。用这种方式分析一系列事件，以显露出你的愤怒形式，对自己形成较理性的认识。

——摘自《心理健康教育》

正能量

生活是美好的

要是火柴在你的衣袋里燃起来了，你应该感谢上苍，多亏只是你的衣袋而不是火药库。要是有穷亲戚上别墅来找你，那你不要板着脸，而应平静地对自己说："挺好，幸亏来的不是警察。"

要是你的手指头扎了一根刺，那你应当高兴："挺好，多亏这根刺不是扎在眼睛里。"如果你的妻子或者小姨在练琴，请你不要发脾气，而要感激这份福气：你是在听音乐，而不是在听狼嚎或者猫叫。

你应该高兴，因为你不是拉长途车的马，不是寇克的"小点"，不是旋毛虫，不是猪，不是驴，不是茨冈人牵的熊，不是臭虫……你要高兴，因为眼下你没有坐在被告席上，也没有看见债主在你面前，更没有跟主编谈稿费的问题。

要是你有一颗牙疼，那你应该高兴，幸亏不是满口的牙痛。你应该高兴，因为你居然可以不必读《公民报》，不必坐在垃圾车上，不必非得跟某人结婚……

要是你被送到警察局，那你该乐得跳起来，因为多亏没有把你送到地狱的大火里。

要是你挨了一顿木棍子打，那就该蹦蹦跳跳地说："我运气太好，人家总算没有拿带刺的棒子打我。"

要是妻子对你变了心，你应该高兴，因为多亏她背叛的是你，而不是国家。以此类推，朋友，照着我的劝告去做吧，你的生活才会欢乐无穷。

（摘编自：《生活是美好的》，豆瓣小组网，https://www.douban.com/group/topic/16459589/?type=like）

测一测

下面从 5 个方面列举 20 个问题，每个问题可以分为 5 个等级：没有、几乎没有、有时、比较多和经常，分别给予 0、1、2、3 和 4 分。请根据自己的实际情况进行选择：

测试内容	选　项
1. 活动方面	
① 失去对任何社交活动的爱好和兴趣，觉得它们似乎太耗精力	0，1，2，3，4
② 对于空闲时间自己该做什么，一点想法也没有	0，1，2，3，4
③ 做一些难以完成的事	0，1，2，3，4
④ 因为要做的事太多，感到不知所措	0，1，2，3，4
2. 感觉方面	
① 觉得一天当中很少有属于自己的时间	0，1，2，3，4

续表

测试内容	选　项
② 感到不被别人赏识	0，1，2，3，4
③ 时常有一种莫名其妙的不满和气愤	0，1，2，3，4
④ 经常在寻求别人的恭维和夸奖	0，1，2，3，4
3. 胃口方面	
① 紧张或焦虑使自己不思茶饭	0，1，2，3，4
② 靠吸烟或喝咖啡来支持自己的精神	0，1，2，3，4
③ 想用巧克力或其他糖类来应付焦虑	0，1，2，3，4
④ 有不明原因的恶心、腹痛或腹泻的症状	0，1，2，3，4
4. 睡眠方面	
① 经常失眠	0，1，2，3，4
② 睡了整整一夜，但仍然感到没有休息好	0，1，2，3，4
③ 不想睡觉时，却莫名其妙地睡着了	0，1，2，3，4
④ 需要长时间的午睡	0，1，2，3，4
5. 观念方面	
① 没有幽默感	0，1，2，3，4
② 情绪急躁易怒	0，1，2，3，4
③ 对未来很悲观	0，1，2，3，4
④ 觉得自己麻木、无动于衷	0，1，2，3，4

测试分析：

总分为 1～20 分，表明存在焦虑；

2～40 分，有轻微焦虑；

41～60 分，表示焦虑属于中等，应该设法放松；

61～80 分，提醒你处于极大的焦虑中，必须对生活重新调整。

第六篇　自强不息

《周易》曰："天行健，君子以自强不息，地势坤，君子以厚德载物。"今天，你自立、自强了吗？

今天，你叫外卖了吗
——大学生如何远离惰性

以人为镜

“今天有点偏辣啊。”六人间宿舍，有四个人都在吃着外卖。“我们还没有下课，就在网上订了外卖，一下课就能吃饭，天气太冷，赶紧回宿舍。”宿舍一女生说。另外两名同学去食堂吃饭了，因为她们家里经济条件不好，食堂的饭菜更实惠。点外卖的女生中有三个人点了麻辣拌，一份是 7 元，一个人点了大米和宫保鸡丁，一共是 10 元。其他宿舍的人，有人每天都叫外卖，不去食堂吃饭；如果没课，除了下楼拿外卖，可以一天都在宿舍楼待着。在另外一个宿舍也有女生正在吃外卖。“在冬天我除了吃早饭，其余两顿基本都叫外卖。”女生说完，打开自己的手机通讯录让我看，“饭”这个字就是外卖。

某男生寝室，里面的六位同学，他们各自盯着电脑屏幕，桌子旁边或者垃圾筐内堆放着一个个吃完的饭盒。他们根本没有时间注意或理会其他人，因为他们正在打联机游戏，必须集中注意力。不然，一个人失误就会毁掉整个团队，哪有时间关注谁到了寝室……

以上现象在大学生中已经不足为奇，他们每天待在寝室，做与学习无关的事，连吃饭都要叫外卖。从案例中，我们可以看出一些大学生不断表现出的惰性。他们意志力薄弱、自我控制能力差。懒惰是成功路上的杀手，大学生在成长的过程中，如果没有高远的理想，对自己要求不严格，未能给自己立下一个远大的志向，不能自我控制、培养意志力，那他们未来的大学生活有可能是一片空白。

智慧点拨

小李，男，云南人，政治经济学院学生。该生高考成绩不错，大一第一学期时，因玩网络游戏出现旷课现象，辅导员老师对其进行谈话教育。大一第二学期，小李刚刚转入政治经济学院，对新的学习生活环境感到很新奇，暂时脱离了网络游戏。

2015 年 12 月起，他逐渐适应新阶段的学习生活后，又开始玩网络游戏。“我们见过迷恋游戏的人，但是没见过像他这样痴迷的程度。下午两点半考试，他都能把游戏玩到 2：20。”他的室友说，他玩网络游戏到了“痴迷”的程度，每天外出上网，一直不停地玩上 8 个小时，有时候连课都不上；即便去上课，也是在课堂上“补觉”。此外，小李将免费师范生的补助用于叫外卖。2016 年 4 月起，小李发现自己的思维跟不上其他同学的节奏，满脑子装的都是游戏，遇到事情时，他将虚拟视为现实，会用游戏中的规则来处理生活中的现实问题，他开始感到不适应现实生活，并陷入了深深的焦虑之中……

小李整日虚度，最终变得消极、堕落，放纵自己的惰性。惰性常常表现为以下几个方面：第一，放纵自己，沉迷于网络世界，疏于与他人接触，喜欢独来独往。第二，喜欢散漫、无拘无束的生活，生活起居无规律。本来制定计划去做事，但行动却很缓慢，总喜欢一拖再拖，或是犹豫不决，或是半途而废，最后也只能不了了之。第三，总是会给自己的逃避或者错误找这样那样的借口，总是自我安慰。第四，会对周围的事物漠不关心，认为所有的事都与自己无关。不愿意积极思考，或主动处理问题，总喜欢走一步算一步，或者跟着别人走。

在生活和学习中，我们也能看到惰性的影子。例如，周末是学生在经历一周学习之后的缓冲时间，但是在这个时间段，有的人是睡觉睡过的，而有的人是打游戏混过的。更有甚者，他们睡觉睡到自然醒，醒来就去打游戏，甚至连吃饭都懒得出去，直接叫外卖。在学习上，某人考试成绩不理想，便计划要好好学习，以便在下次考试中取得好成绩。但是，每次准备学习时，都因为考试时间还久远，或者是今天约好朋友出去玩等借口未开展学习，最终下次考试依然未能取得好成绩。这些都是惰性带来的负面效应。由此，我们不难看出，惰性是一种落后习性，它会使我们在学习和生活中形成懒散、消沉的意志，而我们如果放纵自己的惰性，我们只能变得随波逐流，失去前进的方向。

追根溯源

什么是懒惰？懒惰的真正原因是什么？

大学生本该充满朝气和活力，是勇于开拓进取的群体，但事实并不是如此。校园内流行着这样的打油诗：“人生本该 happy，何必整天 study，只要考试 pass，拿到文凭 go away。”懒惰是不少大学生为之感到苦恼，并难以克服的一种人格发展缺陷，是意志活动无力的表现，是影响大学生积极进取、发挥青春活力的天敌。它与时代格格不入，必须予以改变，否则会有被时代淘汰的危险。

懒惰可以分为选择障碍或者回避选择症候。回避选择有很多表现，最常见的是不停地拖延时间：现在很忙，要做的事很多，头痛的问题留到以后做；或把决策权推给别人，过分缩小或扩大选择的范围。

引起懒惰的原因有以下方面。

（一）身陷懒惰的泥沼，自认为不幸

重要的工作可以不断搁置，自己约定的事可以随意反悔，然后为自己找种种理由开脱。例如，以其他事要忙、想考虑得更慎重一些为借口，或认为自己天性散漫等。面对选择时，不能正确选择的人，往往在选择时散漫、拖延、不用心，结果是人生不如意，无止境地叹息和后悔，他们因此越发地认为自己不幸。

（二）一成不变的生活影响其改变

并不是只有无所事事才叫懒惰。被琐事困扰，因小失大，对决策举棋不定，明明有实力却放弃挑战等，也是一种不思进取的懒惰行为。

（三）懒惰最深的原因是精神因素或心态问题

2011 年，Magic 在《生活哲学》中提到，懒惰不是行为肢体上的障碍，而是心理对客观的一切的拒绝，无能、无力、无奈、无所事事，如果把自己作为对象，自己所产生的无能感，便否定了自己作为生命的主体性。

因此，懒惰本身不是大的事件，但渗透到精神领域且产生消极心态的懒惰，会导致精神的贫穷与匮乏。

（四）引起懒惰的不合理的信念

1. 面对困难和责任，很不容易，倒不如逃避和无所作为

上天总是公平的，它会在每个人前进的道路上设置障碍，有些人由于勤奋，很快就跨越了，可是有些人一开始就认为，那是一件很不容易的事，而不愿意去做，因此他的生活像一杯白开水一样平淡无味。

2. 一个人应依靠别人，并且需要找一个比自己勤快、强大的人来依靠

当代社会，许多大学生可能在上大学之前没有离开过父母，他们每天的饮食起居由父母一手包办。更有甚者，上了十几年的学竟然连袜子也未曾亲自动手洗过，不会扫地，对父母依赖成为一种习惯，这使他们产生惰性，进入大学后，虽然已经离开父母，但这种依赖性一时难以改过来。

3. 人生中每一个问题，都将会有一个正确的答案和一个完美的结局，即使我们不去思考，不去奋斗也不会有什么痛苦，快乐依然存在

4. 自我控制能力差

进入大学后，一些大学生像脱缰的野马，他们开始放纵自我，在高中阶段未玩过的，未做过的，希望在大学生活中得到体验和尝试。渐渐地，除了教室、宿舍，哪里也不去，连午饭都是通过叫外卖解决。美其名曰“休息”，其实这一切都源于懒惰，由于自我控制能力太差导致的。

对每件事情设想一个美好的结局，却什么也不去做，就等着天上掉馅饼。室友相继去教室学习，去操场跑步，背知识点，可是仍有同学赖在床上，想着那些天方夜谭的事。他可能认为，说不定好运气会现身呢？殊不知，懒惰是魔鬼，它会慢慢吞噬你的心灵，所以，请从美梦中醒过来吧。

出谋划策

懒惰是很奇怪的东西，它使你以为那是安逸，是休息，是福气；但是实际上它所给你的是无聊，是倦怠，是消沉；它剥夺你对前途的希望，割断你与别人之间的友情，使你心胸日渐狭窄，对人生也越来越怀疑，因此我们必须克服懒惰，战胜懒惰。懒惰的成因很多，想战胜懒惰，需做到以下几个方面：

（一）策略一：正确认识懒惰

懒惰谁都有可能产生，有时是因为工作太累，或者压力太大而产生懒惰行为，有的则因为个人没有找到生活的目标，而无所事事，才造成懒惰。要真正地控制这种行为，只有让这个人找到自己生活的目标，或者想方法让他忙起来，不管是做什么，只要是能做的事，就去把它做好。这样才能在他人的评价中逐渐认识和改变自我。

马云说："晚上想着千条路，白天起来走原路。"这句话成了多少大学生生活的真实写照。为了克服懒惰，我们需要做到以下几点。

1. 制定长期和短期目标与计划

一定要细化目标，细到具体时间做什么，目标实现后奖励自己，目标未达到适当惩罚自己，让自己充分感受成功的喜悦与失败带来的挑战。

2. 养成良好的生活习惯

饮食起居一定要规律，这样不但能促进身体健康，还能保证每天保持好的精神状态，这是事业成功的前提。日事日毕，切忌拖延。

3. 少说，多行动

想得再多，眼过千遍，不如亲自动手做一遍。谁都知道要持续做同一件事是很枯燥无味的，能坚持就证明你克服了懒惰，只有战胜了懒惰，我们才能有所作为。每天在定点时间做同一件事，比如每天晚上 10 点钟弹半个小时吉他，不管什么时候都不改变，这样坚持几个月后，你会发现一到那时间，你自然想起心爱的吉他；若每天都把读书、学习任务有规律地制定成时间表，那么，看书、做题，也便会成为你的习惯。按同样的方法，好习惯会越来越多，这样你就能不断地控制懒惰，而不是任它来控制你的生活与学习状态。

（二）策略二：合理安排自由时间

要有严格的作息时间，生活的规律性是身体健康的保证。大学生自由时间比较多，生活内容也比较丰富多彩，需要有规律、有计划地生活。适当地给自己奖励，当自己顺利完成任务时，允许自己去吃顿大餐或者奖励自己去做自己喜欢做的事。

大学生不能整天将自己困在寝室，每天过着吃盒饭的生活。在业余时间，大学生应多参加课外活动，例如听讲座，参加社团活动等。大学活动内容十分丰富，大学生要选择对自己有帮助的、有意义的活动。在进行课外活动时，不能干扰我们正常的学习生活，不能因它而影响我们对专业知识的学习。

（三）策略三：增强自我控制能力和意志力

学会自觉约束自己，不仅仅要告别懒惰，更要增强自我控制能力和意志力，而自我控制能力和意志力需逐渐完善。

积极主动，目标明确。不要把意志力与自我否定相混淆，当它应用于积极向上的目标时，将会变成一种巨大的力量。主动的意志力能让你克服惰性，把注意力集中于未来。在遇到阻力时，想象自己克服它之后的快乐；要积极投身于实现目标的具体实践中，并坚持到底。

美国的普罗斯教授曾经研究过一组打算从元旦起改变自己行为的实验对象，结果发现，最成功的是那些目标最具体、最明确的人。其中一名男子决心每天做到对妻子和颜悦色、平等相待，后来，他果真做到了。而另一个人只是笼统地表示要对家里的人更好一些，结果没几天又是老样子。

不要说诸如此类空空洞洞的话，例如，我打算多进行一些体育锻炼，或我计划多读一点书。而应该具体、明确地表示，我打算每天早晨步行45分钟，或我计划在一周中，在一、三、五晚上分别读一个小时的书。

（四）策略四：挑战自己，写下自己的进展

通过把任务转换成一个挑战来制造乐趣。许多人可以，而你为什么不能呢？我们可以每天记录自己的进展，在你完成任务的时间上做个记号。懒惰将带给你一张空的白纸，你就会知道懒惰是多么的糟糕。

正能量

向懒惰说 bye bye

大学，是莘莘学子梦想起飞的地方。因为青春，大学生充满了朝气，曾经的奋斗、无数次的努力终于把我们带到实现理想的地方。即使大学生没有腰缠万贯，其中也少有少年成名、博学多才之人，但社会上的人依旧会羡慕这个群体，因为大学生是祖国下一代新生的力量。

北京大学校训“自强不息，厚德载物”，即要求每一个学生都要奋发向上、自强不息，只有这样，才能在社会上立足，才能在日益激烈的竞争中傲然屹立。我国古代的先贤们也曾说“自强不息身方健”。回首历史，多少有识之士抱着“为天地立心，为生民立名，为往圣继绝学，为万世开太平”的信念，若是他们没有自强不息的精神，如何修身，齐家，治国，平天下呢？但看我们的今天，物质生活条件极大地改善，我们的大学生似乎也降低了对于生活的危机感。大多数的学生在校园里，享受着悠闲的生活，他们拿着父母给的钱，花得心安理得。试想，一个在自己学习生活中做不到自强不息的大学生，如何承担起建设祖国的重担呢？

很多大学生认为自己在高中辛苦了三年，好不容易考上了大学，就一定要好好享受这美好的时光。于是，一些人会宅在寝室，觉得连下楼买饭吃都是对自己的“残害”。不少人似乎是遗忘了，今天生活中所消费的金钱，还是来自父母。在国外，孩子成年之后，就要学会挣取生活费。在西方的观念中，父母没有责任和义务再去管理孩子的衣食住行，他们理应为自己负责。在我们的国家，即使是已经参加了工作，很多时候子女都在依靠父母。一顿饭的外卖，我们要多加两三块钱，随着时间的积累，一笔不必要的开支就会慢慢集聚。如果这些父母给的钱不是这样消失，而是变成了一本本书，或是积攒下来为自己添置生活用品，是不是更有意义呢？

大学生不应该再懒。美好的青春年华就像夜空中的星星，它应该闪耀出自己最明亮的光辉。大学的生活也是我们走向未来的过渡，大学生要学会自力更生。一个企业、单位，会希望自己的职员是一个懒得连饭不想去买的人吗？生活在于进取，奋斗的日子、勤劳的日子会给我们带来心灵上的愉悦，使人生更加厚重。大学生处于如此美好的年华，更应该行动起来，奋斗未来，自强不息。

拓展空间

劝　学

颜真卿

三更灯火五更鸡，正是男儿读书时。

黑发不知勤学早，白首方悔读书迟。

《劝学》是唐朝诗人颜真卿所写的一首七言诗。颜真卿三岁丧父，家道中落，母亲殷氏对他寄予厚望，实行严格的家庭教育，亲自督学。颜真卿也格外勤奋好学，每日苦读，这首诗正是颜真卿为了勉励后人所作。

诗的前两句通过对学习环境的描写来表达年少读书时应该勤奋，后两句通过头发颜色变化表达年长时方悔恨年少时不知努力，劝勉青少年要珍惜少壮年华，勤奋学习，有所作为，不要懒惰，否则，到老一事无成，后悔已晚。

开头两句“三更灯火五更鸡，正是男儿读书时”，指勤劳的人、勤奋好学的学生在三更半夜时还在工作、学习。第一句用客观现象写时间，引出第二句学习要勤奋，要早起。第二句为第一句作补充，表达了年少时应该及时努力，奋发图强，通过努力学习积累知识能量才能报家报国，建功立业。

后两句“黑发不知勤学早，白发方悔读书迟”，“黑发”“白首”借指青年和老年，通过对比的手法，突出读书学习要趁早和勤奋，不要到了老了才后悔年少时懒惰，致现在一事无成。

同样的道理，对于大学生来说，全面地了解和认识懒惰很重要，只有抓紧“黑发”时光努力学习，才不至于将来一事无成，“白发”时痛悔。

今天，你“啃老”了吗

——大学生如何摆脱对父母的依赖

以人为镜

2006年6月，荒废了四年大学生活的张鑫，通过多次“清考”，终于拿到了梦寐以求的毕业证。刚毕业的他怀揣着父母拼凑的8000元，走进了人生的第一站，开始了新的生活。他和女友一同租住房屋，同吃同住，在外人看来就是一对年轻的小夫妻。

没有学校纪律的约束，他感到终于摆脱了束缚，他工作，努力维持自己和女友这个“小家”的开销。但是，单位要三个月后才能发工资，于是，他以单位需交技能培训费的名义再次向父母要钱，以缓解当前的经济压力。他认为，工资每月只有2500元，太低，还不如另辟捷径。急于求成的他，在一次赌博中，意外赢得了6000元。这样的收入来得实在很快。抱着一夜暴富的想法，他不知不觉染上了赌瘾，且欠下巨额赌债。他反复地以各种理由向父母要钱，随着时间的推移，父母终于知道他欠赌债的事，但贫困的家庭，已无力支付如此的巨款。心力交瘁的父母，难以满足他的物质需求。没有钱，今后的生活该怎么办呢？

被赌债逼得走投无路的他整夜失眠，思来想去找到了一个筹钱的办法。恍恍惚惚中，他在网上浏览到，可以进行裸贷，轻轻松松几个步骤，便能在网上获得钞票。借助网贷，他暂时缓解了燃眉之急，但他却不知道这是一个无底的深渊。一来二去，多次网贷，拆东墙补西墙，债台高筑，利滚利的网贷致使他欠下了几十万元而不能自拔。

已经深陷迷茫的他不知人生归路，更邪恶的念头也出现在他的大脑里，他竟然与女友一起去抢钱、盗窃。2007年3月，张鑫因涉嫌抢劫罪、盗窃罪被判处有期徒刑六年，并处罚金4000元；女友被判处三年有期徒刑。

随着经济环境的影响，一些已毕业学生自愿或被迫地加入啃老一族，啃老族队伍不断扩大，势必形成一定的社会隐患，可以说“啃老族”现象，再次成为一个不容忽视的社会问题。

智慧点拨

“啃老族”，是一个并不陌生的词汇，主要指到了就业年龄而不愿工作，或者在就业与失业之间不断游走，经济上完全依赖或半依赖父母的年轻人，其中也包括少部分中年人。啃老一族又被社会学家称之为“新失业群体”，这类人群是躺在父母的襁褓中永远长不大的孩子，长期吃老人的，用老人的。他们过着轻松、安逸的生活，乐此不疲。案例中的主人公毕业后缺乏正确的人生观和价值观，没有进行开销计划，成为啃老族，并走上犯罪道路。

只有自己才能改变自己，只有自己才能拯救自己。把握当下，你的未来才有可能。任何时候都请记住：你必须为自己的未来买单。

社会中不免存在像张鑫这样的大学生，面对困难，他们容易产生不合理的认知，从而使自身误入歧途。社会上存在这样的“啃老”现象，折射出我国面临的教育问题。在我国古代的传统文化中，父母倾其所有供养子女，希望其能在未来社会中更上一层。然而，近年来大学生就业难与失业率高，令供学的投入与收益越来越不成比例，大学毕业生的收入有时无法维持在城市的日常生活。更严重的是，生活的不堪重负还可能阻碍他们在工作上的创新，个别人可能因此走上邪路。案例中的张鑫，因职场不如意而荒废青春，欠下的债务让父母买单，用着父母的血汗钱，却干着让父母痛心的事，这是对自己、对家庭不负责任的表现。倘若因工作辛苦不做，因害怕吃苦而放弃工作，这样的人是不被社会所接受的。张鑫之所以迷失方向，是因为对毕业后生活极度不适应，不适应社会，必将被社会所淘汰。

1. 适应是个体生存和发展的需要

心理学家艾夫考认为，适应是个体与环境的互动关系，个体在与环境发生相互作用的过程中不断调整自己的身心状态，努力使自己的身心与不断变化着的环境保持协调一致，从而达到认识环境，改变环境和发展自我的目的。

2. 具有良好的适应能力是心理健康的重要标志

适应社会是每位大学生都必须经历的，这是因为人是社会中的人，每个人从来到社会的第一天起，就必然生活在具有某种关系的社会环境中，社会环境对人的影响很重要。人们对社会的适应情况不仅表现在对自己、对社会的态度，还表现在与他人和社会联系的方式及对各种事物的处理方式。人需要从人际交往中获得经验，也将自己的经验交流给他人。人的个性是后天形成的，如果没有成年人的照顾，训练和爱抚，丧失团体生活的社会经验，青少年和儿童的人格是无法形成和发展的。可以说，社会适应是健康的人不可缺少的一种能力，它是在长期社会生活中形成与发展的。

3. 适应不良会对人的身体健康产生不良影响

适应不良会使人持续出现不同的焦虑、压抑、愤怒、躁狂等不良的情绪反应，严重的可使人的免疫能力降低，从而导致疾病的发生。

追根溯源

大学生出现这样的问题，主要有以下方面的原因。

（一）自我认知的不稳定

首先，自我控制力差。对自己的思想、行为调控能力弱。遇到困境时，容易深陷其中不能自拔，从而使自己迷失方向。

其次，自我意识处于发展期。这个时期的自我意识经历着由分化到矛盾再到统一的过程。

处于这个时期的大学生，容易着迷于具有刺激性的事情，例如游戏、赌博、色情等，他们容易深陷其中，从而导致人生荒废。

再次，缺乏竞争意识。大学生不能直面竞争，缺乏竞争意识或是对竞争产生恐惧，因此严重影响了就业活动的顺利进行。

最后，没有做好就业前的心理准备。有些大学生只关心学习，很少接触社会，这就造成对社会的认识不够，缺乏基本的社会实践，面临工作中的一些问题时，他们表现出害怕，消极面对就业，甚至逃避、抵触社会。

（二）其他方面原因

首先，多数大学生在进入大学之前较为努力，在中学阶段，老师和家长鼓励与监督他们学习，他们在中学时曾努力地学习，待进入大学后，则认为“大功告成”开始放松。

其次，中学到大学是人生的重要转折期，进入大学后，生活方式、学习方法、交往方式等都发生了相应的变化，一些学生由于不能充分利用网络资源，常常浪费宝贵的学习时间，用于看电影、打游戏、聊天等，从而使专业课逐渐被落下。

再次，大量扩招，大学专业设置脱离社会需求，学历贬低。自 1999 年以来，我国高校不断进行扩招，不但本科生如此，研究生也大量扩招。面对庞大的毕业生大军，社会并不能及时提供相应的岗位接纳。学校在设置专业时，在一定程度上出现与市场脱轨的状态。这造成大学生求职时，出现所学专业不符合市场需求的情况，在很大的程度上挫伤他们就业的积极性。

最后，就业观念陈旧落后，缺乏必要的指导。面对新型社会发展趋势，一些人还是以传统观念看待就业，例如，他们认为最好是进入国企或政府机关，谋求高职位才是发展。他们把独立经商、做个体户视为无能的表现，认为这种工作不能光宗耀祖，被人耻笑。有些学校没有建立健全大学生就业指导中心，或没有真正地发挥此中心的作用和功能，或缺乏优秀的指导师资，这是高校目前面临的就业指导困境。

出谋划策

如何引导大学生避免“啃老”？

（一）学校教育层面

1. 改变不合理的教育体制，重视大学生思想政治教育

基础教育要改变不合理的教育体制，变应试教育为素质教育，将教育的重点放在培养全面发展的人才上，而不是单纯地追求高升学率。高等教育需注重学生的思想政治教育，培养学生良好的人生观和价值观，使学生明白只有对社会有贡献，才能真正实现自身价值。

首先，加强思想政治教育。大学期间是一个人世界观、人生观和价值观成型的关键时期，是社会进行思想政治教育的重要阶段。作为高校教育来讲，应当重视学生的思想政治教育，发挥高校思想政治理论在思想政治教育中的主渠道作用。

其次，学校教育要突出对学生的理想信念、感恩、诚信及意志品质等方面教育。

再次，独立自强是大学生必备的能力，为了不再让“啃老”成为青少年堕落的方式，思想政治界与工作者应该坚持树立“以人为本”的思想观念，将培养的重点放在大学生独立意识的层面。大学教育中，必须重视思想政治教育的重要性。扩大学生思想政治教育课成为一种时代要求，也是更好地完善和全面提高大学生道德品质的重要途径。

2. 加强职业技能培训和职业生涯教育

学校要形成一套严格的就业指导管理体系，从最初的职业生涯规划到最终的职业定位，帮助学生形成多元化的择业观，引导学生培养良好的就业心理。学校对学生的职业生涯教育要专业化和科学化，职业生涯教育需要在广度和深度上一步一步地进行，学校要与社会、企业协调配合，利用多方面资源，让学生得到专业化的职业生涯教育和技能培训。

现代高校必须高度重视职业技能教育，坚持“多渠道办学，多条腿走路”的办学方针，以社会需要和市场需要为导向，突出职业技能教育培训的针对性和实用性，推行“订单”式教育培养模式，进一步加大职业技能与人才培养的结合力度，充分发挥职业技能教育在人才培养中的主力军作用。

3. 鼓励学生参加社会实践，加强专业指导

在教育中，一定要坚持理论与实践相结合的做法，让学生走出社会，了解社会和适应社会，做好就业的思想准备。求学与就职，是青少年在社会化过程中的两个重要的阶段，如何从学生角色顺利转换成为工作者角色，成为我国当代部分青少年必须面对的问题，因此，要推动学生尽快地完成从学校到社会的角色转换，必须给大学生提供充分接触社会的机会，锻炼学生适应社会竞争的能力。

4. 加强专业特色建设，培养高素质的综合竞争力

高校进行特色专业建设，要坚持强化优势，突出特色原则，同时还要积极鼓励创新，探索适应社会不同需要的人才培养模式，为社会提供高质量的专业人才。各高校需要开设专业技能课，开设适合市场需要的专业，形成一套以认识为起点，以项目作载体，以机构为依托的新型特色专业建设方案，最终形成特色专业，培养高素质的竞争人才，使他们能适应社会的需求，创造价值。

（二）家庭层面

1. 改变家庭教育理念和方式，摒弃传统的教育方式

在过去的传统家庭教育理念中，人们更多关注孩子的身体健康和物质需要；而随着社会的发展进步，人们生活水平的提高，家庭教育应将更多的注意力放在对孩子“心灵”教育方面，因为精神层次的教育，是培养孩子形成良好人格的重要途径。应重视德育和人格教育，使坚持奋斗和勤劳节俭的中国传统美德继续在孩子身上发扬光大。同时，对孩子进行严格的责任教育，教育他们自立自强，让他们知道，只有通过自身的努力，才能在未来激烈的社会竞争中立足，才能保证自己未来的生活需求。

2. **鼓励孩子参加社会实践，家长学会“放手”**

兼职是培养大学生自主自立的一种有效途径。家长平时应鼓励孩子利用课余时间兼职，不仅让孩子了解劳动的重要性、金钱的来之不易，更能培养孩子社会实践的综合能力。通过兼职，不仅可以相对减少家庭负担，更能培养孩子对金钱的正确认识和劳动观。

（三）社会支持层面

1. **加强社会转型，提供更多的就业机会和就业途径**

政府应把发展生产力放在首要位置，加大基础设施建设，增加就业，缓解社会就业供需矛盾。国家可通过宏观政策的控制，引导产业升级和改变，使企业创造更多岗位，创造有利于扩大就业的宏观经济环境；深化改革，健全和完善劳动力市场体系，制定有利于促进就业的各类政策，并切实贯彻落实。

另外，政府要不断推动新兴产业的创新和发展，扩大就业岗位，增加就业途径；大力发展第三产业、中小企业和民营企业，广开就业门路，积极创造就业岗位；通过大力发展社区服务，发展第三产业，发展个体私营经济，发展市场建设，开辟更多的就业岗位。

2. **政府应该鼓励和扶持大学生自主创业**

大学生是宝贵的人才资源，也是重要的创业主体，应最大限度地支持和引导大学生走自主创业之路，这既是扩大就业容量、缓解就业压力的重大举措，也是推动科学发展，构建和谐社会的客观要求。

3. **加强文化建设，抵制不健康文化的腐蚀**

注重文化建设，加强对中国优秀传统文化的继承和宣传，为青少年的成长创造一个良好的社会环境。积极宣传勤俭节约、艰苦奋斗和自主自立等传统精神，在潜移默化中影响青少年的价值观和人生观，培养他们良好的人格精神，同时，对于外来的思想文化，需取其精华，去其糟粕，坚决抵制不健康的思想侵蚀。

文化建设要重视中国传统美德教育，并与现代道德教育相结合。传统美德所弘扬的如勤俭、节约、勤劳、勇敢、责任等，是任何一个时代和社会都需要和倡导的，同时我们也要认识到不同时代有不同要求，传统美德必须与时代特点相结合，使之适应时代的发展的需要；传统美德也必须与我国现代社会市场经济建设相结合，才能体现出它应有的价值。文化建设要注重培养公民的集体主义意识和社会责任感，使其形成艰苦奋斗和自力更生的良好生活作风，从思想上杜绝“啃老”。

（四）个人层面

1. **努力学习专业知识，提高个人技能**

多数大学生在求职时，应主要追求发展晋升空间，而不是原始薪金。大学生毕业以后，要想在激烈的社会竞争中占据有利的地位，必须拥有一技之长。因此，在大学学习中，应扎实地掌握专业知识并了解一些非专业知识与技巧，全面提高综合素养与能力，使自己成为符合新时代要求的文化人，以在就业中占据有利的地位。

2. 形成正确的人生观和价值观

日常生活中，应坚决抵制奢侈消费和攀比行为，培养艰苦奋斗的良好生活作风。很多同学过着安逸的生活，花钱大手大脚，丝毫不考虑父母挣钱的辛苦，甚至有些同学为了虚荣心和面子，借债消费，互相攀比，这些都应该摒弃和杜绝。作为大学生，应树立良好的人生观和价值观，努力实现自己的社会价值，树立良好的消费风气，坚持自立自强，勇于承担自身所应承担的社会责任与家庭责任。

3. 积极参与社会实践

职业生涯规划，可以帮助大学生明确人生的奋斗目标，获得学习的目标和动力。每位大学生应制定一份自身的职业规划，然后一步一步地朝着自己的目标努力。同时，大学生要做好就业准备，在大学期间积极参与社会实践，了解社会目前的就业状态，从而制定针对性策略。

“啃老族”的出现，有其复杂的成因，它对青年自身、家庭以及社会带来诸多负面的影响，因此，通过对大学生“啃老族”形成原因的探索和分析，找出解决大学生就业面临的问题，是社会发展的需要，也是构建和谐社会的必然要求。在对大学生的职业教育中，应形成学校、家庭、社会三者合力，通过对大学生的观念引导、角色体验和心理辅导，帮助其消除角色冲突，顺利完成角色转换，从而促进个体社会化。

正能量

自立自强，不当“啃老族”

“啃老族”这个词汇，是对当今一些懒惰年轻人的不雅称呼。这样的年轻人确实存在于社会，并形成一个惰性的群体。他们身体健康，无疾病缠身，但他们不工作，不追求事业，不上进，总是心安理得地依赖于老人。这种不良社会风气，值得社会重视，并予以摒弃。国家法律明文规定：年满十八周岁的青年具有完全行为能力，拥有法律责任，独立承担社会责任。年轻人需自食其力，不能总依靠父母生活，这是儿女要谨记的生活原则。老人为了抚养儿女，几十年如一日地拼搏奋斗，把儿女成功送入社会大家庭中，已经完成了他们应有的职责，完成了法律赋予的责任，可以说，已问心无愧，这一点，作为儿女的应该理解。

老人一生拼搏奋斗，留些积蓄为晚年生活打算，为身体健康着想，防患意外事件的发生……合理地储备一些财物、资金，其目的也是减少儿女的生活压力、经济负担，我们不能因向老人讨要金钱不成就责怪老人吝啬自私。

但是，当今社会上的一些年轻人，把老人当作财神来开拓挖掘，处处打老人的算盘，从老人身上谋取利益，可谓是“伸手派”，而自己整天无所事事，游手好闲，大事做不了，小事不愿做，得过且过混日子……

政策如此宽松，就业机会如此之多，只要放下身子，打工也可以赚取生活费，生活本身会在劳动中改变提高。当今时代，依靠劳动致富的成功案例比比皆是。不论做什么，只要认真去做，就能在一定程度上储备成功的实力。古人讲，三百六十行，行行出状元，前面有车，后面有辙，何必甘当“啃老族”，依附于老人，啃食着老人微薄的经济收入呢？把自己亲手制作的蛋糕给老人品尝,老人该是何等的欣慰、自豪。老人已经为儿女付出许多，作为子女应感谢老人给予的美好人生，并知恩图报。作为一个四肢健全，头脑健全的人，要凭借自身的能力向前拼搏，以自强不息的精神，追求自立，达到自食其力，成为对社会有用的人才，这是所有年轻人应该做的事，也是生活的准则。

让老人安度晚年生活、颐养天年是年轻人应该做到的事，未来我们也要步入老年，同样需要儿女们的关注、呵护，所以我们要为自己的子女起到榜样的作用，以实现美好生活的最终目的。

拓展空间

专心做好一件事

有一位父亲，带着孩子去参观商贩做生意的一个油布摊子，他们看见，所有的椅子都坐满了人。父亲和孩子驻足，只见小贩把油面放进烫面用的竹捞子里，一把塞一个，眨眼间就塞了十几把，然后把叠成长串的竹捞子放进锅里烫。

接着，他又以迅疾敏捷的手法，将十几个碗一次排开放作料。随后捞面加汤。做好十几碗面的这一过程，竟没有用到五分钟，而且还边煮边与顾客聊着天。父亲看呆了，当他们从摊位离开的时候，孩子突然抬起头说：“爸爸，我猜，如果你和卖面的比赛，你一定输！”

面对孩子突如其来的话语，父亲莞尔一笑，立即坦然承认，自己一定会输给卖面的人。父亲说：“不止会输，而且会输得很惨。我在这世界上是会输给很多人。”

走到豆浆店里，看伙计揉面粉做油条，油条在锅中胀大，父亲就对孩子说：“爸爸比不上炸油条的人。”

到了饺子饭馆门前，看见一个伙计包饺子像变魔术一样，动作轻快，双手一捏，个个饺子大小如一，晶莹剔透。父亲又对孩子说：“爸爸比不上包饺子的人。”

这个故事告诉我们：在这个世界上，每个人都有不同的优点和缺点，我们要勇敢地正视我们的缺点，对自己有清晰的了解，做自己能做的事。专注于做某事，就能把事做好。尼采曾经说过：“聪明的人只要能认识自己，便什么也不会失去。”正确地认识自己，看到自身的优点和缺点，才能使自己充满自信，才能使人生航船不迷失方向，才能正确规划人生的奋斗目标，才能此生无憾。

（摘编自：《油面摊子》https：//www. zybang. com/question/fdf9ba7869af2329c9605c3335dad4b2. html）

今天，你创业了吗

——如何培养健康的创业心理

以人为镜

陈生毕业于北京大学，十多年前放弃了让人羡慕的公务员工作，毅然下海。他倒腾过白酒和房地产，打造了某品牌苹果醋。后悄悄进入养猪行业后，不到两年的时间，他在广州开设了近100家猪肉连锁店，营业额达到2个亿，成为广州千万富翁级的“猪肉大王”。

实际上，能在养猪行业里短时间取得业绩，成为拥有数千名员工的集团董事长，还在于陈生此前经历的几次创业“实战”。陈生卖过菜、白酒、房子、饮料，这使得陈生有着独到的见解：很多事情不是具备条件、做好了调查，就能做好，而是在条件不充分的时候，就要开始锻炼，这样才能抓住机会。

陈生虽然走的还是“公司+农户合作”的路子，但他针对学生、部队等不同的客户人群，却能够选择不同的农户，对他们提出不同的饲养要求。比如，为部队定制的猪可肥一点，学生吃的可瘦一点，而为精英人士定制的肉猪，据说这些肉猪每天吃中草药，肉的口感自然不同于一般的猪。这样公司的生猪产品质量与普通猪肉“和而不同”。在这样的“精细化营销”战略下，陈生终于在很短的时间内叫响了“××土猪”品牌，成为广州知名的“猪肉大王”。

陈生是千千万万大学毕业生中的一员，但他没有盲目地跟从“到大城市，找高薪工作”的求职大军，而是根据自己的职业喜好和性格，选择了适合自己的职业，并且全心全意地投入到工作中，获得令人羡慕的成绩。毕业生应该深入了解自己的职业性格，知道自己适合的职业方向后，着重在这一方面提高职业能力，为进入社会打下良好基础。

智慧点拨

开业时的鲜花还在绽放，但仅仅坚持9天，公司却要宣告“破产”。面对媒体镜头，舒正义有种说不出的滋味。

创业信心十足的23岁的舒正义，是“陕西××科技发展有限公司”的创办人，2007年从西安工程大学电子信息专业毕业，和许多大学毕业生一样，他跑过招聘会、托过家人找工作。后来虽然有一份不错的工作，但他却选择了辞职，他想在自己的专业上有所发展。

2008年初，舒正义和同学、朋友等8人筹资7.8万元，开始创办自己的公司。2007年4月21日，这家主营域名注册、网站建设开发等项目，并取得了一种环保防水手电陕西总代理的公司成立了。“把一件平凡的事做好就不平凡，把一件普通的事做好就不普通——这是我和我们公司的宗旨。”公司成立当天，舒正义信心十足。

然而，公司 9 天后陷入困境。公司先后招聘 20 多名员工，他们大多数都是在校大学生。但是经营公司和上学完全是两回事，短短几天时间，舒正义就感到了压力，而且当初承诺办理公司注册手续的代理公司拿了他 1 万元后便杳无音讯，一时资金的短缺成了这家刚刚起步公司的绊脚石。4 月 29 日，舒正义一天没有吃饭，他拖着疲惫的身体跑学校、跑银行，但是没贷到款，“原因很简单，现在我没有房子、汽车做抵押，也没公司当担保”。在困境中，舒正义没有逃避，而是做出了一个决定，通知媒体，召开记者招待会让公司“破产”。其实，由于注册一直没办下来，因此从严格意义上来讲，舒正义的公司还未成立便宣告夭折。

此案例说明，没有一定的创业基金，缺乏良好的社会经验，没有较强的意志力，创业路便有可能无法走下去。舒正义的失败在社会生活中，尤其是大学生群体中是很常见。从哪里开始自己的职业生涯，并不意味着就在此度过一生，关键还是要看单位的发展前景和自身的能力。在当前的就业形势下，很多高校毕业生可能会感到焦虑不安，他们担心自己给“公家”上班受到约束，给私人打工受到鄙视，担心未来没有好的发展。而事实上，许多毕业生在创业过程中遇到的问题，往往是由于不正确的创业观与不良的创业心理引起的。

追根溯源

在创业过程中，我们应该注意以下方面。

（一）讨教经验，储备实力

要有刘备求贤若渴、三顾茅庐，请求诸葛亮做贤臣的决心。若没有经验，盲目行事，便如同盲人过河，没有指导航线，便不能成功到达彼岸。

（二）不要过分计较利润，有机会就抓住

放长线钓大鱼。100 根牙签的毛利是多少？1 分钱。一根细细的吸管利润是多少？是 5 毫钱～8 毫钱。义乌双童日用品有限公司是世界上最大的饮用吸管生产企业，有 60 条生产线，公司 90%以上的吸管销售世界各地，日出口吸管 8 吨，一年的产量占了全球吸管需求量的四分之一以上，每月利润达 40 万元。

创业初期，你不一定比别人做得好，但你一定要比别人快。快是你最大的资本，当你拥有第一桶金的时候，再不断地改善。重庆金算盘软件有限公司总裁杨春，在重庆大学与学生交流时，一个学生递上纸条询问杨春，你认为成功的关键是什么？杨春说，是速度。他说，现代企业的竞争日趋激烈，比人先一步想出金点子、早一分钟动手开始实践和操作，就会赢得先机，最先抢占市场和资源。

（三）吃亏是福，不让别人占便宜，就不能成功

创业不怕吃亏，让别人占便宜是好事，无论是你的客户还是你的员工。越怕别人占便宜就越赚不到钱，与你合作的人都是因为能够从你这里赚到钱，才有合作的基础，不给别人赚钱也就等于不给自己赚钱。所以，不怕被占便宜，勇于吃亏是一种福气。

（四）创业是一件艰苦的事情，别想一步登天

创业是一个艰苦的过程，通常我们看到的是别人成功的表面，却很少知道成功背后付出的努力。千万别在意自己目前进展的速度慢，赚钱不多。成功地完成数个小步骤，最终能促成公司的巨大飞跃。真正的进步不是你一步登天实现的，而是在逐步前行过程中完成的。

（五）先有市场，销路永远是第一

创业项目要成功必须先有市场，市场决定一切。平民创业首先必须把焦点放在客户身上，创业者的大部分时间应与客户在一起，从客户身上寻找机会，寻找订单，寻求发展，没有市场一切等于空谈。

（六）创业项目切忌反复更换

创业是一项持久战，不是一朝一夕就能成功的，必须做好持久作战的准备。有的人遇到困难，就开始怀疑项目的时机与自己的能力，于是就放弃就更换。成功创业要脚踏实地、一步一步向前走，坚持做好一个项目。

（七）在创业中，做的永远要比想的多

这一条最关键。不少人想创业但缺乏行动，想行动但没有行动。当你想做某件事时，就应该大胆行动，不一定要等各种条件成熟。有一句话说得好：要三分把握就敢去做，不是等每一个标点符号都搞清楚后才开始行动。

出谋划策

自主创业对大学生有较高的吸引力，那么，大学生应如何培养健康的创业心理呢？

创业不仅需要运气，更需要了解行业背景和前景，选择适当入手时机。可以在国家政策向导、地方政府大力支持的情况下，找到行业规律，并在面临危机时形成解决危机的思路。

（一）独立性是创业者最基本的个性品质

这种品质主要体现在：一是自主抉择，即在选择人生道路，选择创业目标时，有自己的见解和主张；二是自主行为，即在行动上很少受他人影响和支配，能按自己的主张将决策贯彻到底；三是行为独创，即能够开拓创新，不因循守旧，步人后尘。

（二）善于交流、合作的心理品质

在创业道路上，必须摒弃“同行是冤家”的狭隘观念，学会合作与交流。与周围的人们进行有效的交流与沟通，可以提高办事效率，增加成功的机会。在创业过程中，需要与客户、顾客、公众媒体、外界销售商等打交道，这些交往、沟通，可以排除障碍，化解矛盾，降低

工作难度，增加信任度，有助于创业的发展。不管你创业做什么，首先应学相关的知识，比如市场营销、资金运作等，懂得企业管理必备知识。

（三）具备敢于行动、敢冒风险、敢于拼搏、勇于承担行为后果的心理品质

成功的创业者会事先对成功的可能性和失败的风险性进行分析比较，选择那些成功可能性大而失败可能性小的目标。创业者还要具备评估风险程度的能力，具有驾驭风险的有效方法和策略。

只要从事创业活动，就必然有某种风险伴随，且事业的范围和规模越大，取得的成就越大，伴随的风险也越大，需要承受的风险也就越大。立志创业，必须敢闯敢干，有胆有识，才能变理想为现实。只要瞄准目标，判断有据，方法得当，就应敢于实践，敢冒风险。

（四）克服盲目冲动和私欲，诚信为本

在创业过程中，创业者要善于克制，防止冲动。克制是一种积极有益的心理品质，它可使人积极有效地控制和调节自己的情绪，使自己的活动始终在正确的轨道上进行，不因一时的冲动而引发缺乏理智的行为。

诚信乃创业者之本。创业者在创业过程中，要言出即行，讲质量、以诚动人，如不讲信誉，就无法将事业做久做大。失去信誉，就会寸步难行。随着我国社会主义市场经济制度走向成熟，竞争愈来愈激烈，对诚信的要求也越来越高。创业者若缺乏竞争意识、诚信意识，实际上就等于放弃了自己的生存权利。创业者要敢于竞争，还要善于竞争，才能取得成功。

（五）塑造坚持不懈、不屈不挠、顽强努力的心理品质

创业者需要百折不挠、坚持不懈的毅力和意志。能够根据市场的需要和变化，确定正确的目标，带领员工战胜逆境实现目标。创业者必须具备持之以恒的进取心，遇事沉着冷静，思虑周全，一旦做出行动决定，便咬住目标，坚持不懈。创业难，守业更难，成功创业后，还要苦心经营，更需要良好的心理素质。总之，只有具有百折不挠的精神，才能到达胜利的彼岸。

（六）善于进行自我调节，具有适应性强的心理品质

“水因地而制流，兵因敌而制胜。故兵无常势，水无常形，能因敌变化而取胜者，谓之神。”面对市场的变化多端，竞争激烈，创业者能否因客观变化而“动”，灵活地适应变化，成为创业成功的关键所在。创业者必须以极强的信息意识和对市场走向的敏锐洞察力，瞅准行情，抓住机遇，灵活运作。在外部环境和创业条件变化时，能随机应变。能用积极的态度看待来自工作和生活的压力，冷静分析，控制压力，找出原因，缓解、消除压力，力争将不利变有利，将被动变主动，将压力变动力。除了具有较强的适应性，还应做到“胜不骄，败不馁”。

正能量

大学生巧手创业，打造时尚品牌

在深圳东门的白马服装城里，有一家手工皮革饰品专卖店，格外吸引过往消费者的眼球。店内一件件样式新颖、款式时尚的皮包和牛皮饰品都是手工加工的，充分展示出时尚和古朴结合的特点。这个店的老板是一名大学毕业生，他的名字叫王永江，他现在拥有一间手工皮革饰品厂，一间自有品牌专卖店和几家加盟代理店。

王永江投资生产手工皮革饰品可以追溯到大学期间。那时的王永江，还在成都某高校的设计专业学习。当时，王永江从皮革市场花 100 元钱买了一张牛皮，用这块牛皮做了两个挎包。因为设计新颖，周围的同学就以每个 58 元的价格买了下来。王永江利用剩下的边角料做了两个小钱包，并以每个 30 元的价格卖给其他同学，他的第一笔生意赚了 76 元钱。

2002 年，王永江大学毕业，被成都一家设计公司聘用，负责公司会展现场布置的颜色搭配。工作一段时间之后，他选择了辞职。他认为继续做下去会束缚自己的才能，大学期间的那些皮革饰品的专长也会荒废。他决心辞职到深圳创业。2003 年 8 月 1 日，他带着 1 万多元钱来到深圳。

王永江刚放下行李，就把深圳的皮革饰品市场调查了一番。他发现深圳从事手工皮革饰品制作的厂家几乎为零，深圳市场上销售的皮包几乎都是外地生产的，而且基本上属于非纯手工制作的皮革饰品。王永江认为，深圳这个城市更新快，对新事物的接受程度比较高，年轻人追求时尚和品位，手工皮革饰品将是一个很好的商机。

在对深圳手工皮革饰品市场调查中，王永江结识了一些在深圳做皮革生意的专家。他们对王永江制作的手工皮革饰品很感兴趣，于是提出从他那里订货。他花了 3000 元钱订购了牛皮和一些制作工具，自己动手缝制了 30 多个精美的手工皮包。在朋友的建议下，他为自己的产品起名为“××部落”。王永江意识到商标对一个产品的重要性，他开始着手注册“××部落”。然而，过完春节从老家返回深圳时发现“××部落”被他的一个销售商家抢注，王永江只好重新设计新的品牌名称。

2004 年 3 月，王永江给自己的产品注册了“××屯”商标，开始了真正的创业之路，他建起了自己的手工皮革饰品工厂。刚开始的两个月整个工厂就靠他和女友两个人支撑，他既是工厂的老板，同时又是设计师和工人。最初，他的产品主要供应给深圳的一些皮革制品销售商。随着产品知名度的不断上升，生意也越来越好，不少外地的商家直接找他订货，他的手工工场也慢慢成长起来了。

2005 年 1 月，王永江产生开品牌专卖店的想法。原本他看好华强北商业圈，但昂贵的租金让这个事业刚刚起步的青年望而却步。于是他选择了东门的白马服装城。小店开张不久，他惊喜地发现东门这一带聚集了不少香港人，有一定的消费能力、追求个性的深圳本地人也是这里的常客。他的产品在这里卖得很好，每天营业额平均都在 1000 元左右，节假日生意更是火爆。

当专卖店的生意越来越好，王永强便慢慢开始着手发展加盟店，不少台湾商家也慕名到他的店里订货。一个成本为 80 元的牛皮钱包批发的价格是 100 元，他可以从中赚取 20%的利润，而在专卖零售店可以卖到 250 元左右。一个月下来，零售和批发的销售总额能达到七八万元，月利润 3 万元左右。

（摘编自：《“牧马屯”给他创富人生》，房天下网，http：//blog. fang. com/27184736/10588446/ articledetail. htm）

拓展空间

学会拒绝诱惑

马云说：“人要在诱惑面前学会说 NO，贪婪一定会付出代价。”

阿里巴巴在上市前，马云对认购的预期是 400 亿美金，没想到，在第一站香港路演后就募集到 360 亿，到新加坡后到达 600 亿，走到纽约已经募集到 1800 亿。“我们最初预定的发行价是 12 港元，人家看到这么好的路演情况，说发行 24 港元都可以！每股多一元就多 10 亿啊！我们若将发行价提高到 24 港元就比预期多出 120 亿！这是一个多好的发财机会！”但是，马云并没有把发行价定在 24 港元，而是定在 13. 5 港元。

应该说，创业需要有诱惑，没有诱惑就没有创业的动力，可是过度的诱惑就会误导创业者，导致创业失败。爱拼车创始人杨洋说，创业公司拿到钱后，对外夸大融资额，对内不敢说实际额，整个团队陷入盲目学习外界企业挣大钱的诱惑中，但最终未能把握融资与发展的合理节奏，损失惨重。因此，创业者应学会拒绝诱惑，特别是对于新手创业者。

今天，你坚持了吗

——如何培养大学生良好的坚持性

以人为镜

有一位大学生，很热衷学功夫，缠着老师要拜师，老师说："可以，但凡是意志力薄弱的我都不收。你若能站5分钟大马步我就收你为徒，若站不了就回去。"大马步桩是武功的基本功夫，要求两脚分开为臂宽的两倍，大腿蹲平，是一种很吃力的功夫。这位大学生拉开架子往地上一站，只过了半分钟就出现了反应：两腿颤抖，呼吸急促，满脸涨红。不到1分钟就吃不住了，嘴里嚷着："我不行啦我不行啦!"就歪着身子站了起来，看得大家哈哈大笑。

老师让其回去，该位大学生却不走，说拜师以后一定会刻苦练功，请求老师收下他。老师说："连5分钟的意志都没有的人，以后凭什么去刻苦练功？"但该位大学生还是赖着不走，请求老师再给他一次机会。老师说："行啊，那就再站一下吧。"

这位大学生冷静下来后，他做了一个练功计划，决定以1分钟为基础，每过一个星期增加半分钟，争取在一年内达到站桩30分钟的目标。就这样，他每天夜里练站桩，开始那一段时间还得咬牙切齿地坚持，非常想看腕子上的手表。过了一段时间，心开始变得平和，不再去关心时间。再过了一段时间，发现大腿没以前那么火烧火燎了。但他没有改动计划，还是按部就班去站桩。直到有一天，脑子里冒出了一个念头：今天不设手表定时，看看能站多长时间，结果他一站就站了30分钟。

智慧点拨

以上案例，体现了主人公坚强的意志力，值得我们学习。大学生具备良好的意志力，有利于提升生存能力。那么，什么是意志呢？意志是个体自觉地确定目的，并根据目的支配、调节行动，克服困难，实现预定目的的心理过程。它是构成人的主观意识的第三种基本形式。意志包括感性意志与理性意志两个方面。它是在人类认识世界和改造世界的需要中产生，也是随着人类不断深入地认识世界和更有效地改造世界的过程中得到发展。意志是人格的重要组成部分，并能直接影响行动的结果。这个故事告诉我们，意志力不是凭空而来，增强意志力需要脚踏实地去实践，只要一步一个脚印向前走，就会到达预定的目标。在大学生活中，意志力薄弱的大学生，其表现如下：

（1）犹豫不决型。犹豫不决是指在采取决定和行动时总是顾虑重重，无法认清并界定自己想要什么，犹豫不决，一直处于动机斗争状态而迟迟不能做决定。如某些大学生在做决定时，总是怀疑自己所做决定的对错，面临选择时，又难以做出选择。

（2）行动随意型。指立志无常，见异思迁，尽管有行动目的，但往往是虎头蛇尾，遇到困难就因动摇妥协而放弃对预定目的的追求。例如，某些大学生一会儿想考公务员，一会儿又想考教师，这些都是因意志力不强而产生的心理的表现。意志力不强会让人在生活中做事时不够坚定，做事不能有始有终，不能坚持到最后。

（3）易受暗示型。受暗示性是指行动过程中表现为缺乏主见，容易受他人的影响并经常不加分析地跟随他人的思想做出行为的改变，既容易动摇，也会轻易放弃或改变自己原有的决定。

（4）易退缩型。对即将面临挑战缺乏自信，对不熟悉的领域容易退缩，以各种理由拒绝挑战，严重者还以躯体不适的形式呈现对所要挑战事件的抵抗。这种前怕狼、后怕虎的表现，正是因为缺乏对所面临事件的勇气。

（5）骄傲自满型。此类大学生觉得自己很能干，有点子。但其实缺乏真才实学，过分强调自己的能力，看不到自己的不足，骄傲自满的性格特点常会阻挠个体获得成功。

追根溯源

常言道：“有志者，事竟成。”而社会现实中，不乏缺乏意志力的现象存在。究竟缺乏意志力会有什么危害呢？

首先，缺乏意志的大学生做事没有恒心，容易半途而废；其次，此类学生一般自控能力差，没有明确目的，盲目行动，往往会患得患失，斤斤计较，因此便无成就可言；再次，他们在做事时，常不能坚持到最后，造成以失败告终；最后，缺乏意志或意志薄弱的大学生，不善于约束自己的言论与行为，胆小怕事，在遇到困难时会惊慌失措或畏缩不前。

缺乏意志力有如下的原因。

（一）不当的家庭教养方式

家长是子女成长的第一任教师，家庭既是孩子成长的第一站，又是孩子成长的永久加油站。从某种意义上说，家长对子女教育至关重要。在对大学生访谈中发现，不少人的家庭因素、父母的生活行为、教育方法等不尽人意。一般说来，家长若对子女过于娇生惯养，可能会导致子女性情脆弱，或个性刁蛮，或唯我独尊；当子女遇到批评或者遭遇挫折时，就容易产生心理落差。家长对子女过于溺爱，也会使子女因缺乏锻炼而造成各方面能力欠缺。子女对家长的长期依赖，会让他们缺乏良好的社会适应能力，“慈母多败儿”的俗语便是对此类家庭教育的形象表述。在快餐式教育中成长，不会的题有老师教，不会的事情有家长代劳，困难的时候哭一哭自然有人帮我解决……一个人来到这个世界后，他所经历的一切，都成为这个人成长的依据，曲折的成长对人来说是必要的锻炼。因此，家长应学会对子女放手，这才是促进子女成长的关键。

（二）社会大环境的影响

当前“90后”“00后”不少是独生子女，独生子女家庭普遍都视其子女为“小皇帝”“小太阳”，且攀比之风盛行。这样，对独生子女的“磨砺教育”少了，子女缺乏意志力的锻炼。当然，一些影视作品也起着推波助澜的作用，例如，郭敬明、韩寒宣扬叛逆，《流星花园》《还珠格格》在某种程度上诱导学生离经叛道，这些文化对大学生形成正确的人生观与价值观可能会造成负面影响。

（三）学校教育有待加强

比起社会的大环境，学校教育显得单薄与微弱。学校是专门的教育机构，对学生意志品质的形成有着不可推卸的教导责任。当前，学校的教师有的把意志力薄弱的学生武断地归类为“后进生”，而很少从他们“怯懦”的表象去探索其“怯懦”的心理本源，结果造成许多令人扼腕叹息的事情。因此，教师的教育观念、教育方法有待加强。

（四）没有明确的目标，期望与现实的落差

长期以来，一些大学生很难形成果断做决定的良好习惯，他们在生活中缺乏明确目标，不知道自己要何去何从，在盲目中找不到生活的归属感与学习的成就感。

大学生对大学生活怀有美好的憧憬，进入大学后才发现自己的想象并非都是现实。一些高校学生对专业学习的期望值过高，然而在学习过程中，由于教师的原因或自身学习方法不当，造成学习的收获离自己的期望值相差甚远。也有的大学生把个人的目标确立得太高，理想自我往往大大超前于现实，很难与现实自我相一致。当他们发觉自己与所学专业和理想中的自我价值大相径庭时，就会在心理上萌发焦虑和烦恼。这种种高期望与低现实的差异，都会使他们产生严重的失落感，很难坚持自己的目标并奋斗下去。

出谋划策

如何克服薄弱的自制力，树立坚定的意志力？

（一）培养逆境成才的心态

别林斯基说，“不幸”是一所最好的大学。许多在事业上做出成绩的青年，几乎都是从这所“大学”毕业的。他们经历单亲家庭（承载着缺少父爱或母爱的痛苦），或饱尝经济的困苦，或因先天缺陷而造成后天发展困难的苦痛，他们把个人的不幸埋藏在心底，全身心投入到更高的目标中，在逆境中越挫越勇，从而取得成功。

（二）正确坚持

正确坚持指个体遇到挫折后，依然坚持原来既定的目标，努力去实现它。能够承受失败，坦然面对挫折，冷静分析失败的教训，寻找科学的方法解决问题。只有具备坚强的意志，克服困难的勇气和决心，才能获得成功。

一位大学生非常渴望去她一直朝思暮想的××汽车有限公司应聘，可是，用人单位工作人员对她说，你的英语没有过六级，我们不能录用你。女大学生只好闷闷不乐地回到寝室。第三

天，一位和她同时去竞聘的同学说自己虽然面试已经通过，但不打算去××公司，如果她想去，可以去尝试一下能否顶替这一名额。这位女大学生听到该消息后，一路朝面试单位狂奔。她兴奋地跑到用人单位那里，对用人单位表达了自己的热切希望。用人单位接待人员说，“我向上级领导反应一下你的情况，你既是本地人，又那么想来，我试着帮你沟通一下。”这位大学生一直在用人单位门口守候，从中午一点等到三点时，人力资源的管理人员对她说：“你可以走了，你的情况我会给经理反映，稍后电话通知你。”可是，这位毕业生还是没有离开，她一直坚守到下午六点，当管理人员再次看到她时，她傻傻的等待感动了这位人力资源的管理人员，管理人员立刻拨打了经理的电话，再次举荐这位大学生。后来，经理终于答应了这位女孩子，并告诉她，可以先签协议，待毕业半年之内提供英语六级证书即可。这位大学生在这样的激励之下，通过自己的努力，在毕业之前拿到了英语六级证书，并顺利地获得了自己想要的工作。

这位女大学生在人生选择的十字路口做出了正确的坚持，实现了自己的人生梦想。也正因为她有了正确的坚持，才让成功如期而至。

（三）有计划地工作

维克多·雨果说，每天早晨都要计划一天的具体事务，并认真加以贯彻。若没有计划，时间配置不合理，混乱就会出现。有明确的目标，每向前进一小步，就向目标迈进一大步，离成功也就更进一步。周恩来曾立下“为中华之崛起而读书”的豪言壮语，他的成功在于拥有明确的目标和方向，立志高远，从不放弃。

读了上面的内容，你是不是也想通过有计划地工作让自己的意志力更加坚定呢？那就从现在做起，给自己制定合理的计划吧，按照计划行事，相信你的意志力会慢慢提升。

（四）策略四：团体心理辅导

团体心理辅导，指在团体情境下进行的一种心理辅导形式，它通过特定的情景，让参与者把心理问题呈现出来加以引导其成长的过程。在交流中，参与者可以互相观察、学习、体验，从而认识自我、探讨自我、接纳自我，调整、改善与他人的关系，将心理问题扼杀在萌芽中，同时在团体心理训练过程中学到解决问题的方法，学习其他同学的长处。

人与人之间最遥远的距离莫过于心与心的距离，而人与人之间最默契的地方是心灵的沟通。这种心灵的沟通可以让同“命”相怜的学生通过团体辅导活动的形式走在一起，互诉衷肠，经过老师的点拨，冲破心理的障碍，重新塑造积极健康的心态。

正能量

水的精神

每一条河流都有自己不同的生命曲线，每一条河流都有自己的梦想，那就是奔向大海。当我们遇到困难的时候，不管是冲过去还是跨过去，我们都要努力向前。我希望大家能让自己的生命向梦想流去，像长江黄河一样，能流进入宽阔的海洋，使自己的事业也变得开阔。这就要我们具备一种水的精神。我们的生命有的时候会有泥沙，尽管你也跟着水一直往前流，但是由于你个性的缺陷，面对困难时退步或胆怯，你可能慢慢地像泥沙一样，沉淀下去，一旦你沉淀下去了，也许你不用再为了前进而努力了，但是你却永远也到不了大海了。所以我会建议大家，一定要有水的精神，要像水一样不断地储备自己的力量，不断地冲破障碍。当你发现时机未到时，蓄积能量，把自己的厚度积累起来，当有一天，时机来临，你就能够奔腾入海，成就自己的人生。

测一测

以下 A、B 卷共 26 道测试题，以了解你的意志力，请根据你的情况作答。

计分方法：

① A 卷试题中，A、B、C、D、E 依次为 5、4、3、2、1 分；

② B 卷试题中，A、B、C、D、E 依次为 1、2、3、4、5 分；

③ A、B 卷得分加起来为总得分。

说明：完全符合你的情况，则选 A；比较符合你的情况，则选 B；一时难以确定是否符合你的情况，则选 C；不大符合你的情况，则选 D；完全不符合你的情况，则选 E。

题号	A 卷题目	选择答案
1	你喜爱体育运动，因为这些运动能够增强你的体质和毅力	A　B　C　D　E
2	你总是很早起床、从不睡懒觉	A　B　C　D　E
3	你信奉“不干则已，干就要干好”的格言	A　B　C　D　E
4	你投入地做一件事，是因为其重要，应该做，而不是因为兴趣	A　B　C　D　E
5	当工作和娱乐发生冲突的时候，你会放弃娱乐，虽然它很有吸引力	A　B　C　D　E
6	你下了决心要坚持做下去的事，不论遇到什么困难，你都能持之以恒	A　B　C　D　E
7	你能长时间做一件非常重要但却无比枯燥的工作	A　B　C　D　E
8	一旦决定行动，你一定说干就干，决不拖延	A　B　C　D　E
9	你不喜欢盲从别人的意见和说法，而善于分析、鉴别	A　B　C　D　E
10	凡事你都喜欢自己拿主意，别人的建议只作参考	A　B　C　D　E
11	你不怕做没做过的事情，不怕独自负责，你认为那是锻炼机会	A　B　C　D　E
12	你和同事、朋友、家人相处，从不无缘无故发脾气	A　B　C　D　E
13	你一直希望做一个坚强的、有毅力的人。	A　B　C　D　E
题号	B 卷题目	选择答案
1	你给自己订了计划，但常常因为主观原因不能完成计划	A　B　C　D　E
2	你的作息时间无标准，完全靠一时的兴趣与情绪决定，且常常变化	A　B　C　D　E
3	你认为凡事不能太累，做得成就做，做不成就算了	A　B　C　D　E
4	有时你临睡前发誓第二天要做重要的事情，但第二天却又没兴趣干了	A　B　C　D　E

续表

题号	B卷题目	选择答案
5	你常因读一本妙趣横生的小说或看一个精彩的电视节目而忘记时间	A B C D E
6	如果你工作中遇到了什么困难，首先想到请教别人有什么办法	A B C D E
7	你的爱好广泛而善变，做事情常常因为心血来潮	A B C D E
8	你喜欢先做容易的事情，困难的能拖就拖，不能拖时则马虎应付了事	A B C D E
9	凡是你认为比你能干的人，你都不会太怀疑他们的看法	A B C D E
10	遇到复杂莫测的情况，你常常拿不定主意	A B C D E
11	你生性胆小怕事，没有百分之百把握的事情，你从来不敢做	A B C D E
12	与人发生争执，有时明知自己不对，你却忍不住要讥刺甚至辱骂对方	A B C D E
13	你相信机会的作用大大超过个人的艰苦努力	A B C D E

得分解释：

① 总得分于 110 分以上，意志力十分坚强；

② 总得分于 91～100 分，意志力较坚强；

③ 总得分于 71～90 分，意志力一般；

④ 总得分于 51～70 分，意志力比较薄弱；

⑤ 总得分于 51 分以下，表明意志力十分薄弱。

第七篇　职业规划

毕因士腓特说："成功之秘诀，在始终不变其目的。"你对未来的规划是什么？

荒废的大学生活

——如何引导大学生正确地进行职业规划

聆听之声

有这样一个美国小男孩，父母在生活上对他要求很严，平时很少给他零花钱。8 岁的时候，有一天他想去看电影，却身无分文。“是向爸妈要钱还是自己挣钱呢？”他第一次开始思考这样的问题，最后，他选择了后者。他自己调制了一种汽水，把它放在街边，向过路的行人出售。可那时正是寒冷的冬天，没有人购买，最后只等到两个顾客——爸爸和妈妈。

他偶然得到了和一个成功商人谈话的机会，当他对商人讲述自己的故事后，商人给了他两个重要的建议：第一，尝试为别人解决一个难题，那么你就能赚到许多钱；第二，把精力集中在自己知道的、会的和你拥有的东西上。这两个建议很关键。因为对于一个 8 岁的男孩而言，他不会做的事情还很多。于是他思考：人们会有什么难题？如何为他们解决难题？好点子似乎都躲起来了，他什么办法都想不出来。

一天吃早饭时，父亲让他去取报纸——美国的送报员总是把报纸从花园篱笆中一个特制的管子里塞进来。假如你正穿着睡衣，一边舒服地吃早饭，一边悠闲地看报纸，这时就必须离开温暖的房间到房子的入口处去取报，即使在天气不好的时候也必须如此。虽然有时候只需要走二三十步路，但也是非常麻烦的事情。

当他为父亲取回报纸的时候，一个主意诞生了。他挨个按响邻居的门铃，对他们说：每个月只需付给他 1 美元，他就每天早晨把报纸塞到他们的房门下面。大多数人都同意了，这个小男孩很快就有了 70 多个顾客。当他在一个月后第一次赚到一大笔钱的时候，他高兴得简直是飞上了天。高兴的同时他并没有满足现状，他还在寻找新的赚钱机会。经过一段时间的思考，他决定让他的顾客每天把垃圾袋放在门前，然后由他早晨送报时顺便运到垃圾桶里——每个月另加 1 美元。他的客户们很赞赏这个点子，于是他的月收入增加了一倍。后来他还为别人喂宠物、看房子、给植物浇水，他的月收入随之直线上升。

9 岁时，他开始学习使用父亲的电脑。他学着写广告，开始把小孩子能够挣钱的方法全部写下来。因为他不断有新的主意，有了新主意就马上实施，所以很快他就有了丰厚的积蓄。他母亲帮他记账，好让他知道什么时候该向谁收钱。随着业务的扩大，他必须雇用别的孩子为他帮忙，然后把收入的一半付给他们。如此一来，钱便潮水般涌进了他的腰包。

一个出版商注意到了他，并说服他写了一本书，书名叫《儿童挣钱的 250 个主意》。因此，他在 12 岁的时候，就成了一名畅销书作家。后来电视台发现了他，邀请他参加许多儿童谈话节目。他在电视里表现得非常自然，受到许多观众的喜爱。到 15 岁的时候，他有了自己的谈话节目，通过放电视节目和电视广告，他已经发展到日进斗金的程度。

17 岁的时候，他成了百万富翁。

智慧点拨

学业成功，是每一个学生的梦想，每位学生都认为顺利完成自己的学业是非常重要的事，但在这个故事里，你会发现成长中最重要的并不是考高分去名校，而是在路上的不断感悟和思索。进入大学的学生们，若缺乏对人生合理的规划，荒废大学的学业，那他的悲剧即将成为家庭之痛、学校之痛、社会之痛。没有目标犹如在大海里失去航标，而目标的大小，取决于开始梦想和制定目标时所处的地位。一个人未来的成败，很大程度上取决于有无正确、适当的目标。

初中时，有一次老师叫全班写一篇名叫《长大后的理想》的作文。那晚，小刚洋洋洒洒写了 7 张纸，描述他的伟大理想，那就是拥有一座属于自己的牧马农场，并且他仔细画了一张 200 亩（一亩约等于 667 平方米）农场的设计图，上面标有马厩和跑道等位置，在这一大片农场中央，还要建一栋占地 400 平方米的巨宅。他花了好大心血才完成报告，第二天交给老师。两天后他拿回了设计图，上面打了一个又大又红的 50 分。

脑中充满幻想的他感觉遭受重重一击。他下课后带了报告去找老师："为什么不给我及格？"老师回答道："你年纪轻轻，不要老做白日梦。你没钱、没家庭背景，什么都没有。如果你愿意重写一个有价值的志愿，我会重给你打分。"后来小刚没有按照老师说的做，他还是坚持自己的梦想。

20 多年后，这位老师带着他的 30 个学生，来到那个曾被他指责的孩子的农场露营。离开前，他对如今已是农场主的男孩说，"说来惭愧，读初中时，我曾泼过你冷水。这些年来，也对不少学生说过相同的话，幸亏你有毅力，坚持了自己的目标也实现了自己的目标，老师为你的坚持点赞。"

小刚的梦想听起来似乎有些不符合实际，但当你决心足够，你认为自己一定要达成某个目标并为之奋斗，这些目标达成的概率就非常大。达成目标与否，首先看你决心够不够。能如此坚信自己目标的人少之又少，我们大多数人不是将自己的目标舍弃，就是沦为一个缺乏行动的空想家，小刚的例子正好说明了坚持目标的重要。但是，目标不可定得虚无缥缈，不切合实际。因为不切实际的目标，若实现不了，这很容易使人陷入悲观和失望之中。

可给自己树立一个切合实际的总目标，然后，再给自己分解成若干小目标，小目标为总目标服务。小目标相对容易实现，这能提高自信心，增加战胜困难的勇气。当一个又一个的小目标实现后，成功即在眼前。中国有句古语说："不积跬步，无以至千里。"说的就是这个道理。锁定目标，需要你马上行动，全力以赴。成功就是正确估价自己的实力，对自己的定位恰如其分，根据社会需要选择适合自己的工作并踏实努力地去做，而不是好高骛远、脱离实际。

追根溯源

大学生进入高校后，产生迷茫的心理的原因是什么呢？

（一）理想与现实的矛盾

大学生对职业的憧憬颇为丰富，但由于接触社会较少，理想往往脱离客观条件，在树立目标的过程中，并没有深入思考现实情况，以至于出现一方面自我膨胀，另一方面现实自我萎缩的矛盾状况。

（二）自负心理较强，依赖心理较强

自负心理是过高地估计个人能力，失去自知之明。在这样的心理的支配下，很容易脱离实际，以幻想代替现实，只看到自己的优点，看不到自己的缺点。由于一些大学生不能合理地认清自己，缺乏自知之明，使自己目标定位和现实产生很大反差，若不能实现，他们的情绪可能会一落千丈，归因于外界，对社会、学校可能怀有不满情绪，从而产生各种负面情绪，出现自卑心理，导致消极悲观。

在职业规划中，有的大学生缺乏清醒认识，对未来信心不足，犹豫观望，找工作也盲目依赖父母和社会关系。这些大学生缺乏自我分析决断能力，不敢积极主动地去竞争与推销自己。

（三）看不清自己，无明确的职业规划

职业是个人在社会中所从事的作为主要生活来源的工作，体现了社会分工，并要求工作者具备一定的技能。大学生的生涯规划，主要是指职业生涯规划，又叫职业生涯设计，它是一个人主动、自觉地对其一生中所承担的职务及其发展历程所做的预期和计划。

天生我是“材”而不是“才”，“才”非先天所生，要靠后天的努力拥有。入学之初，我们是“材”，学成之后，理当是“才”。上大学以后，进入“成才”的新阶段，而较之社会的需要似乎仍然是“材”。成才的前提需要思考大学生有什么，大学生要什么，大学生能干什么，环境允许大学生做什么，大学生最终的职业目标是什么。

专家支招

职业规划，理应成为大学生发展的必修课，那么，如何形成良好的职业规划呢？

（一）了解职业规划的要点

职业规划是一件大事，它决定了人一生的事业走向，同时也关联相应的生活方式。职业规划发生在职业选择之前，也发生在职业发展的过程中，对于大学生来说，应关注以下几个方面。

1. 基于自己的立足点

在评估过自己的能力、特长和专业方向之后，一定要顺从内心的选择。很多大学生容易受物质条件、社会评价和同类攀比等多种因素影响，改变自己的判断与选择。在判断自己的职业前景时一定要立足于自身，毫不犹豫地为自己的理想奋斗目标而努力。

2. 寻找自己的人生导师

职业生涯很长，很多职业经验必须靠时间累积。所以一个初入职场的人应明确职业的本质，在职业规划之前，寻找优秀的人生导师进行咨询和了解，从他们身上解读职场发展的定律，让自己少走弯路。这样的导师可能是街头大妈，可能是顶尖企业的人事经理，也可能是身边的学长学姐，所谓“三人行，必有我师焉”，要虚心聆听，以提前知晓职场发展的规律。

3. 走好职场第一步

走好职场第一步，是职业规划中的重要内容，职场发展的积累从第一步开始。职业规划有明显的阶段性特征，学会分析职业岗位的优势劣态，对不同的发展阶段，做出正确的调整，在调整中完善，才对规划产生作用。

4. 设定不同阶段的职业发展目标

职业规划好比人生规划，如果局限在个人利益方面，那么此生仅仅只是一个自我满足的状态。按照马斯洛的需求原理，我们每一个人在求得安全、温饱之后，会渴望被人认同和尊重，甚至是自我理想实现的需求。所以，我们的职业目标必须带有社会责任感，当然我们可以将职业目标分为短期、中期、长期来完成。

（二）培养良好的心态

1. 塑造自我形象

用“我会成为我想成功的样子”激励自己，每天对自己说：“我对自己很满意，我因自己的表现而骄傲。”相信自己，通过你的努力，你可能达成自己想要实现的状态。

2. 消除借口

不要听任自己为表现欠佳或者未达到目标而寻找借口——我年龄太大，我年龄太小，我没有受过正规的教育，我出现的时间、地点都不对，我的运气欠佳或者这不是我的错等。积极地对自己说肯定语：“我做得到”“我能够”，不要因为借口而心安理得地放弃追求目标。

3. 不要想象失败

失败是所有词中最糟糕的一个，因为它使人构想出消极的画面。很多人都对失败怀有极其恐惧的心理，事实上，他们从没有做过任何事情，他们从未努力过。那么，如果失败了该怎么办？请你一定要记住：除非你放弃努力，那么任何事都有成功的可能。征服恐惧的唯一方法是不断去做令你找回自信的事。

（三）学会自我规划

1. 目标设置可衡量

目标应可衡量，即可量化。所谓量化，应该有一组明确的数据，作为是否达成目标的依据。如果制定的目标没有办法衡量，就无法判断这个目标是否实现。如："我想成为一个快乐富有的人"不是一个好目标，因为快乐和富有并不是可量化的，没有可量化的指标，就算不上是好目标。所以，目标的衡量标准，遵循量化、质化的原则。使制定人与考核人有统一的、标准的、清晰可度量的标尺，杜绝在目标设置中，使用形容词等概念模糊、无法衡量的描述。

2. 目标需要具体化

设定目标一定要具体化，才具有可操作性与可控性。所谓具体，即目标明确，能用言语清楚地说明应达到的行为标准，不能模棱两可，不能有歧义。比如，我想要当工程师，这算不算是一个好工程师的内涵？有不同技术领域、不同部门，不同领域的工程师，你想要当的是哪方面的工程师？可见这个目标描述不是很明确。

3. 目标应该是有时间限制

任何一个目标，都有一定的时间限制，以便于衡量和考核。"我要把计算机二级考过"，这个目标就缺少时间限制。是指什么时候考过，大学三年级还是大学四年级？需要有一定的时间限制。

4. 目标具有可行性

制定的目标应有挑战性，有一定的难度，但要切实可行。制定的目标太高，花更多的精力也达不到，即可望而不可即；制定的目标过小而没有挑战性，会导致自己松懈，不认真对待。所以，一方面，大学生要养成制定目标和计划的习惯，另一方面也要能不断地根据反应来调整学习和目标。

正能量

做自己的职业策划师

日本著名企业家井上富熊，年轻时曾在 IBM 公司工作。进入公司后，由于他体质衰弱，积劳成疾，终于病倒了。他凭着坚强的意志与病魔斗争了 3 年之久，终于康复，重新回到公司工作。

当时，他已经 25 岁，于是立下了 25 年后的生涯计划。这是他第一次为自己制定职业生涯规划。井上富熊订立自己的"25 年计划"表，并确实督促自己按计划实践。他不断地对"如何才能以最少的劳力，消耗最少的精力，以最短的时间达到目的"进行思索，也就是说他不断地力图找到既轻松，又一定能成功的战略、战术。他不断地调整自己的设计计划，使自己的启蒙目标和工作目标扩展充实起来。当他还是一个小小的办事员时，就开始学习科长应具备的能力；当科长时，就开始学习当经理应具备的能力；当经理时，就再进一步学习胜任总经理的能力。

总之，他总是从自己的现实出发学习应具有的各种能力，然后再进一步地为未来打基础，以便能随时胜任更高的职位。这一切都是得益于职业生涯规划的有效帮助。到了30岁时，井上富雄成为经理；到了40岁时，他当上了总经理，他的升迁比别人要快得多。而47岁时，他干脆离开IBM，自己开始经营公司。能取得这些成就，也并不是因为他的脑筋特别好或者善于走后门，只不过他能拟定适合自己生涯的计划，并且能去实践。

测一测

下面有52个对职业的期望，请为每题选择一个代表你真实想法的分数。

5=非常重要，4=比较重要，3=一般，2=较不重要，1=很不重要

题号	测试内容	选项
1	你的工作必须经常解决新的问题	5，4，3，2，1
2	你的工作能为社会福利带来看得见的效果	5，4，3，2，1
3	你的工作奖金很高	5，4，3，2，1
4	你的工作内容经常变换	5，4，3，2，1
5	你能在你的工作范围内自由发挥	5，4，3，2，1
6	工作能使你的同学、朋友非常羡慕你	5，4，3，2，1
7	工作带有艺术性	5，4，3，2，1
8	你的工作能使人感觉到你是团体中的一分子	5，4，3，2，1
9	不论你怎么干，你总能和大多数人一样晋级和涨工资	5，4，3，2，1
10	你的工作使你有可能经常变换工作地点、场所或方式	5，4，3，2，1
11	在工作中，你能接触到各种不同的人	5，4，3，2，1
12	你的工作上下班时间比较随便、自由	5，4，3，2，1
13	你的工作使你不断获得成功的感觉	5，4，3，2，1
14	你的工作赋予你高于别人的权利	5，4，3，2，1
15	在工作中，你能试行一些自己的新想法	5，4，3，2，1
16	在工作中，你不会因为身体或能力等因素，被人瞧不起	5，4，3，2，1
17	你能从工作的成果中，知道自己做得不错	5，4，3，2，1
18	你的工作经常要外出、参加各种集会和活动	5，4，3，2，1
19	只要你干上这份工作，就不再被调到其他意想不到的单位和工种上去	5，4，3，2，1
20	你的工作能使世界更美丽	5，4，3，2，1
21	在你的工作中，不会有人常来打扰你	5，4，3，2，1
22	只要努力，你的工资会高于其他同年龄的人	5，4，3，2，1
23	你的工作是一项对智力的挑战	5，4，3，2，1

续表

题号	测试内容	选项
24	你的工作要求你把一些事物管理得井井有条	5，4，3，2，1
25	你的工作单位有舒适的休息室、更衣室、浴室及其他设备	5，4，3，2，1
26	你的工作有可能结识各行各业的知名人物	5，4，3，2，1
27	你在工作中，能和同事建立良好的关系	5，4，3，2，1
28	在别人眼中，你的工作很重要	5，4，3，2，1
29	在工作中你经常接触到新鲜的事物	5，4，3，2，1
30	你的工作使你能常常帮助别人	5，4，3，2，1
31	你在工作单位中，有可能经常变换工作内容	5，4，3，2，1
32	你的作风使你被别人尊重	5，4，3，2，1
33	同事和领导人品较好，相处比较随和	5，4，3，2，1
34	你的工作会使许多人认识你	5，4，3，2，1
35	你的工作场所很好，明亮、安静、清洁，甚至恒温、恒湿	5，4，3，2，1
36	在工作中，你为他人服务，使他人感到很满意，你自己也很高兴	5，4，3，2，1
37	你的工作需要计划和组织别人工作	5，4，3，2，1
38	你的工作需要敏锐的思考	5，4，3，2，1
39	你的工作可以使你获得较多的额外收入，比如：常发实物、常购买打折扣的商品、常发商品的提货券、有机会购买进口货等	5，4，3，2，1
40	在工作中你不受别人差遣	5，4，3，2，1
41	你的工作结果应该是一种艺术而不是一般的产品	5，4，3，2，1
42	在工作中不必担心会因为所做的事情领导不满意，而受到训斥或经济惩罚	5，4，3，2，1
43	在工作中，你和领导关系融洽	5，4，3，2，1
44	你可以看见你努力工作的成果	5，4，3，2，1
45	在工作中常常要你提出许多新的想法	5，4，3，2，1
46	由于你的工作，经常有许多人感谢你	5，4，3，2，1
47	你的工作成果常常能得到上级、同事或社会的肯定	5，4，3，2，1
48	在工作中，你可能做一个负责人，虽然可能只领导很少几个人，你信奉“宁做兵头，不做鸡尾”的俗语	5，4，3，2，1
49	你从事的工作，经常在报刊、电视中被提到，因而在人们的心目中很有地位	5，4，3，2，1
50	你的工作有数量可观的夜班费、加班费、保健费或营养费等	5，4，3，2，1
51	你的工作比较轻松，精神上也不紧张	5，4，3，2，1
52	你的工作需要和影视、戏剧、音乐、美术、文学等艺术打交道	5，4，3，2，1

测试说明：

上面52道题代表了13项工作价值观。请计算每一项价值观对应的题号总分。

价值观	题号	总分	说明
利他主义	2，30，36，46		工作的目的与价值，在于直接为大众的幸福和利益尽一份力
美感	7，20，41，52		工作的目的和价值，在于能不断地追求美的东西，得到美感的享受
智力刺激	1，23，38，45		工作的目的和价值，在于不断进行智力的操作，动脑思考，学习以及探索新事物，解决新问题
成就感	13，17，44，47		工作的目的和价值，在于不断创新，不断取得成就，不断得到领导与同事的赞扬，或不断实现自己想要做的事
独立性	5，15，21，40		工作的目的和价值，在于能充分发挥自己的独立性和主动性，按自己的方式、步调或想法去做，不受他人的干扰
社会地位	6，28，32，49		工作的目的和价值，在于所从事的工作在人们的心目中有较高的社会地位，从而使自己得到别人的重视与尊敬
管理	14，24，37，48		工作的目的和价值，在于获得对他人或某事物的管理支配权，能指挥和调遣一定范围内的人或事物
经济报酬	3，22，39，50		工作的目的和价值，在于获得优厚的报酬，使自己有足够的财力去获得自己想要的东西，使生活过得较为富足
社会交际	11，18，26，34		工作的目的和价值，在于能和各种人交往，建立比较广泛的社会联系和关系，甚至能和知名人物结识
安全感	9，16，19，42		不管自己能力怎样，希望在工作中有一个安稳局面，不会因为奖金、涨工资、调动工作或领导训斥等事情而提心吊胆、心烦意乱
舒适	12，25，35，51		希望能将工作作为一种消遣、休息或享受的形式，追求比较舒适、轻松、自由、优越的工作条件和环境
人际关系	8，27，33，43		希望一起工作的大多数同事和领导人品较好，相处在一起感到愉快、自然，认为这就是很有价值的事，是一种极大的满足
变异性	4，10，29，31		希望工作的内容经常变换，使工作和生活显得丰富多彩，不单调枯燥

备注：

得分最高的三项代表你最看重的三个职业价值观，在选择专业和职位时要考虑能否满足这三项价值观的要求。

今天，你就业了吗

——如何培养大学生正确的就业观

聆听之声

王兴，22岁，大四学生，曾担任校学生会主席，是一名品学兼优的学生。求职期间，很多用人单位都很器重他，但他偏偏自视过高，要么嫌弃单位工资低，要么在意单位男女比例失调，要么觉得单位离市区太远，对那些令其他同学羡慕不已的单位不屑一顾，迟迟不愿签约。父母又很希望王兴能在离家较近的地方工作，以便今后能经常回家。最后，毕业一天天逼近，就业危机感也日益加重，这位典型的高自我价值者，虽然是一名优秀的学生，可自负感和超优越感使他头脑发热，无法正视自己与用人单位，结果错失良机。近段时间以来，他情绪低落，焦虑烦躁，痛苦不堪，感到前途渺茫。

智慧点拨

案例中的王兴虽然是一名优秀的学生，但他没有调整好心态，对就业环境缺乏深入的了解与分析，一心想找好单位，对接触过的单位过分挑剔，求全责备；甚至刚开始与用人单位接触，就对其待遇或就业地点不满，从而错过许多良好的就业机会。在就业期望值方面，王兴定位过高，一味追求待遇好、收入高、地方好，导致其主观愿望与现实之间出现落差。由于理想和现实不统一，导致王兴产生压抑的心理，情绪低落，感到前途渺茫。

追根溯源

现实生活中，高自我价值感是优秀生中较为普遍的心理特征。他们自信，有活力，这并非坏事，但在求职中，人才济济，职位供不应求，况且，用人单位的选择并不唯一。小张存在过分的优越感和自负感，这种高自我价值感对大学生的就业造成一定的不良影响。

（一）内在因素

1. 错误的职业价值观心态

一些大学生一味追求个人价值的实现，却缺乏艰苦创业的思想准备。在择业中，很多学生都希望充分施展个人才华，实现自己的人生价值，不愿碌碌无为。然而，他们缺乏艰苦创业的心理准备，不愿到艰苦地方去，不愿深入基层。一些大学生想走捷径，想去层次高、工作条件好的单位上班；想一举成名，一蹴而就。他们虽也关注国家民族的前途，但却过分强调自我价值。于是便出现边远地区、基层单位少人问津，而大城市、大公司、沿海地区的报名人数却人满为患的局面。

2. 攀取高层次的社会地位

追求社会地位高的工作岗位，几乎是大学生普遍存在的就业意识。大学生心目中的高社会地位，主要指在有实权、有声望或经济基础雄厚的单位工作，这些单位一般在条件舒适的大城市。当然也有部分大学生产生“低就意识”，去一些乡镇企业工作。他们认为，乡镇企业更需要人才，更容易被重用，能充分发挥自己的才智，并且来去自由，个人收入也比较高。

3. 自负心理

自负心理是缺乏客观的自我分析和自我评价的表现。目前在大学生中，“先就业后择业再创业”的观念还没有完全建立，在就业时有较多学生总想一步到位，找到满意的职业和工作。一些大学生对自己的评价过高，他们或因所学专业需求旺盛，或因就读学校为名牌学府，或因自己无论专业知识还是综合素质都高人一筹，或因被不少用人单位垂青，而产生一种高人一等的自负心理。他们盲目自信，择业标准高，认为理所应当得到一份理想的职业。在这种心理支配下，他们好高骛远，往往是“这山望着那山高”，从而错过不少适合自己发展的单位。如果未能如愿，则情绪会一落千丈，从而产生孤独、失落、烦躁、抑郁的心理。

（二）外在因素

1. 家庭的影响

家庭是人生活的场所，家庭因素对个体职业生涯的发展影响十分深远。父母对子女的期望往往在一定程度上影响着孩子。每个孩子都希望拥有一份体面、收入可观的工作，从而换来父母脸上的微笑。但如事例中的小张，父母的期望就变成了一种压力。

2. 职业教育引导不足

教育赋予个人才能和技艺，塑造人的性格，培养人的情操，使个体具备发展的基本素质和条件。前例中王兴在教育的培养方面，是成功的，但该生缺乏一定的职业教育引导。如果在他产生不合理的职业选择观时，有专业的人员进行辅导，那么，王兴的问题可能会在一定程度上得到解决。

3. 个体环境的影响

个体所生活的环境对个人职业选择可能会产生影响。个体所处的环境、个体接触的不同人群，都可能影响自己对社会以及对职业的看法和态度，从而影响其职业生涯发展。大学生自身的优越感促使其往更好的方向发展，但同伴群体的某些诱因也会导致他对自身要求较高，从而缺乏正确合理的职业定位。

4. 社会大环境的影响

社会大环境也可能成为大学生不能成功就业的原因。社会大环境决定着社会职业、工作岗位的种类和数量，也影响着人们对不同职业的认可程度，进而影响个体对人生发展道路的选择，或者是发展方向决策的调整。王兴在社会整体就业困难的情况下，未对自己做出准确的定位，没有及时对职业规划做出调整，从而造成自己毕业后找不到工作，出现郁郁寡欢的不良情绪。

专家支招

打算选择什么样的行业，做什么样的职业，想达到什么样的目标，过什么样的生活，如何通过自身的学习与工作达到某种目标……诸如此类的问题，都是大学生该考虑的重大问题。大学生需正视现实问题，当自己的理想与现实发生矛盾时，应以现实为重。

（一）思路一：了解职业个性

罗素说，选择职业是人生的大事，因为职业决定个人的未来。如何对将来更满意，更能体现自己的价值，走好大学中的每一步很关键。帮助大学生了解自己的职业个性是职业素质教育的关键点。社会人力资源的研究成果表明，职业个性与个人事业的成功与否有密切的联系。因此，职业素质培养的目的，即解决大学生的兴趣、能力与工作机会相匹配的问题，帮助大学生寻找与其特性相一致的职业。例如，他喜欢什么样的同事，喜欢怎样的活动，对什么问题感兴趣，这些问题都会与他们未来的工作状态有必然的联系。如果学生了解这一点，在确定自己的工作时，多一些理性的思考，择业的针对性就会增强一些。如个性偏内向的学生要知道自己的个性如何更好地发挥优势；个性外向类型的学生要知道在做研究工作时最大的挑战是什么等；好的性格有助于个体在相应职业中较好地完成工作。

（二）思路二：提升职业品质

大学生职业品质，指大学生在职业行为、工作作风方面表现出来的思想、认识和态度等。提升学生职业品质的过程，也是帮助他们逐步实现社会化的过程。来自哈佛大学的研究表明，成功因素中的 85%取决于积极的职业态度，15%才是本人的职业技能。从这个角度看问题，社会人力资源的开发，已为就业者的职业品质注入了新的内涵。用人单位对应聘者的职业品质需求从某种角度讲，对学生发展有着很好的导向作用，诸如积极的人生态度、开拓创新精神、沉着应变能力、团队合作精神等，许多职业已向就业者提出了更高要求。

（三）思路三：先就业再择业

先就业再择业，转换就业观念，是大学生适应社会发展，合理选择职业的正确求职观。学会降低自己的期望值，先就业为主，可以减轻大学生的就业压力。一位辅导员曾这样激励学生积极改变就业观念："若再嫌弃边远，若再犹豫找工作离父母有多远，若还在嫌弃专业不对口，将好工作弃之门外，那么你有可能将下一步的生活推向绝境。先考上如意或自认为不如意的，下一步才有足够的信心去换如意的。连不如意的都考不上，那么如意的竞争对手又会有多少？看清楚自己的实力，懂得取舍，未来才可能有生存的希望。2015 年，某市某职位只招 1 名工作人员，但报考人数为 2776 人，这样的数字显示，其中的 2775 人仅处于陪考状态。这一事实告诉毕业生，赶紧寻找自己的饭碗，存足实力，才是人生正确的规划。有实力的，可以一步到位，实力靠后的可分步到位，在分步到位中即便是一步步地蜗牛爬行，最终勤能补拙也能改变自己的命运。”这样的语言，告诉多数毕业生要避免盲目挑选，要在就业选择中学会审时度势，合理规划。

（四）思路四：克服心理障碍

在求职中，克服自卑心理和自怨情绪尤其重要。只有具备良好的心理素质，才能经受挫折的考验。对于心理素质较差的群体，可以通过专业的辅导予以培训，在培训中使他们学会面试的技巧，以提升自己在就业中的应变能力。

（五）思路五：制定职业计划，努力提升专业素质

专业强，理论深，基础厚，技能精，是用人单位选拔人才的标准。而专业实习则通过社会实践能力和适应工作岗位能力的培养，为大学生顺利走向工作岗位，将书面知识付诸实践提供相应的准备。大学生应该通过制定自己的职业规划来了解自己，也包括了解他人和社会。在制定计划时，大学生需要通过各种途径收集相关的信息来补充、完善自己的职业培养计划；在做计划时，要评估目标实现的可能性，兼顾自己的能力、环境条件的限制、周围人对自己的期望；同时要预测在目标的实现过程中，可能出现的阻碍及怎样逾越障碍。

（六）思路六：学校合理定位，就业为本

首先，对于学校来说，一方面，学校应使专业和课程设置更加合理，根据社会需求和国家长期发展目标，进行专业设置的调整。另一方面，应充分考虑专业内部课程设置的差异性。根据学校实际情况，着力整合师资力量与其他教学资源，结合社会需求设置专业课程。

其次，帮助学生培养职业技能是职业素质培养的落脚点。相应的技能是大学生进入职业领域的资本，不同的职业会对人们有不同的技能要求。大学生对技能的理解存在一些模糊的认识，经过就业指导后，能培养相应的技能。大学生应学会整理自己的技能清单，了解这些技能与自己的职业目标之间的差距，以及职业技能培养的途径和方法，这些都是职业素质教育需要解决的问题。

正能量

目标引领前进的路

小王毕业于一所普通二本大学，专业一般，毕业时如愿地找到了自己理想的工作——小学教师，成为该校第一个成功与用人单位签约的毕业生。小王来自偏远山区，家境一般，但勤奋好学。小王的教育背景和经济背景都一般，他找到理想的工作，让很多毕业生非常羡慕。小王之所以成功，是因为他在上大学期间，就开始对自己的职业生涯进行规划。

上大学时，他制定出一份详尽的目标计划。大学一年级时，其理论知识目标为学好专业知识、英语、计算机等基础知识，计算机要达到国家二级水平，英语达到

国家四级水平；在实践方面，积极参加班级的各种活动，同时做兼职家教，锻炼自己的表达能力与沟通能力；大学二年级时，继续丰富自己的理论知识并参加实践活动，要求自己专业课成绩达到优秀；英语成绩要达到国家六级水平；计算机水平达到国家三级要求；大学三年级时，在掌握知识和技能的同时，学习求职择业的方法和技巧，查找有关就业信息，了解用人单位的要求；大学四年级时，上学期撰写毕业论文，积极请指导老师修改，并利用各种渠道及时捕捉就业信息，专心找工作。有效的规划需要有力的行动去保证，小王在目标的指引下，积极地行动。在职业目标的设置过程中，有辛酸、有劳累、有痛苦，也有充实和快乐。功夫不负有心人，大四上学期的一天早晨，当其他同学还在懵懵懂懂中辨不清方面时，小王已与一所当地的重点小学签约了。

因此，无论是上重点大学还是上普通大学，无论专业是冷门还是热门，这些都不是阻止大学生前进的障碍。重要的是，大学生应有明确的目标、清晰的规划、积极的行动，才能在社会上找到属于自己的位置，实现自己人生的价值。

拓展空间

1. 业务模式是很容易拷贝的，问题是我们怎么去理解自己的企业，到底是有一种纯粹业务模式的优势，还是有业务模式之外的优势？企业的竞争力，不是简单的一种业务模式就可以取得一切，需要从内质上细化上去挖掘，才有可能保持持续增长和发展。——周成建

2. 企业发展就是要发展一批狼。狼有三大特性：一是敏锐的嗅觉；二是不屈不挠、奋不顾身的进攻精神；三是群体奋斗的意识。——任正非

3. 野蛮社会，体力可以统御财力和智力；资本社会，财力可以雇用体力和智力；信息社会，智力可以整合财力和体力。——牛根生

4. 我现在知道一个企业都是从小长到大的，别着急，而且创业大概有一年半到两年是瓶颈期，特别难，然后突破瓶颈组织成长，组织膨胀、业务膨胀，然后陷入经济危机，这时迅速调整，调整过来就好了，调整不过来就死掉。所以我清楚，头两年要克服瓶颈，之后要控制组织，有了这样一套东西以后，我们心平气和了，知道一个企业要做大要有很多年时间。——冯仑

5. 公司是个是非地，商场是个是非地，商人是个是非人，挣钱是个是非事，变革的年代是是非的年代，怎么样在这么多是非里面无是非，这就要求人有非常好非常稳定的价值观。是非取于心，很多是非是心不平产生的。——冯仑

6. 对所有创业者来说，永远告诉自己一句话：从创业的第一天起，你每天要面对的是困难和失败，而不是成功。我最困难的时候还没有到，但有一天一定会到。——马云

7. 压力是躲不掉的。一个企业家要耐得住寂寞，耐得住诱惑，还要耐得住压力，耐得住冤枉，外练一层皮，内练一口气，这很重要。武林高手比的是经历了多少磨难，而不是取得过多少成功。——马云

8. 创业前，很多困难你都不会把它认为是困难，当它突然成为你的困难时，很多人会承受不了压力，就放弃了，这样的人一定是不能成功。——史玉柱

9. 创业其实首先就是创新。我们要有一个真正创新的点。这个创新的点，并不是你随便

想出来的一个小窍门或是比较有意思的想法，并不是这么简单的。当你有了创新点后，需要考虑的就是如何把你的能力或是企业的能力与创新相结合。——李永胜/张思/公维锋《三十而谋》

10. 在创业过程中，如果说压力，我认为选择什么不做是非常大的压力。因为在这过程中受到的诱惑太多了，每一个新的概念都可以做很大的东西。在商业上的策略不是决定做什么，而是决定不做什么。——黄明明

11. 互联网行业的创业往往是苦尽甘不来的，要随时做好失败的心理准备，人才和资金是所有创业企业都会面临的问题。——张本伟

12. 阿里巴巴在路上发现小金子，如果不断捡起来，身上装满的时候就会走不动，永远到不了金矿的山顶；还是应不管小金子直奔山顶。——马云

13. 无论是一个企业，还是一个人，都一定是时势造英雄，千万不要英雄造时势。顺流而上，这是手法。形势好了，大家才有机会成为英雄。只有成为英雄后，才有可能去适应时势、改造时势。——朱骏

14. 一个真正的企业家，不能只靠胆大妄为东奔西闯，也不可能是在学院的课堂里说教出来的。他必须在市场经济的大潮中摸爬滚打，在风雨的锤炼中长大。——王均瑶

15. 一个业务出身的领导者，不管他的业务能力有多强，如果创业若干年后他在专业领域的动手能力上仍然是自己的团队中最出色的，那他一定不是一个好的领导者。因为好的领导者是靠判断力、靠制订和管理标准吃饭的，有什么样的判断就会有什么样的产品，有什么样的标准就会有什么样的人才。——刘东华

16. 对信念的偏执创造奇迹。历史是这样写就的，竞争版图是这样重划的，世界是这样改变的。——孙宏斌

17. 我们创业的时候没有想到去赚钱，所以有了钱以后也没有说是达到目标。赚钱不是我们创业的原因，也不是我们到现在该走还是不该走的原因。有了足够的钱财，真正的好处就是给我个人足够的时间，足够的能力去真正做我想要做的事情、我喜欢做的事情。——杨致远

18. 孙正义跟我有同一个观点，一个方案是一流的 Idea 加三流的实施；另外一个方案，一流的实施，三流的 Idea，哪个好？我们俩同时选择一流的实施，三流的 Idea。——马云

19. 伊利更愿意享受创建游戏规则的快乐，而不是钻游戏规则的空子。——潘刚

20. 所谓过高估计自己的力量，就是把商场竞争仅仅理解为资本实力的较量，却忽略了人心的向背和金钱以外的成本。——韩朝华

21. 我觉得一个重要的原因，是因为我们抛弃了游戏的全民化基础，抛弃了游戏创意产业的特性，关起门来搞所谓的精英开发，用一个人、一个团队的智慧去迎合或者对抗千千万万用户和竞争对手的智慧，这是成功离开我们的根本原因。——陈天桥

"跳槽"之困
——如何正视大学生"跳槽"现象

聆听之声

2004年，浙江余姚某电器企业招聘省内外20多名大学生，不到一年仅剩1名坚守岗位，公司不得不再到洽谈会上寻觅人才。该省镇海某电子公司2003年7月招进5名大学生，目前也只剩下1名。大学毕业生的频频毁约"跳槽"，已成为用人单位的心病。

麦可思发布的《2010年大学生就业报告》指出，2009届大学毕业生半年内的离职率，"211"院校是22%，非"211"本科院校是33%。2006届大学毕业生三年内平均工作单位数，"211"院校为1.7个，非"211"本科院校为1.9个，平均每人换过将近两次工作。其中，俗称"跳槽"的主动离职竟占到了88%。而北京市曾对96家用人单位做过的一项调查也显示，大学毕业生首次就业后3年内跳槽率高达70%。

智慧点拨

小学时，有一篇文章叫《猴子爬山》。猴子在爬山的过程中，看到香蕉就丢掉西瓜去摘香蕉，看到兔子，又丢掉香蕉去追兔子，最后兔子跑掉，猴子什么也没得到，反而让自己迷失方向。其实职场上道理也同此。要是大学生在职场上也如此，那么就与猴子一样，最终可能迷失方向。

有很多职场新人，他们由于各种原因频繁跳槽，不仅跳跃在不同的单位之间，还跳跃在不同的城市之间，像是患上了"多动症"的孩子，从不消停。一些大学生进入工作单位，还没来得及熟悉业务流程，便选择另外的单位，跳来跳去，使自己一直处于陌生的环境中，这对自身的发展极为不利。盲目地跳槽，频繁地跳槽，可能最终连自己想要什么都不知道，更不要说做出一番成绩了。

追根溯源

大学毕业生出现频发跳槽现象，与以下原因有关。

（一）自身定位不准

应届大学生毕业在面对择业时，对自身定位较为模糊。简单地说，就是不知道自己该干什么，适合干什么，盲目择业。仅凭个人感觉进入单位上班，结果发现不是适合自己的工作，或刚进入社会，承受压力能力不强，总认为目前的工作不顺心，之后便选择跳槽。

（二）缺乏职业规划

一些大学生在大学期间缺乏科学的职业规划，毕业找工作时眼高手低，以自我为中心，往往工作一段时间后会感觉理想与现实相差太远，感觉在工作中很难看到希望，缺少发展空间。这已成为现在青年跳槽最主要的原因。并且，文化程度越高的青年，喜爱自己现有工作的人数比例反而越少，从而导致跳槽现象的产生。

（三）有培训，但交流少

用人单位通过培训，可以在一定程度上提高大学生的工作能力。但是只做培训，不交流或交流少，会使大学生进行在校与毕业后生活的前后对比，形成反差，导致心态失衡，造成跳槽现象。跳槽不是简单出于一方，相信每个人都希望自己有一份安稳的工作，并且通过长期积累，能够在单位做出业绩，“闪岗”不是出于喜欢；反过来，用人单位也希望自己选中的员工能够从一而终，这样可以减少单位频繁培养新员工的成本。

（四）不合理的认知信念

1. 一个人的选择应得到所有人的祝福

持有这种信念的人，常常会很轻易地放弃自己所选择的工作。一份工作还没有做熟，就开始想到另一个地方去找另一份工作，因为他们希望自己的选择得到所有人的祝福。他们把社会当成自己的家一样，把工作的目的看作是获得与乐趣，如一份工作做得没有乐趣就换另一份工作，与此同时，他们想要得到所有人的祝福，这是他们在跳槽中想要得到的。

2. 有能力的人应得到全世界的重用

一个人有这种想法，也会使他们的跳槽频率加大，认为不管自己走到哪里，都会得到重用，都能得到别人的赏识，成为自己工作单位里的主导者，能得到老板和所有人认可的目光，不管是还未满期限的单位还是新进的单位。抱着这种意识的人，一旦感觉“受冷落”，就选择跳槽。

3. 任何一次跳槽都应拿高薪，如果不是就像是到了世界末日

有些人认为，自己具备拿高薪的能力，所以，他们听到其他单位比自己所在单位的待遇好时，便开始产生跳槽的念头。如果他们去了，却没有想象中的条件优越，就感觉走到了世界的尽头，无法承受现实，而选择再次跳槽。

4. 跳槽由外界因素引起

有一部分人认为，他们跳槽是因为老板瞧不起自己。其实，每个人都有强的一面，也有弱的一面，并不是所有的跳槽都由外界因素引起。

专家支招

跳槽是职业人改变现状的有力武器，也是一把双刃剑，跳槽应注意如下事项。

（一）调整择业心态

通过学习学校安排的职业生涯规划课程，大学生应清楚地了解自己上大学的目的究竟是什么。大学生在求职前，应结合自己的工作能力对就业愿望谨慎估量，毕业后尽可能找到适合自己的工作。通常刚刚毕业的大学生踏入职场的待遇较低，这就要求大学生调整好心态，明白离职跳槽并不是唯一解决问题的办法，刚毕业的大学生应该在基层岗位积累经验，为今后职业发展做好铺垫。

（二）主动行动

光有现状分析、想法是不够的，成功的改变在于理性的行动。改变必然会遇到一些新的挑战和困难，如果期望在面临不熟悉的行业和职位面试时有好的表现，就需要有改变的勇气。

（三）避免盲目

在接触众多职业转换案例中，发现有相当一部分人，在以往职业经历中，跳槽很盲目。例如，有的人一直在规模不大的单位工作，因此把进入大规模的单位或500强企业作为跳槽的主要目标。结果，选择进入大型的公司，却从事了一个不喜欢、不合适的工作，导致职业发展前景堪忧。

（四）避免被动

在众多职业人的跳槽中，有相当一部分人非常被动，其被动表现在缺乏对跳槽方向的把握，以及现有的职业经历不能满足未来跳槽的岗位。如原来从事某工作，但工作业绩不好，没有成就感，因此寄希望换一家公司或一种环境，但在新单位新职位上却重复原有的问题。或者，有的人在以往的工作中，感觉到自己不喜欢或不能确定自己以后的职业目标，在考虑放弃原先经历的前提下，被动地接受市场的选择。

（五）忌急躁

有不少人在职业发展方面，对自己期望过高，希望能快速积累经验。做销售的希望能尽快签单，但一些大项目的销售必然要接受长期的考验；做财务或技术工作的，耐不住从事基层的职位，因此，在职业上产生投机取巧，频繁跳槽。几年职业经历下来，发现自己业务能力积累不多，跳槽经历却不少。

（六）合理研制发展待遇

面对工资远低于预期的状况，无论做出怎样的决定都应是自己心甘情愿的，而不是迫于无奈。发展待遇是一个模糊的概念，也许是行业潜力、市场情况、国家政策、公司规模，也可能是晋升空间、学习机会等。鱼与熊掌不能兼得，每个人需要根据自己的想法做出取舍。对于刚走出校门的大学生来说，积累经验是很重要的。

（七）用人单位完善用人制度

大学生除了在主观上应有正确认识外，用人单位为避免“跳槽”现象屡发，在选才时也要注意严格制定招聘计划，选择合适的大学生。

首先，大学生作为初入职场的新人，他们有着不同的个性和工作激情，因此，用人单位需结合大学生的特性，制定与之相符的招聘计划，以区分他们的技能水平，招聘一些适合企业发展的员工。

其次，用人单位在招聘录用员工后，应提供相应的岗位培训，帮助大学生度过从校园生活到工作职场的转变期。

再次，用人单位还须为这些大学生提供合理的待遇及工作环境。

刚毕业的大学生没有物质经济基础，但他们充满工作激情，需要合理的待遇来满足自己的物质需求。用人单位制定有效、公平的薪金制度，才可以使大学生自我需要得以实现。同时，用人单位作为大学生继家庭和学校后的又一容身港湾，要给大学生温暖的工作环境，只有让大学生感到企业的温暖，才能留住他们的心，使他们看到自己职业的良好发展前景，从而安心地工作。

正能量

重奖跳槽者

3年前，公司的几位业务骨干突然要求辞职，这对于刚创办的公司来说，堪称灭顶之灾。那几天，老总整天眉头不展，为此专门召开会议，商讨如何解决员工的跳槽问题。

大多数人认为应该严厉制裁跳槽者，如果培养一个跳走一个，那公司岂不是太吃亏了？但在第二天，老总却做出了一个出乎所有人意料的决定：重奖跳槽者。

老总让人在公司大门口贴出一张布告：本公司员工跳槽后，凡是在新单位被任命为部门经理的奖3000元；被任命为公司副总的奖8000元；被任命为公司总经理的奖20000元。决定一公布，公司上下一片哗然。有人不相信，天下哪有这么好的老板？但事实证明老总所言非虚。这件事在行业内引起了很大的反响。本来很多人以为，公司会由此而产生人才断档，却不想老总在几天内就找到了公司所需要的人才。那几个人也是从别的公司跳槽而来。有人曾私下里问过那几个人，他们说，他们是因为看中老总的人品才投奔他。

从那之后，公司的人才流动很快，老总在奖励上花的钱也越来越多。但奇怪的是，公司并没有因此垮下去。相反，公司的生意却越做越好。这是为什么呢？通过长久的观察，终于发现了公司发展壮大的秘密。原来，公司现在的一些大客户，大多是过去跳槽出去的那些人才所在的公司。

至此，人们终于明白了当时老总为什么要奖励那些跳槽者。一个人才要走，留是留不住的，不如干脆让他在离开前留下较好的印象。人具有善良的一面，人才到了新公司往往会出人头地，如果有机会，他怎么也得帮老“恩人”一把。

给别人留下发展的空间，为自己埋下发展的“伏笔”，这就是双赢。

（摘编自：《重奖跳槽者》，帮帮文库，http://www.woc88.com/fd-13101194.html）

拓展空间

案例一：书面离职环节别忽视，口头通知不能作数

案例回顾：王某是一名销售人员，在一家科技公司工作到1月底，此后再未到岗。日前，王某与用人单位因解除劳动关系时的经济补偿金问题对簿公堂。公司认为，春节后王某未到岗，单位为此向其邮送了《返岗通知书》，而王某仍未到岗。因此，单位以王某旷工、违反公司制度为由解除了劳动合同。王某对此说法不予认同，他表示，自己在1月底已口头告知公司，因公司未缴纳社会保险，故要求解除双方间劳动关系。但王某最终未能就“口头通知”提交出证据。

案件解析：《劳动合同法》第37条明确规定，劳动者需要以“书面形式”通知用人单位，而不能简单地一走了之。劳动者在离职时有法定的通知义务，时间和形式在法律条文中都已给出具体规定，劳动者不能图一时之快而忽略自己应履行的义务，最终造成不必要的麻烦。

案例二：提前30天以书面形式通知用人单位

案例回顾：小力是一家机械厂的电工，他与单位签订了一年期的劳动合同。去年12月，小力利用双休日时间给老乡开办的企业修电机，老乡见小力技术熟练，便想挖他来。双方谈好后，小力决定辞职。领完年终奖，小力打了辞职报告，但领导以工作任务繁重为由，告知小力即便要走，也要等3个月以后。

案件解析：从本案的情况来看，企业的做法是错误的。我国《劳动合同法》第37条明确规定，劳动者提前30日以书面形式通知用人单位，可以解除劳动合同。劳动者在试用期内提前3日通知用人单位，可以解除劳动合同。关于提前通知用人单位的日期有两种情况，一种是合同期职工，一种是试用期职工。回到本案中，小力属于合同期职工，故小力在提交辞职报告满30日后，不管老板是否同意，他都可以离职。老板以工作需要人手为理由延长职工的离职时间，这种行为是不合法的。

案例三：企业可否约定超过30日的辞职预告期?

案例回顾：外来务工者王先生在一家电子企业工作，该企业属于季节性的生产单位，没活的时候放假，有活则要加班，且收入微薄。王先生决定跳槽。他和新单位说明回到上海后即提交辞职报告，30日预告期过了就来这里上班。谁知，王先生在提交辞职报告时被告知，

在他签订劳动合同时，其中提到由于工作的特殊性，辞职预告期设定为60天。这样的情况让魏先生非常“头疼”。

案件解析：此案例同样适用于《劳动合同法》第37条的相关规定。劳动者要提出离职的申请，只需提前30天即可，一旦预告期满，职工就可以离职，无须任何理由。本案中王先生虽与原单位“有约在先”，但企业要求将预告期调整为60天，已违反了国家法律，故此部分约定属于无效内容。王先生可以在30天满后立即离职，同时如果企业给员工造成损失，员工可以通过法律途径要求企业做出相应赔偿。

案例四：
提交辞职报告未满30天，企业可以决定员工的最后工作日吗？

案例回顾：广告公司的小马因工作任务繁重，颈椎发生了病变，他想换一份轻松的工作，于是提交了辞职报告，并约定提交后30日离职。公司先做了挽留，但小马未同意。公司一气之下，告诉小马辞职已批准，并要求他当天收拾办理交接。

案例解析：针对小马遇到的情况，在辞职报告需提前30日提交的大背景下，可以从以下三个角度分析：

（1）双方都同意提前离职，职工可以马上走人；

（2）企业担心员工心理浮躁，影响整体工作效率，可以请员工回家，但须支付一个月工资；

（3）企业不想让员工不干活直接拿钱，那么可以扣留员工到预告期满（30天）。

案例五：
离职申请可以因病撤销吗？

案例回顾：高女士与所在投资公司签订了无固定期限劳动合同。去年1月，她递交辞职报告，准备跳槽到一家投资公司。其间，高女士在做身体检查时，诊断显示淋巴细胞出现问题。她想撤回上交的辞职申请，和公司两次协商未获同意。高女士认为，她提交报告还不满30天，企业应该同意撤回。

案例解析：高女士虽然遵照《劳动合同法》第37条提前30天提交了辞职报告，可其中有一点不容易引起人们的重视：劳动者辞职是单方行为就能使权利发生法律效力的形成权，但并不享有任意反悔撤销辞职的权利。所以，一旦提交了辞职报告，员工就不能再撤回。由于离职申请是高女士主动提出的，所以不适合《劳动合同法》第42条的规定，即：患病或者非因工负伤，在规定的医疗期内的，用人单位不得依照本法第40条、第41条的规定解除劳动合同。所以，除非企业和员工两方达成共识，均同意撤销则可以撤回。如企业不同意，那么申请人将无权撤回。

案例六：
“一次性”离职方案要慎签

案例回顾：刘某是一家工程公司的项目经理，去年他向公司提出离职，为尽快办理手续，他与公司签订了《解除劳动关系协议》。双方约定因其个人原因离职，刘某在职期间的工资、奖金及提成等进行一次性结算，共计8000元。3月，刘某提起劳动诉讼，要求公司支付其在职期间的加班工资、奖金等共 2 万元。之后，公司提交了双方曾签订的《解除劳动关系协议》，证明已向刘某进行过一次性支付，双方已协商。最终法院以双方已约定一次性结算并履行完成为由，驳回了刘某的全部诉讼请求。

案例解析：在解除劳动关系时，用人单位可以和员工通过一次性处理的方式协商解决双方所有权利义务。在不违反法律和行政法规的强制性规定的情况下，双方签订《解除劳动关系协议》就可以产生法律效力。协议已经履行后，如劳动者想要反悔，一般很难得到法律的支持。

案例七：
已签订《竞业限制协议》，离职前要三思

案例回顾：张先生是某公司研发部门的骨干技术人员。由于工作的特殊性，他与用人单位之间签订了《竞业限制协议》，期限两年。去年，张先生以个人原因为由向公司提出离职申请，跳槽到一家总部位于上海的公司，而两家公司存在同行竞争关系。张先生的原工作单位以他违反竞业限制义务为由，先后提起劳动仲裁和诉讼。最终法院认定，张先生违反竞业限制义务，判决其向原工作单位支付 10 万元违约金。

案例解析：我国《劳动合同法》第 23 条明确规定：用人单位与劳动者可以在劳动合同中，约定保守用人单位的商业秘密和与知识产权相关的保密事项。对负有保密义务的劳动者，用人单位可以在劳动合同或者保密协议中与劳动者约定竞业限制条款，并约定在解除或者终止劳动合同后，在竞业限制期限内按月给予劳动者经济补偿。劳动者违反竞业限制约定的，应当按照约定向用人单位支付违约金。除了《竞业限制协议》外，保密协议约定和服务期约定，需要劳动者格外注意，一旦签订了这 3 种“约定”，跳槽前万不可鲁莽行事，否则很有可能跳槽不成还惹上官司。

案例八：
不辞而别不可取，造成损失要赔偿

案例回顾：王 × 是某动漫公司绘画设计师，他与公司签订的劳动合同中约定：不定时工作制，按件取酬，多劳多得。去年下半年，公司有一档动画片制作的任务，他加班加点完成了初稿。双方结账时，因计算方式不同而产生了争议。协商无果后，王 × 没有再到单位上班。1 个月后，他收到劳动人事仲裁委发来的传票，公司认为因为他的不辞而别给单位造成了损失。

案例解析：公司的做法是合理的。如由于员工的不辞而别而使公司造成了损失，公司有权通过法律途径向该员工索要赔偿。在本案中，王 × 的做法显然不理智。员工与公司间因劳动报酬产生争议，员工可以通过法律途径维护自己的合法权益。即使想要离职，也应该通过正常的程序进行办理。如果这样做，王 × 即便是自己单方面提出解约，也还可以索取经济补偿金。

案例九：
“骑驴找马”使原单位造成损失，将与新东家共担责

案例回顾：李 × 在一家公司任高级技术人员。由于在该公司工作不顺心，她决定跳槽。

她找到一家单位，并签订劳动合同，随后便向公司递交辞呈。公司以其非法离职给公司造成经济损失为由，要求她和新单位赔偿损失，共计 2.7 万元。

案例解析：本案例中，她这种“骑驴找马”的做法看似稳妥，可一旦因影响工作，对原单位造成损失，她本人和新单位都难辞其咎。我国劳动法第 99 条明确规定：用人单位招用尚未解除劳动合同的劳动者，对原用人单位造成经济损失的，该用人单位应当依法承担连带赔偿责任。

（摘编自：《关于跳槽的十大案例讲解》，找法网：http：//china. findlaw. cn/laodongfa/cizhitiaocao/1290191. html）

左转还是右转
——良好择业心态的培养

聆听之声

毕业后，大学的尽头是社会生活与成人的世界。对未来美好生活的憧憬，对事业前景的忧虑，导致一些大学生精神压力过大。

就快毕业了，想去实习，可是心里有点迷茫，不知道以后往哪个方向发展。突然觉得什么都不想做，做什么都没有劲，这样下去好恐怖："我身上承担着那么多的社会期待，我不想让家人失望，想把握好自己的人生，可却总是很迷惘……"

如今，面临毕业，面临就业，心中有万千的感慨。当他人因求职成功而感到兴奋时，我却是彷徨，为什么呢？因为我的双眼似乎没有真正地看清这个世界，我想实现自己的人生价值，到达成功的彼岸，可我不知道该往何处走。"罗马"只在我心中，现实中却不为我所见。

老师，您知道吗？我担心当我踏上自己所选的"通往罗马的大道"并且走了很久，才发现前方是万丈深渊抑或是一片沼泽，那时我该怎么办？

我希望自己成功更容易，但是，这个世界怎么会有这么多希望成功而最终却平凡的人呢？我想他们就是因为未曾找到一条适合的路，只凭自我感觉走，结果，却又一次颠沛流离……

智慧点拨

毕业，对于大学生来说，是一个既兴奋又担忧的词语。大学生渴望成长，又对他人具有依赖性。而就业更是压在他们心中的一块大石头，前文中大学生所表达的心声，就证明这两件事物的矛盾性。

"我的工作地点首选广东，其次是重庆，或者在云南工作也行。"在一家跨国公司的面试现场，当被问到"你打算在哪里开始你的职业生涯"时，经济学专业的小刘这样回答。考官皱着眉头问："我们打算在西部落后城市开拓市场，你有没有兴趣？""说实话，我从小地方来，如果还回到那里，有点无颜面对父老，还是大城市更适合我吧。"小刘作为一名普通的毕业生，因顾及面子而不愿意到一些经济相对落后的地方去发展。其实，从哪里开始自己的职业生涯，并不意味着就在此度过一生，关键还是要看公司的发展前景和自己的能力。在当前的就业形势下，很多高校毕业生都会感到焦虑不安，他们担心自己找不到好的工作，担心自己的未来没有好的发展。事实上，许多毕业生在择业过程中遇到的问题，往往是由于不正确的择业观念和不良的择业心理导致的。

追根溯源

为什么大学生会有不同的择业心理呢？

（一）错误的职业价值观

首先，一些大学生一味追求个人价值的实现，缺乏艰苦创业的思想准备。在择业中，他们希望自己能充分施展个人才华，实现自己的人生价值，然而，又缺乏艰苦创业的心理准备，不愿到艰苦的地方去，不愿到边远地区去，不愿深入基层。想走捷径，幻想成才的道路平坦笔直；想一举成名，一蹴而就。

其次，功利心理。渴望高收入和高地位，社会潮流以及校园经商的影响，诱发了择业中追求高经济收入的心理。

再次，盲从心理。一些大学生在求职现场盲目从众，寻找热门职业，报考的人数越多，他们对那些职业的渴求越大。如“三资”企业、外贸部门、政府机关等。

最后，攀比心理。大学生在初次就业中，评价自己的价值时常出现比心理，如果听到周围的同学选择名声好、效益好的单位，或去大城市或高层次部门发展，他们在心理层面，就会产生“我不能比别人找的单位差”的观念，在选择中，总把“比别人强”作为标准，不从自身实际出发，结果便错失良机，未能找到合适的工作。

（二）对自己缺乏正确的认识

首先，过高估计自己，确立了不切实际的就业目标。当理想与现实发生矛盾时，不能及时调整期望值，结果只能自寻烦恼，盲目追求。

其次，独立性差。依赖心理严重，即使毕业分配制度早已发生变革，还是不能独立求职，把大多数希望寄托于家长和学校。

再次，进取心不强。由于家庭条件优越，一些大学生缺乏吃苦耐劳的精神，对外界环境认知不正确，出现坐等工作的心理。

（三）焦虑心理

焦虑心理，是毕业生在择业准备期间普遍存在的一种不良心理，是在巨大的就业压力下产生的一种失落感和危机感，通常表现为紧张、烦躁、不安、忧虑和恐惧等。容易产生焦虑心理的原因通常为：对不断变化的市场把握不了，不确定何种职业更适合长远的发展；就业准备不够充分，对用人单位的一系列考核程序产生畏惧心理；学习成绩不够优秀，没有某些“硬件”证书，担心就业受阻；对已选定的职业缺乏坚定的信心，容易患得患失。

（四）自负心理

自负的学生，大多感觉自我良好，有一定的优越感。他们认为自己成绩良好、能力强、素质高，同时市场上专业需求量大，不愁找不到工作，因此容易对职业的定位偏高。

（五）从众心理

在择业过程中，从众心理指毕业生没有自己的见解和态度，不加分析地接受别人的意见，跟从他人的方向，不能结合自身实际，选择适合自己的职业。从众心理会导致毕业生所选的职业与自己的兴趣或专业不符，无法充分发挥自己的潜能。如此，不仅造成人才的资源浪费，也会阻碍毕业生未来的职业发展。

（六）依赖心理

依赖心理，指个体主观上不愿意付出努力，单纯依靠他人来帮助自己完成任务的心理。这种依赖心理会降低大学生的独立性和自主性，阻碍其思考能力、判断能力和分析能力的发展。习惯性的依赖心理会使大学生丧失自我选择和决断能力。他们即使就业了，也不能灵活地应对各方的压力。如此发展下去，就会落后于时代发展的脚步，被社会所淘汰。

（七）挫折心理

挫折心理，指某个体在致力于达到某一行为目标过程中，受到某种干扰和阻力，使目标无法实现而产生的紧张与消极的情绪状态。随着就业形势的日趋严峻，就业的压力不断增大，毕业生在择业时，不可避免会遇到种种失败或打击。在自我理想与社会现实之间出现偏差、自己的抱负得不到施展时，就会产生严重的挫折感。面对择业路途的坎坷，他们不是正视现实，客观分析原因，及时调整心态，继续迎接挑战，而是悲观失望、怨天尤人、自暴自弃。他们对前途失去信心，很容易走向极端。如果这种心理得不到有效调节，就可能形成人格障碍，不仅会影响毕业生的择业，更会影响他们正常的生活。

专家支招

（一）就业选择的权衡

大学毕业后干什么，你想好了吗？让我们一起来权衡未来的选择。

1. 公务员

利：有一定的社会地位及相应的权限；有稳定的收入与生活，有良好的保障；公务员收入不是最高，但福利好；职业轨迹确定，工作没有太大的浮动性；国家机构员工，本身带有荣誉性质。

弊：工作枯燥，较繁忙；有些机关人际关系复杂；考试较多，升职总与考试、考核挂钩；收入稳定，但没有大幅提高的可能，只能保持平均水准；没有晋升可能的人，缺少成就感；入行时竞争激烈。

建议：有志从政、想改变国计民生状况、想要稳定工作的人，可以选择考公务员。公务员这个工作，若心境淡泊，不失为不错的选择，能够保证安定的生活和相对稳定的个人时间；如果想要升职，则要有长期奋斗的决心和良好的人际关系，在踏实、积极、勤奋中体现自我。

2. **考研**

利：延缓就业压力，推迟就业期的到来；有些城市，有些学校能给研究生解决户口的问题；国家出台新的研究生放宽招生政策，考研相对容易，能够拿到更高的文凭；学术上有创见，可以沿着这个方向一直努力，毕业后获得稳定的工作。

弊：研究生毕业后，就业压力仍然存在，而且同样存在竞争者；读研期间，不一定能学到对自身职业有用的知识，浪费积累经验的时间；研究生的扩招，会出现和大学扩招相同的结果——研究生学历贬值，也许毕业后还需要继续深造，选择考博。研究生毕业或博士毕业年龄增大，失去年龄优势是此类学生的共性问题，特别是女生，更容易面临年龄歧视。学术研究层次越高，就业面越窄。

建议：如果对某专业、某种学问有无法遏制的热爱和相应的研究能力，可选择继续深造，终有一天会有建树。但如果考研只是为了规避和缓解就业压力，建议不要报考，研究生毕业后压力只增不减，而且会使你丧失积累经验的机会。

年龄有时是一种优势，因为年轻，有犯错误的时候也有改正错误的机会，一旦年龄大了，才开始接触社会，这些机会就会相应减少，善用年龄优势便是为自己留余地。

3. **国企（或事业单位）**

利：有国家做后盾，安全系数高；有稳定的收入，良好的福利保障；有些行业工作相对安稳，心理压力相对较低；国企注重员工素质，要求员工为人处事遵循一定规则，可以学到不少知识；在国企工作容易锻炼人，易形成良好的就业观。

弊：有的单位论资排辈，想要出人头地一般需要多年的奋斗；入门难；人际关系较复杂；中西部的国企，大多待遇一般。

建议：国企人际关系较复杂，初入其中的大学毕业生也许会摸不到门路，而按资排辈的现实也许更让心高气傲的大学生心生不服，当然，国企也正在克服上述弱点。国企能够全方位地锻炼人，总的来说，能进入国企发展是较好的选择。

4. **外企**

利：高薪，福利好，工作环境好；外企有系统的企业文化、管理制度，能够学到更多的东西；强调个性和创造性，有利于培养能力，也有利于搭建自己的人脉；注重员工发展，给予员工诸多培训；实力雄厚，一般不会出现拖欠工资、剥夺员工权利等现象。

弊：起点高，发展空间不大；工作量大，加班是常态；竞争激烈，打入核心机构难上加难，可能性基本为零；一些企业对外语有较高要求。

建议：外企的高薪高酬是很多毕业生追求的目标，进入外企，感受成熟的企业环境和管理系统，有利于毕业生学到更多的东西，不论是个人能力、行业观念、企业文化意识，外企都能够全方位地充实员工的头脑。但是，外企竞争激烈，职位也只能到一定级别，有些聪明人会进入外企学习先进的管理经验和技术，然后自己创业。

5. **教师岗位**

利：有寒暑假，在一年 365 天中，真正工作的时间只有 2 月中下旬到 6 月底和 9 月初到第二年初，其间还不包括周末天数；普教系统（指小学和初中的义务教育系统）的教师退休时领取全额工资，高于同工龄的其他职业；评职称时，只有教师是“以评代考”，别的职业都是“以考代评”；弹性坐班制；可利用长假期外出旅游。

弊：工作辛苦，经常加班批改作业；电话24小时不能关机，一旦遇学生突发事件，随叫随到；粉尘污染是现实问题。

建议：做教师应具备良好的奉献精神，“桃李不言，下自成蹊”，社会尊敬教师，也凸显教师在社会中的重要地位。如果你具备良好的语言表达能力，专业功底深厚，教学具有感染力，有足够的耐心、爱心、责任心，那么，走进教师队伍也是一个不错的选择。

6. 自主创业

利：李克强总理鼓励全民创业，有利于获得国家大政方针政策的支持；大学生进行自主创业，有利于合理把握自己的时间；空间自由；满足个人成就感，付出多少拿多少；看得见摸得着，不限制任何行业和领域，小到街头摆地摊，大到自己开公司。

弊：自主创业的不利之处，在于不知道如何评估风险，需要投资多少钱；前期收入不稳定，若不懂运用管理模式，入手困难；若缺乏经验与指导，容易失败。

建议：辩证唯物主义认为，事物具有两面性。物质和精神，好和坏，对与错，发展到极端就会转向另一头，选择自主创业，就会面对事物规律两面性的考验，在自主创业路上的人多如牛毛，也呈现出20/80定律。如何在自主创业之前规避风险，是新手面临的较为头疼的问题，想要规避所有风险是不可能的，但是可以把风险降到最低。

（二）树立正确的择业观

马克思说：“能给人以尊严的只有这样的职业，在从事这种职业时，我们不是作为奴隶般的工具，而是在自己的领域内独立地进行创造。”

1. 把握职业方向

一个人的职业究竟向哪个方面发展，可以通过制定自己的职业计划来确定。只有明确目标，才会激励人们努力奋斗，并积极创造条件，实现目标，这样才可以避免无目标的行动，避免随波逐流，浪费青春。

下面的小练习你可以尝试一下：

选择一个你可以放松并独处几分钟的安静地方。闭上眼睛，尽可能清晰地想象出你在择业时该注意的问题。

· 你应树立的择业发展新思路是什么？

· 你在择业中存在的消极问题是什么？

· 你在求职时应注意的事项有哪些？

· 你克服择业恐惧心理需要做到什么？

· 你期望的工作单位是什么？

· 你对未来的规划是什么？

· 你可以在每晚睡觉前重复这个练习，例如重复一个星期。你注意到自己有什么变化了吗？在你的心中，未来的你的形象是不是更清晰了？

——摘自《大学生心理教育》

2. 乐观就业

积极向上，正确评价和定位自己，增强自信。

3. 做好积极竞争的心理准备

在当前的社会环境中，竞争能力无疑是成功的必备要素。机遇往往更偏爱那些有竞争意识的人。要在激烈的竞争中立于不败之地，就需要不断提升自己的能力，发挥自身的优势，充分展现自己的实力。同时还应培养积极的心态，要勇于竞争、善于竞争，掌握竞争的策略，积极推销自己，以便在求职择业的激烈竞争中脱颖而出，进而实现自己的理想与抱负。

4. 增强独立性

进入择业阶段，大学生的角色随之发生改变，社会已将他们作为成年人来看待，他们需要独立面对生活、择业及发展事业，并对自己的行为完全负责。

因此，大学生应当逐步树立独立意识，培养独立的思维能力和判断能力；充分发挥主观能动性，主动选择自己的生活、职业及未来的发展方向；灵活处理生活中的各种问题，坦然地面对挫折、打击和失败，如此才能在压力和竞争中脱颖而出，追求更大的发展。

正能量

追随与欣赏生活中的每一次美丽

有一天，柏拉图问自己的老师苏格拉底，什么是爱情？苏格拉底让他到麦田走一次，不要回头，在途中要摘一穗最好的麦穗，但只可以摘一次。柏拉图充满信心地去了。谁知过了半天，他仍没有回来，最后，他垂头丧气地出现在老师跟前，诉说空手而回的原因：“很难的。看见一穗看似不错的，却不知是不是最好，不得已，因为只可以摘一次，只好放弃；再看看有没有更好的，等已经走到尽头时，才发觉手上一穗麦穗也没有。”这时，苏格拉底告诉他：“那就是爱情，爱情是一种理想，而且很容易错过。”

柏拉图有一天又问老师苏格拉底，什么是婚姻？苏格拉底叫他到杉树林走一次，要不回头地走，在途中要取一株最好的树材，但只可以取一次。柏拉图充满信心地出去。半天之后，他一身疲惫地拖了一株看起来直挺、翠绿、却有点稀疏的杉树。苏格拉底问他：“这就是最好的树材吗？”柏拉图回答老师：“好不容易看见一株看似不错的，又发现时间体力快不够用了，也不管是不是最好的，便拿回来了。”这时，苏格拉底告诉他：“那就是婚姻，婚姻是一种理智，是分析判断，综合平衡的结果。”

柏拉图有一天又问老师苏格拉底什么是外遇。苏格拉底让他到树林走一次，可以来回走，在途中要取一枝最好看的花，柏拉图又充满信心地出去。两个小时之后，他精神抖擞地带回了一枝艳丽但枯萎的花，苏格拉底问他：“这就是最好的花吗？”柏拉图回答老师：“我找了两个小时，这是盛开最美丽的花，但我采下带回来的路上，它就逐渐枯萎下来。”这时，苏格拉底告诉他：“那就是外遇。外遇是诱惑，它也犹如一道闪电，虽明亮，但稍纵即逝。而且，追不上，留不住。”

有一天，柏拉图又问老师苏格拉底，什么是生活？苏格拉底叫他到树林走一次，可以来回走，在途中要取一枝最好看的花。柏拉图有了以前的教训，充满信心地出去。过了三天三夜，他也没有回来。苏格拉底走进树林去找他，最后发现柏拉图已在树林里安营扎寨。苏格拉底问他："你找到最好看的花了么？"柏拉图指着边上的一朵花说："这就是最好看的花。"苏格拉底问："为什么不把它带出去呢？"柏拉图回到老师："我如果把它摘下来，它马上就枯萎。即使我不摘它，它也迟早会枯萎。所以我就在它还盛开的时候，住在它边上。等它凋谢的时候，再找下一朵。这已经是我找着的第二朵最好看的花。"这时，苏格拉底告诉他："你已经懂得生活的真谛了。生活是追随与欣赏生活中的每一次美丽。"

（摘编自:《柏拉图有一天问苏格拉底什么是爱情》,豆瓣网:https://www.douban.com/note/191510929/）

测一测

你有压力吗？请仔细考虑下列一个项目，看它究竟有多少适合你，然后将你对每一个项目的评分，根据下面的发生频率表列出来。

频率：总是—4，经常—3，有时—2，很少—1，从未—0。

测试项目	频率
1. 我有背痛之苦	4，3，2，1，0
2. 我的睡眠不定，且睡不安稳	4，3，2，1，0
3. 我有头痛	4，3，2，1，0
4. 我颚部疼痛	4，3，2，1，0
5. 若须等候，我会不安	4，3，2，1，0
6. 我的后颈感到疼痛	4，3，2，1，0
7. 我比多数人更神经紧张	4，3，2，1，0
8. 我很难入睡	4，3，2，1，0
9. 我的头感到紧而痛	4，3，2，1，0
10. 我的胃有病	4，3，2，1，0
11. 我对自己没有信心	4，3，2，1，0
12. 我对自己说话	4，3，2，1，0
13. 我忧虑财务问题	4，3，2，1，0
14. 与人见面时，我会窘迫	4，3，2，1，0
15. 我怕发生可怕的事	4，3，2，1，0
16. 白天我觉得累	4，3，2，1，0
17. 下午我感到喉咙痛，但并非由于得了感冒	4，3，2，1，0

续表

测试项目	频率
18. 我心情不安，无法静坐	4，3，2，1，0
19. 我感到非常口干	4，3，2，1，0
20. 我心脏有病	4，3，2，1，0
21. 我觉得自己不是很有用	4，3，2，1，0
22. 我吸烟	4，3，2，1，0
23. 我独自不舒服	4，3，2，1，0
24. 我觉得不快乐	4，3，2，1，0
25. 我流汗	4，3，2，1，0
26. 我喝酒	4，3，2，1，0
27. 我很自觉	4，3，2，1，0
28. 我觉得自己像四分五裂了	4，3，2，1，0
29. 我的眼睛又酸又累	4，3，2，1，0
30. 我的腿或脚抽筋	4，3，2，1，0
31. 我的心跳过速	4，3，2，1，0
32. 我怕结识人	4，3，2，1，0
33. 我手脚冰凉	4，3，2，1，0
34. 我患便秘	4，3，2，1，0
35. 我未经医师指示使用各种药物	4，3，2，1，0
36. 我发现自己很容易哭	4，3，2，1，0
37. 我消化不良	4，3，2，1，0
38. 我咬指甲	4，3，2，1，0
39. 我耳中有嗡嗡声	4，3，2，1，0
40. 我小便频繁	4，3，2，1，0
41. 我有胃溃疡	4，3，2，1，0
42. 我有皮肤病	4，3，2，1，0
43. 我的喉咙很紧	4，3，2，1，0
44. 我有十二指肠溃疡病	4，3，2，1，0
45. 我担心我的工作	4，3，2，1，0
46. 我口腔溃烂	4，3，2，1，0
47. 我为琐事忧虑	4，3，2，1，0
48. 我呼吸浅促	4，3，2，1，0
49. 我觉得胸部紧迫	4，3，2，1，0
50. 我很难做决定	4，3，2，1，0

量表说明：

分数	PSTR压力程度分析
98 （93或以上）	你确实正以极度的压力反应在伤害自己的健康，你需要专业心理治疗师给予一些忠告，他可以帮助你消减你对于压力器的知觉，并帮助你改良生活的品质
87（82～92）	你正经历太多的压力，这正在损害你的健康，并令你的人际关系发生改变。你的行为会伤害自己，也可能会影响其他人。因此，对你来说，学习如何减除自己的压力反应非常重要。你可能必须花很多的时间做练习，学习控制压力，也可以寻求专业的帮助
76（71～81）	你的压力程度中等，可能正开始对健康不利。你可以仔细反省自己对压力器如何做出反应，并学习在压力器出现时，控制自己肌肉紧张，以消除生理激活反应。好老师会对你有所帮助，要不然就选用适合的肌肉松弛录音带
65（60～70）	你的生活中的兴奋与压力量也许相当适中。偶尔会有一段时间压力太大，但你也许有能力去面对压力，并且能很快地回到平静状态，因此对你健康并不会造成威胁，做一些松弛的练习仍是有益的
54（49～59）	你能够控制你自己的压力反应，你是一个相当放松的人。也许你并没有将所遇到的各种压力器解释为威胁，所以你很容易与人相处，可以毫无惧怕地担任工作，也没有失去自信
43（38～48）	你对所遭遇的压力很不易为之所动，甚至是不当一回事，好像并没有发生过一样。这对你的健康不会有什么负面的影响，但你的生活缺乏适度的兴奋，因此趣味有限
32（27～37）	你的生活可能相当沉闷，即使刺激或有趣的事情发生了，你也很少做出反应。可能你必须参与更多的社会活动或娱乐活动，以增加你的压力激活反应
21（16～26）	你对生活中所经历的压力经验不够，或是你并没有正确地分析自己。你最好更主动些，在工作、社交、娱乐等活动上多寻求些刺激。做松弛练习对你没有什么用，但寻找一些辅导也许对你有帮助

第八篇　导师管理

赫伯特·西蒙说："决策是管理的心脏，管理是由一系列决策组成，管理就是决策。"你在大学中做好管理了吗？

多证在手，工作不愁

——为大学生“考证”指点迷津

以人为镜

西蒙先生从事皮毛生意，最近几年行情较好，他赚了几百万美元。他在事业上虽然十分成功，但却一直未学会如何放松自己。他是一个神经紧张的生意人，并且常把生意场上紧张的气氛带回家里。这天西蒙先生和往常一样回到家里，心情烦躁不安。这时，西蒙先生的妻子走了进来，在餐桌前坐下。他用手敲着桌面，直到一名仆人把晚餐端上来为止。他很快地把东西吞下，他的两只手就像两把铲子，不断地把眼前的晚餐铲进肚子中。吃完晚餐后，西蒙先生立刻起身走进起居室。起居室装饰得很美丽，有一张长而漂亮的沙发，华丽的真皮椅子，地板上铺着高级地毯，墙上挂着名画。他把自己投进一张椅子中，几乎在同一时刻拿起一份报纸。他匆忙地翻了几页，急急瞄了一眼大字标题，然后把报纸丢掉，拿起一根香烟吸了两口，又把它放到烟灰缸里。过了一会，他突然跳起来，走到电视机前，打开电视机。等到影像出现时，又很不耐烦地把它关掉。他大步走到客厅的衣架前，抓起他的帽子和外衣，到屋外散步去了。

西蒙先生没有经济上的困难，他拥有两部汽车，事事都有人服侍他——但他就是没法放松心情。为了争取成功与地位，他已经付出全部时间，然而可悲的是，在赚钱的过程中，他却迷失了自己。

紧张难以避免，但若过度持续下去，会给身心健康带来难以估量的损害，所以我们要力争排解这种心理。

案例中的西蒙先生为获得成功而过度迷失自我，甚至到了不能正常生活的状态。人要学会放松自我，强迫自己“保持原来的情况忍受下去”，无非是在自我惩罚。

智慧点拨

可口可乐公司与百事可乐公司是一对竞争对手。百事可乐与可口可乐都盯死了对方，只要对方一有新动作，另一方肯定也会有新花样。可口可乐早在 20 世纪 20 年代，便在古巴用飞机在空中喷出烟雾，画出“COCA-COLA”字样，可惜因为缺少经验而失败。百事可乐在 1940 年，租了 8 架飞机飞了 14.5 万千米，在东西两海岸城市，以机尾喷雾，写下百事可乐的广告。

可口可乐当然要及时反击，为强化该饮料的形象，可口可乐赞助了 1939 年的纽约世界博览会，并请名人啜饮，将其照片刊在杂志封面。但相比之下，百事可乐的宣传广告方式更有创意。他们专门设计了一套卡通片，而且还创作了一首看似极普通却风靡全美的广告歌曲。两大巨头在竞争中可谓不遗余力，使出浑身解数来击败对手，结果二者在相互竞争中都有了长足的发展。

竞争，使人们满怀希望、朝气蓬勃、克服惰性，好的竞争促进社会进步和发展。竞争，也容易使人在长期紧张生活中产生焦虑，出现心理失衡、情绪紊乱、身心疲劳等问题。商家若没有强烈的竞争意识，就会在商战的角逐中失去立足之地。面对市场经济的惊涛骇浪，身处强手如林的商战战场，商家如何在巨大的压力下谋求生存与发展，又如何在市场纷争中脱颖而出？市场奉行的准则是公正而无情的，适者生存，强者发展，优胜劣汰。培养强烈的竞争意识是涉足商战的商家们必修的一课。

竞争是一种复杂的心理组合。竞争可以激发人的动机，使动机处于活跃状态，对人的智力起强化作用，它可以促使人的知觉更敏锐，注意力更集中，使人想象丰富、思维敏捷。大学毕业后，就业竞争让很多毕业生不敢懈怠，他们力图通过各种途径，改变求职现状，考证便成为大学生走向社会，改变命运的一种途径。在考证中，大学生不停地挑战英语四级、英语六级、计算机二级、普通话二甲、三级心理咨询师证等。有的同学为此奋力拼搏，有的同学则如小猴子搬玉米，或如蜻蜓点水，浅尝辄止，他们浪费了大量宝贵的时间，却始终不能如愿以偿。

追根溯源

（一）考证难如愿的原因

1. 未能理性认知结果

第一，陷入消极情绪难以自拔，不能用理智控制情感。

第二，不自信，对自己要求过高，造成压力过大，最后过分紧张，难以有效地学习和在考试时正常发挥。

2. 过高要求自己

第一，为了得到某样东西，让自己陷入过分紧张的情绪。持有这种信念的人，总担心稍有不慎，就得不到自己想要的结果，或者说每天处于紧张不安的情绪状态中，他们为此非常无奈。

第二，与他人攀比干扰了自己原有的生活，打乱了自己原有的目标。

第三，很多人认为紧张的情绪是由别人和外在事物引起的，并且相信如果外在因素改变的话，他们便不会如此紧张。实际上，人的情绪大部分是由自己的知觉、想法、评价引起的。因此，人应对自己的情绪负责。

（二）考证不成类型

1. 知识储备不足型

知识储备反映一个人基本的知识水平和素养，尤其是体现在分析和解决问题方面。考生在这方面暴露的问题较为突出，也很致命。在历年的考试中，我们发现，不少考生基础知识掌握不牢固、专业知识不系统、个人知识储备有限。目前，考证出题越来越灵活，对知识储备要求越来越高，考生在作答此类题目时，通常表现为逻辑性不强、答题内容不全面，缺乏对应性等，所以，提高自己的知识储备是应对考试的关键。

一般来说，储备知识有三种方法，第一种是内储。所谓内储就是通过保持高度记忆力和适当的紧张程度，对重点知识进行识记，通过理解来掌握考试中的知识点，这种方法主要适用于考试中的重点知识。第二种方法是近外储。所谓近外储就是以记笔记或存书的方式对次重点进行记忆，以弥补内储不足的情况。记笔记的方法有很多，比如提纲式、表格式、总结式等，建议考生针对自己的情况，有针对性地总结出一套适合自己记忆的方法。第三种方法是远外储。这种方法主要适用于那些考试中不常考的知识点，考生可以通过上网、查阅书籍等方式补充一些有关知识。俗语讲“积学以储宝”，知识的学习，是靠平时积累的，考前知识储备不足，容易造成对考试没有信心，觉得自己没有把握，考前焦虑甚至焦躁。有些考生往往在考试之前才查找各类调整心态的文章，阅读各类所谓考前秘籍，以求得考试过关，这样的方法是行不通的。

考前明确考点，认真累积知识储备，才是缓解考前心理紧张的根治根本的方法。只有诗书在腹，才有成竹在胸。一步一个脚印，尽可能地储备知识才能在考试中游刃有余。

2. 妄自菲薄型

妄自菲薄指过分看轻自己。我们常说人贵有自知之明，即我们要对自己的能力与价值有清醒的认识。对于部分学生而言，在考试中更可怕的不是知识储备不足，而是准备充足，却发挥不到位。在考试后，总有一些平时努力的考生成绩不理想。这类考生在考试中往往因考试压力过大而引发一系列异常生理和心理现象，比如考前焦虑、临场焦虑（晕考）。还有的考生，因为自己以往的考试失败的经历，对自己的能力做出错误的评估，以至于产生习得性无助，即因为重复的失败或惩罚，而造成一种对现实的无望和无可奈何的心理状态、对考试缺乏信心等心理状态。

3. 放任自流型

关键时刻掉链子和破罐子破摔，通常是前两种类型考生因放任自流所导致的后果。没有充分的知识储备，并且放任自己，或是说放弃自己。这类考生对待考试往往持一种无所谓的态度，看似不在乎，实则是一种自我否定，这是考前更忌讳的状态。

应对策略：改变能改变的一切，不到最后一分钟都不能放弃自己。同时，过分的自信，觉得考试万无一失，甚至可以提前庆祝，一样是不可取的。应张弛有度，随着自己心理状态的改变，动态地调整自己。想象自己是骑行在考试道路上的自行车，意气风发、自信满满，不断地鼓励自己，给自己打气，这样才能克服困难，取得胜利。

4. 学会自我放松

自我放松是主观自我对客观自我的评价，包括自我感觉、自我观察、自我分析和自我评价等。自我放松主要解决“我应该接下来怎么办”之类的问题。

第一，自我放松的过程。虽然人有需求与欲望，但这要与本人的能力及社会条件相符合。

每个人的生活有欢乐，也有缺失。俗话说："人比人，气死人""尺有所短，寸有所长"，心理调适的最好办法就是做到知足常乐。"知足"便不会有非分之想，"常乐"也就能保持心理平衡。要认识到自己是个独立的不依附于他人的人，其他人可以做到的事，自己也可以做到；其他人办不到的事，自己却有可能做到。

第二，自我放松的重要性。自我放松是我们进行一切行为活动的必要条件，如果这个条件准备得不充分，失败的可能性就会很大。追求的目标要符合实际，才不会产生过重的心理压力。其次，对荣誉要有正确的认识。屈原说："善不由外来兮，名不可虚假。"希望得到别人的尊重是正常的，但这种尊重的基础是自己有所作为，而并非无所作为、弄虚作假，否则，即使眼下得到尊重，终有一天会被唾弃。再次，人要有自知之明。自知之明包括对自己的长处和短处都应有清晰的认识。承认自己的长处，坦然面对自己的短处，实事求是地对待自己，虚荣心理就会大大削弱，就能避免许多麻烦的事情。最后，不必计较别人的议论。有些青年人好虚荣主要不是在于争到殊荣，而是在于对各种非议的避免。

专家支招

如何提升考证过关的能力呢？

（一）考前准备

1. 知识准备

依据招聘简章上的考试要求，结合考试内容进行准备。知己知彼，百战不殆。比如，参加教师招聘考试，我们要了解教师招聘考试到底考什么，这样才可以很好地应对。教师招聘《考试大纲》蕴含着出题者透露给大家的试题信息，了解出题者的意图才能占得先机。通过大纲，考生可以了解教师招聘考试的方向和内容，加强对考试的整体理解和宏观把握。

2. 技术准备

重视历年考试真题，根据真题了解招聘考试的题型特点、难易程度等，发现自己的弱点所在，为自己在复习中掌握好重点做准备。从真题中发现考试规律，如设置的陷阱、解题的要点等，汇总解题多种方法，要多看、多做、多总结，最后制定学习计划，持之以恒。

（二）笔试应试

考试前几天，要保持自己平时的学习和生活节奏，适当减轻复习的强度和难度，保持高质量的睡眠。

1. 应试物质准备

考前最好到考场实地考察一次，在什么地方乘车、乘什么车、要多少时间，考区的环境如何，是否准备点心、午餐、饮料。此外还需要准备好考试时需要的工具。

2. 考试中注意事项

考场中严格遵守考试规则要求。考生要在考前了解相关要求，把握考试时间，做好合理安排。同时做题坚持先易后难的原则，先做会做的，不要在难题上花费太多时间。对待难选和多选题时，若在选项中犹豫不决，建议考生采纳先入为主的方案，重视并适当应用第一感觉和直觉。总之，我们有选择地答题，可以在有限时间内争取高分，提高考试质量。

正能量

心中盛满阳光

境由心生。如果你把所处的环境看成是魔鬼，你就生活在地狱；如果你把周围的人群看成是天使，你就生活在天堂。如果你把所处的环境变成魔鬼，你就在制造地狱；如果你把周围的人群变成天使，你就在营造天堂。

好花要有好心情赏，有好的心情才能欣赏到好的风光。你的内心如果是一团火，就能释放出光和热；你的内心如果是一块冰，就是化了也还是冰水。

亚里士多德说，生命的本质在于追求快乐。生命快乐的途径有两条：第一，发现使你快乐的时光，增加它；第二，发现使你不快乐的时光，减少它。因此，面对让人不满的现象，面对自己成长的困惑与压力，我们要从中寻找阳光、快乐的因素。怎么做？改变态度。我们改变不了事件本身，就改变对这件事情的态度。在一个人身上发生的事情本身不重要，重要的是人对这件事情的态度。态度变了，事情的意义就会发生改变。“再伟大的人物，历史也不能为你折腰”。重要的是要认识到自己是一只“小小鸟”，感性做人、理性做事。

这也许是最好的自我保护与发展。当你改变了对自己、对事物的看法后，接下去的情形才会改变。生命是一个过程而不是一个结果。生命是一个括号，左边是出生，右边是死亡，我们要做的事情就是填括号。要学会享受这个过程——无论是精彩还是糟糕。不要找最讨厌的地方去体会。这个世界总有阴暗面，一缕阳光从天上照下来的时候，总有照不到的地方。如果你的眼睛只盯住黑暗处，抱怨黑暗，那你就被黑暗所笼罩。要知道，凡是过重看待人生的成功、荣辱、得失的人，实际上就是把人生看成了一种占有。活在当下，就是要对自己的现状满意，要相信每一个时刻发生在你身上的事情都是最好的，要相信自己的生命正以最好的方式展开。如果你对自己的现状不满意，那请你从事情的反面解释现状——你抱怨现状不好，是因为你没看到比现状更坏的情况。每时每刻尽量查问和审视自己的生存状况，努力做到快乐时不忘形，痛苦时不失态，要学会感恩。一个人幸福不幸福，在本质上和财富、地位、权力没关系，而由思想、心态决定。要学会原谅你的敌人。不原谅，等于给了别人持续伤害你的机会。被别人的语言伤害了，实际上是你的念念不忘伤害了你。假使有人说，“你这人真不是个东西”，你不能跟他怄气，请对他这样说，你说得太对了，你揭穿了人的本质，人类绝对不是一个东西，你我都一样。

“眼因多流泪水而愈清明，心因饱经忧患而愈温厚。”要学会理想与现实的加减法，要努力实现“理想与现实对立最小”的幸福人生。懂得关怀，获得朋友；懂得开心，获得轻松；懂得遗忘，获得自由——就能使你心中盛满阳光。

（摘编自:《心中盛满阳光》,道客巴巴,http://www.doc88.com/p-3127639243941.html）

拓展空间

成功的法则应该是放松而不是紧张。放弃你的责任感，放松你的紧张感，把你的命运交付于更高的力量，真正对命运的结果处之泰然……

——马克斯威尔·马尔兹

马克斯威尔·马尔兹是美国著名的整形外科医生和心理学家，他通过多年的临床实践和理论研究，发现了人的外表形象、气质、人生态度与内在自我意象的特殊关系，以及自我意象在人类行为中的关键作用，从而建立了一门新的学科理论——自我意象心理学。“自我意象”的发现是心理学和个性创造领域的一大突破。任何一个出色的整形外科医生，不管他本人的意愿如何，都是而且必须是一个心理学家。他在改变一个人面容的同时，也就改变了这个人的未来；他改变了一个人肉体的形象，也就同样改变了这个人——改变了他的个性、他的行为，有时甚至改变了他最基本的天赋和能力。

理性思维要有效地改变信念和行为，必须伴随以深切的感觉和强烈的欲望。想象自己会变成什么样子或者会得到什么，暂时假定这些是可以实现的，从而唤起一股强烈的欲望和热情，并在心里不断地想着这些事情。你目前的否定信念是由思想加感情形成的，只要调动你的感情或者深切的感受，你的新思想和观念就会把旧的否定信念清除出去。

在你产生忧虑时，你首先在想象中非常生动地构思着一幅你不希望出现的结果或目标。你并没有努力或者运用意志力，但是你执着于“结局”。你不停地想，集中精力地想，在你心中想象它是“可能的事”。你受支配的观念是：事情“可能会发生”。这样不断地重复，想到“可能的情况”，使结局对于你来说变得越来越“真实”，经过一段时间后，相应的情绪也会自动地产生出来——恐惧、焦虑和失望。但是，如果你改变“目标图像”，你就能很容易地产生“良好的情绪”。你要不断地想象和思索一个你希望出现的结局，也可以使它的可能性越来越真实，于是相应的情绪——热情、欢乐、鼓舞、幸福，等等，也会自动地产生。

校外租房你、我、他

——大学生“租房族”案例教育与心理发展

以人为镜

案例一：5月29日是贵阳××大学要求本校所有在校外租房居住的学生搬回学生公寓的最后期限。5月23日，该校一女生在所租房屋中因遭遇色魔而跳楼致瘫，“租房生”安全问题引起高度关注。

××大学是贵阳市一所专科层次的城市大学，主校区位于市郊龙洞堡。发生上述事件的出租地点，距校区有1000多米的路程，为农民自建的两层砖混结构楼房。

据当事者××大学文法系涉外文秘专业2002级学生雷荣花（化名）回忆，23日凌晨大约3时许，正在熟睡中的她在一阵强烈的窒息中惊醒，一个戴口罩的男人右手持刀对着她，左手狠狠地掐着她的脖子。

歹徒逼迫雷荣花脱光衣服，雷拼命反抗。搏斗过程中，对方的左手始终没有离开她的脖子，右手则一刀刀疯狂地刺向她，将她右手上臂划破深入至骨，左手小趾削掉1/3。雷也将歹徒的口罩抓掉，脸部抓伤。20多分钟后，精疲力竭的雷假装停止反抗，趁歹徒松手的一瞬间，她猛地扑向一米外的窗户，向楼后的玉米地跳了下去……

一周过去了，雷荣花被歹徒击伤的右眼及右耳依然极度红肿，右手臂的伤口缝了10多针，下半身却丝毫动弹不了……

案例二：小欣上学时，同宿舍的5位同学都出去租房了，就只剩下她一个人住寝室。在校外租房的同学偶尔回宿舍，所以很少能看到她们，这样因不经常见面而使得同学间沟通较少，感情自然也淡漠了。“我的一位姓周的同学是我以前很要好的朋友，她从大二就和男朋友同居了。”当谈起与在外居住同学的关系时，小欣显得有些无奈，好像与她们之间多了一层隔膜。小欣说，校外租房居住的大学生，往往被学生们归为“租房族”，“租房族”上课期间，他们所租房中财物经常被盗，但由于学校明令禁止租房，他们如果被盗，往往不敢报警，以免被学校知道后受罚。

智慧点拨

因校外租房事件产生的悲剧不止一例，各高校需重视大学生校园安全问题。

2004年，教育部下发《关于切实加强高校学生住宿管理的通知》，规定原则上不允许学生自行在外租房居住。时隔一年，教育部在新的通知中却回避了这项禁止性规定，只提到“对极少数坚持在校外租房的学生，也要制定措施，力求做到相对集中管理，努力为学生人身和财产安全提供保障”。2007 年 6 月，教育部再次下达通知，重申 2004 年的规定，更明确“严格加强校外住宿学生的教育和管理。原则上不允许学生自行在校外租房居住”。这经历了“松绑”又复出变革的教育“禁租令”在非议声中延续至今，但大学生校外租房却屡禁不止。据新华网一次在校大学生校外租房调查显示，超过 15%的学生有租房经历，超过 35%的学生表示，有意愿在校外租房。因此，各高校应从实际出发，思考大学生校外租房背后所隐含的价值冲突、利益博弈与制度绩效问题，进而推进高校住宿管理理念、模式的创新发展。

在大学生享受着租房自由生活的同时，一些安全危机也随之而至，且随时有可能爆发。因此，大多数高校对大学生校外租房，一般持比较保守的态度。由于大学生租借的私人住房不属于学校的管辖范围，且较为分散，学校查寝困难，容易给安全管理带来隐患，也使得学校对校外租房大学生的保护有限。特别强调的是，与多名互不熟悉的人合租，或毫不相识的“异性合租”，是大学生校外租房的大忌，其形成的安全隐患最大，可能造成的危害往往也最严重。

在校期间未遵守校纪校规，擅自校外租房，引发事故的事例常有发生。若因特殊情况，如校外实验研究等需在校外租房，必须严格履行审批手续，经过家长、学校同意，并详细考察社区治安和出租房屋状况后方可选择租房。同时，尽量不要单独租住，更不能与不明底细的人合租；在租房地夜间应少外出，要提防坏人跟踪。同时，将租房地址告诉老师和同学，并保持联系。

追根溯源

（一）大学生中哪类群体租房动机较为明显

1. 备考型

在众多的租房人员中，考研族是一个庞大的群体，由于考研族苦行僧式的学习生活与其他学生节奏不一样，室友相互影响较大，有的还会激化矛盾。因此，只要经济条件允许，他们会选择搬出寝室，为自己备考赢得更多学习时间与相对安静的学习空间。此外，还有一些在短期内临阵磨枪应付各门功课考试的学生也会搬出寝室，虽然租房花费较高，不过在非常时期，一些家长也持赞同观点。

2. 谈恋爱型

据调查，近年来同居现象普遍存在，2012 年《中国大学生》杂志公布的一项调查资料显示，我国沿海开放城市的高校学生中，有过同居行为的在该地区大学生所占比例高达 60%，即使在一些内地中小城市的高校学生中，有过同居的也不下于当地大学生数量总和的 20%。但是，根据我国当前的教育法规和各高校的规章制度，学校显然不允许这些恋爱族在集体宿舍营造自己的二人世界，因此校外租房居住成为他们的选择。

3. 生活习惯和自由型

在大学中也有这样的一些同学，他们要么不善于处理同学关系，要么不习惯集体生活，在几个人合住的寝室，会感到非常不适应。他们认为，在校外租房营造一个真正属于自己的生活天地和自由空间，既清静又省事。

还有一些学生喜欢自由，这些学生爱跑爱动爱玩，喜欢到校外跑来跑去。心血来潮时，想去哪儿就去哪儿，想做什么就做什么，在宿舍住，不但受老师、班干部的管理，还要按时熄灯、打扫卫生等，他们不习惯这样的管理模式，从而选择校外租房。

4. 节约型

还有一些属于节约型的学生，他们往往是四五人共同合租民房，共同出钱并生活在一起，称之为拼族。拼房拼饭，算算租房和做饭的总费用，比在学校吃住要节约，可谓是“丰衣足食”，在他们眼里，这样悠闲自得其乐的生活，对他们来说何乐而不为。

5. 奋斗型

有的学生因家庭经济困难，或是想提前进入社会闯荡，他们白天在校上课，晚上在外打工，来往学校或早或晚，多有不便，在打工地住宿有时还不用房租，于是不顾校纪在外住宿。查寝室时，这些学生的被褥还留在宿舍，学校检查往往不易发现，他们成为隐蔽的租房者。

6. 迫不得已型

有些学生，因身体不适或照顾家人的需要，与以上各种校外租房的学生相比，其产生校外租房行为属于迫不得已。如有的学生患慢性疾病需要中药慢慢调理，有的学生患有隐性传染病但不想放弃课堂学习，有的学生需要照顾生病家属的衣食起居，对这部分具有特殊困难的学生而言，他们的校外租房是可以理解的。

（二）租房现象面面观

1. 学生的心态

据调查，大部分学生对“禁租令”较为不满，他们认为是否选择校外租房是大学生的基本权利及隐私，不应受到干涉。大学生理解学校“禁租”原因出于安全考虑，但只有少数学生愿意搬回宿舍。“学校宿舍满足不了我们的需要，就算学校不允许我们也会这样做，大不了交两份钱。”“只要学校的住宿费照付就行了，学校很少检查，就算检查我们也不怕。”“宿舍里的生活用具、床上用品摆放整齐，就可蒙混过关。跟舍友搞好关系，一般没人会告密。”

2. 家长的看法

在与家长的谈话中，我们发现，88.3%的家长对于孩子在校外租房并不知情，大部分家长持反对意见：“要是知道他把钱拿去租房我肯定不同意，要在外面学坏了怎么办？”“在外面住万一出了事谁负责？还是住在学校放心。”但有些学生事前跟家人商量过，家长也表示体谅，“她跟我说过要准备考研，在外租房比较自由，看书没人打扰，睡眠质量也高。”

3. 学校的作为

从学校层面看，不让学生到校外租房，一是考虑安全问题；二是学生入住集体宿舍，便于管理和交流。但是“禁租令”执行起来很有难度。一方面绝大多数高校并没有把学生是否必须住校写进校规，对外宿准许条件，不同学校松紧把握不一；另一方面，学校不可能实时掌握几万名学生的住宿情况，如果没有学生干部做眼线，很难发现擅自在外租房的学生。

学校一方面要求学生不得擅自外宿，另一方面学生提出外宿申请，绝大多数都审批不过。这样，学生很容易产生误解：反正向学校申报外宿也批不了，还不如直接瞒着学校到外面住，这便成了制度设计上的困境。有的学生不在乎奖学金、优秀学生干部等荣誉，就算学校处分也不愿搬回学校，校方只能“睁一只眼，闭一只眼”，很是被动。这种情况下，校方应告知其可能产生的后果和个人应承担的责任并备案。

4. 外部环境的诱惑

从房屋出租方看，一些出租者说，他们的房源很好，经常供不应求。离学校越近生意越好，一间屋子有床、写字台、卫生间，需要提供空调、宽带的也有，不用办什么手续，交钱后便可入住。交一个月住一个月，不用签合同，也不用押证件。一旦租晚了，暑期还可能涨价，而且现在的大学生大多兜里有钱，对住的条件要求很高，有的还会自己添置电视机、洗衣机、冰箱等设备。

（三）大学生校外租房利弊分析

根据长期的调查研究，大学生校外租房有利有弊，弊大于利。

1. 利的一面

（1）形成多元化社会模式。当前社会发展日益表现出多元化的特点，如果社会上有正规化管理的公寓，学生在居住上便多了一些选择。学生选择住校或校外租公寓是学生的自由，这对高校的后勤管理也可以起到促进作用。高校今后的发展也应以传授知识和培养人才为主，至于学生选择在哪居住，采取何种生活方式，可提供给他们自由选择的空间。

（2）提高自主能力。大学生通过家庭支持或自己打工挣钱在外租房，对培养他们的独立生活能力有着重要作用，从一定程度上，提高了他们的社会实践能力。

2. 弊的一面

（1）校外租房不利于大学生身心健康成长。在外租房没人管教，只能靠自觉，大多数学生自律性差，容易养成散漫的生活习惯，不能按时上课。他们的集体荣誉感容易淡化，校外租房远离大学生群体生活，容易沉迷于个人世界，与教师同学沟通交流少，导致狭隘、自私的心理，形成孤僻的性格。

（2）安全没有保障。大学生独自在外生活存在很大的安全隐患，小到水、电、煤气等生活设施的安全问题，大到社会上存在的治安问题。大学生所租住的闲置房，往往处于社区文化落后、居民素质参差不齐、管理秩序较混乱的片区，甚至有些根本就是管理的盲区，有些租住房就是高校附近村民自己建造的非法建筑。校外住宿使大学生面临着难以预料的人身安全问题。

（3）失去校园文化熏陶。大学生在校期间，不仅要从课堂教育和书本中获取知识，而且还要从丰富多彩的校园文化中吸取营养，学会做人，学会生活。校外租房远离集体生活，同学之间的交流机会减少，容易沉迷于个人世界，大大降低学生们的集体主义情感，也容易形成自由散漫的生活习惯。校外租房在一定程度上缺少了校园文化氛围的熏陶和感染。

（4）加大生活费用开支。每个父母都希望自己的孩子在学校不受委屈，希望自己的子女在学校里生活得更好一些或者有一个更好的学习环境。因此，学生家长对孩子的要求很难拒绝，对其众多的谎言将信将疑，却出于不愿子女受委屈的心理，给学生的生活费用越来越多。但在校外租房的学生也并不全是家庭富裕的学生，有的学生家庭比较贫困，在校外租房实际上会给家庭和父母增加经济负担。

（5）过早地放弃学业。智慧、意志和自觉意识在适应环境的过程中具有重要价值。适应能力的提高，不仅对四年大学生活有重要意义，而且对今后适应各种环境、处理好人生道路上遇到的各种问题都有重要价值。不要因为一时的安定，而放弃一生的梦想。

专家支招

（一）大学生校外租房意外的防范办法

1. 女生如何防身

（1）不要与男性独处一室。

（2）不要穿过分暴露的衣服。

（3）不要给陌生男子带路。

（4）不要给陌生男子开门。

2. 校外租房如何防盗

（1）思想上高度重视。随时提高警惕，对自己的财物小心保管。

（2）现金最好的保管方法是存入银行，且密码复杂化，不要用自己的生日、学号及通信工具号码作为密码，更不要让他人知道。贵重物品如手机、照相机、笔记本电脑等，不用时最好锁到柜子或箱子里，住底楼的同学出门时要记得关好门窗。

3. 发生火灾时的自救方法

首先，争取时间，尽快脱离现场。不要为穿衣服、找钱财等琐事而耽误逃跑时间。现场有浓烟时，应尽量放低身体或是爬行，千万不要直立行走，以免被浓烟窒息。衣服被烧时不要惊慌，可立即在地上翻滚以使明火熄灭。

其次，扑灭火灾时，应注意先切断火场的电源和气源；同时要注意先转移火场及附近的易燃易爆危险品，实在不行则应当设法降温冷却。

再次，火灾发展阶段火势较猛，这种情况下应立即拨打119火警。报警时应沉着镇静，清楚扼要地讲明起火点、燃烧的物质及火势情况。

4. 受到人身侵害时做什么

首先，遇到侵害时，首先要保持清醒的头脑，保持镇静，临危不惧。临危不惧的态度可以对罪犯起到震慑作用，使犯罪分子在心理上感到胆怯。

其次，遇到侵害时要善于反抗。根据周围的环境寻求摆脱、反抗及求救办法。

再次，寻求适当的机会和方式逃脱。例如可先假装同意对方要求，使犯罪分子放松警惕，然后趁对方注意力分散时，使尽全力将他推倒，及时逃跑并高声呼救。

5. 防止形形色色骗术

随着社会治安的日趋复杂，形形色色的犯罪分子往往在思想单纯的大学生身上打主意，借结交之机、推销或招聘之名，变换手法，施展骗术，引诱学生上当。主要方式有：

（1）伪装身份，骗取钱财。一些骗子把自己伪装成学校领导、本校师生、名校学生或遭遇不幸者等，直接骗取学生的信任或同情，索要钱财；或以发生意外需要接收汇款为名借用学生的手机，借用学生的储蓄卡、信用卡并套问密码，以达到骗财的目的。

（2）投其所好，引诱上钩。常见骗子以帮助办理出国手续、介绍工作等手法为诱饵达到行骗的目的。

（3）利用关系，寻机骗钱。校外租房的学生的出租房里，常有一些来寻访的同学、老乡之类的人，其中有真有假，有些同学缺乏经验，轻易相信他人，结果被骗子骗去了钱财。

（4）用假手机诈骗，其伎俩主要有以假换真、低价贱卖、抵押借款等。

6. 大学生遭遇抢劫时应如何处理

校外发生的抢劫案件在时间上多发生在晚上，地点大多是僻静处，正在恋爱的同学，不要在光线不好的僻静处行走和逗留。如果必经偏僻路段，要三人以上结伴同行。

首先，在遭遇持械抢劫时，同学们尽量不要抵抗，避免受到人身伤害。不要过于惊慌，但要装作很害怕的样子，快速将少量的钱财交出，尽量减少损失。

其次，一定要尽量看清作案分子的体貌特征和逃跑方向，在案发现场附近寻找电话，以最快的速度报警，以便为公安机关破案提供时间和线索。

再次，在单人作案而且没有持械的情况下，如果比抢劫人的身体条件好或人数处于明显优势，可以借故拖延，环视周围没有同伙时，用言语分散其注意力，之后趁其不备将其制服，就近送往保卫部门、公安机关，或逃脱后向公安机关报案。

（二）学校如何引导大学生走进寝室

1. 创建和谐的宿舍文化

学生宿舍是对学生进行思想教育和素质教育的重要场所，应以温馨的寝室文化、团结互助的寝室氛围吸引学生，潜移默化地影响学生，提高宿舍寝室的凝聚力，让学生自愿在学校住宿。可以通过开展文明寝室设计大赛，自创室歌、室标比赛，寝室故事征文比赛，选举寝室标兵等一系列活动，加强学生之间的交流学习，增强学生的集体荣誉感，使学生在宿舍中找到归属感。

2. 加强宿舍硬件设施建设

宿舍设施条件太差，不能满足学生的住宿要求，是较多学生在外租房的原因。现在大部分学生的家庭生活环境较好，但高校几十年来的后勤服务体系、硬件设施相对落后。因此，高校应加强宿舍设施建设，加大对学生宿舍的投入，改善学生宿舍的居住条件，提高食堂饭菜质量，使校园宿舍管理更人性化，为大学生创造更为舒适、温馨的生活环境和休息空间。

3. 构建和谐寝室关系

构建和谐寝室，需从以下几个方面着手：

（1）精细管理，加强个体心理引导。一个人的个性品质往往直接影响着他的交往质量。应对个体进行精细管理和引导，通过心理辅导，帮助学生认识一些不利于构建和谐人际关系的性格特征；通过课堂与社会实践教学，教育学生认识人际交往的多面性，开阔包容心，提升个人修养，加强社会公德。加强个人心理引导，包括教授学生正确的人际沟通方法以及应对冲突的方式，使学生能从公平、客观、积极的角度看待问题，合理发泄，不逃避、不退缩；传授学生合理的人际沟通方法，如批评的艺术、拒绝的艺术、非言语手段的应用、换位思考与倾听的技巧。

（2）构建选择寝室的动态体系。从人际关系学来看，兴趣爱好、气质性格相近，形成互补是构成人际吸引的重要因素。有研究表明，大学生倾向于同“志趣相投，能互相弥补”的室友交往。“合不来”是构成寝室人际冲突的重要因素。也就是说，对于个性孤僻敏感的人，就尽量给他安排一些和善主动的室友与之互补；对于有相同兴趣爱好的学生，可以尽量安排在同一寝室。校方可以在学生入校一段时间后，开展一次以“我的理想室友”为主题的调查活动，让同学们挑选室友。校方可根据学生的反馈，对寝室做相应的调整。此外，还可以跨专业跨年级安排寝室，让不同专业的学生互相学习，扩大视野，让高年级同学对低年级同学在人际关系方面进行指导。

4. 采取适当的惩戒措施

苏辙有言：“惟教之不改，而后诛之。”诛，指重罚，意思是说教育之后还不知悔改者，可以进行处罚。一些专家和教师指出没有惩戒的教育，是不完整的教育。我们不能容忍和姑息个别学生的越轨行为，使多数学生的合法权益得不到保障。人与人的关系处理，必须要有控制自己的惩戒力，要用惩前毖后的方式来教育大学生，使其健康地成长。对擅自在外租房者，首先是教育，教育实在行不通，则采取惩戒措施。一些问题学生给同学、家庭及社会带来了负面影响，让这些人适当接受惩罚，对他们以后心理品质和行为习惯的养成有帮助。

我们应用辩证的观点来对待学生租房问题，不能够用老眼光看问题，不能搞一刀切，杜绝校外租房。而应因人制宜、因事制宜，否则只会禁而不止，甚至适得其反。针对学生实际情况建立外出租房申请制度，具体做法是：一些因身体不适、考研、专升本需要外租的同学，可以向学校提出申请，经审查后报批。规定学生申请材料中必须说明外住原因以及居住地点、联系电话、家长签字以及承诺在外租房安全问题由本人负责，并设计学生外住所需多种表格供学生填报，建立外住档案，定期派人走访外住学生宿舍，了解他们实际生活情况，做到发现问题及时处理。

5. 宿舍管理模式创新

高校的年年扩招，不断冲击着校园宿舍的承载底线，尽管许多新建、待建的校舍已在很大程度上改善学生的住宿条件，但仍无法满足学生们的多样化需求。那么要让学生转变观念，主动回归，就必须摒弃传统单一的宿舍管理模式，从完善宿舍软硬件设施着手，实行多元化服务和人性化管理，培养学生社区归属感。

（1）着力改善学生住宿条件。人民生活水平的提高，刺激着高校宿舍条件的改善。除了目前普遍采用的四人间、六人间宿舍，可以尝试推出不同收费水平的单人间、双人间或考研间，还可以把宿舍改造成套房，将卧室与学习、活动、会客间分离，既保护了个人隐私和交往，又减少了相互的干扰。学生宿舍要保证基本的冷热水和冷暖气的供应，配有卫生间、储物柜等设施，并提供洗衣房，学生活动室等空间。

（2）多元服务，彰显人性关怀。宿舍的管理服务水平关系到学生校园生活的利益和质量，任何制度的设计或建设规划都应从学生的多元化需求出发，本着以服务促管理、促和谐的理念，为学生提供多样化、人性化关怀，为学生的日常学习、生活带来便利。比如在复习迎考阶段，可以取消熄灯制或开放通宵自习室；放宽或取消对学生们的上网时限，对于高功率电器的管理，应从加强宿舍安全防范设施入手，对晚归学生应特事特批，酌情处理；宿舍安排或调换要充分考虑学生意见，让他们有选择宿舍、舍友的机会等，当前许多高校扩建使得宿舍区与教学区间的空间距离不断扩大，学校也应提供足够的代步工具来满足学生的需求。

6. 变堵为疏

老师和学生朝夕相处，要把思想从旧时代的教育思想束缚下解放出来，理清高校权责定位，转变观念，化“堵”为“疏”，让学生在多元自主的选择中获得个性、能力的发展。

在中国，许多高校都实行“托儿所”式的管理模式，承担着学生学习、生活等方方面面的“无限”责任。这不但易使学校因责权不清而陷入管理混乱，而且易造成学生责任感和独立性的缺失，阻碍大学生个性的发展。一味地“堵”非但不能使学生遵从，反而易激发其逆反情绪。所以，学校应该为学生提供适度宽松的政策，以疏导的方式分析利弊、耐心规劝，让学生对自我负责。

学校应充分认识到学生校外租房现象对大学生的不利影响，要在广大学生之间营造良好的舆论氛围，用正确的舆论引导大学生。学生教育和管理部门要加强对学生思想的教育，深入分析校外租房可能对学生带来的不利影响，让学生从思想深处认识其危害性，从而增强守纪意识，自觉杜绝校外租房。

正能量

让自己成为改变他人的人

大学生寝室文化，对个体的影响主要不是通过硬性灌输等外部强制力量来形成，而是通过寝室文化所形成的精神氛围和相应的物质环境，于潜移默化之中感染学生的情绪，陶冶学生的情操，美化学生的心灵。我们要着力增强大学生对社会主义核心价值观的认同感。好的寝室文化，犹如一锅好的泡菜汤，学生融入这个环境，犹如泡菜原料投入汤料之中，时间日久则会发生化学反应，影响着莘莘学子的思维方式、精神品质和行为风格，而正能量、同化效果会培育出具有完整人格和身心健康的高素质人才。

大学生寝室文化，具有一般校园文化所具有的思想教育、涵养人格、素质熏陶等基本功能，有利于和谐观念的培育与养成。要以社会主义核心价值观为统领，建立起阳光、和谐、至善、臻美的精神家园，形成强力正能量引领的磁场同化效应，发挥优秀寝室文化的浸润和引领作用。

先进的榜样人物所具有的影响力是深远的。大学生党员、学生干部、积极分子在寝室中的一言一行都起着示范作用，是培育和践行社会主义核心价值观的旗帜和榜样。当下，我们要在寝室文化中，充分发挥学生身边先进榜样人物的示范、引领作用。通过身边人教育身边人，身边人影响身边人，身边人引领身边人，渐渐从公民个体到社会组织，升华核心价值观的情感认同、理论认同和实践认同。

寝室是大学生共同生活的家。大学生在寝室共同生活中，养成和谐良好的交往方式，使其在走向社会、服务社会、改造社会的过程中，实现由“家文化”到“国文化”的跃升与拓展，并由个体到群体推而广之，进而能动地实现社会主义核心价值观实践拓展效应。

孟子说过：“近朱者赤，近墨者黑。”所以，我们应当完善自身，并成为一个可以改变他人、影响他人成长的人。

拓展空间

让学生学会自我管理

如果说“教，是为了不教”是一个优秀教师应努力达到的教学目标，那么我们同样可以说，“管，是为了不管”应是教师努力追求的管理目标。

青春期的学生独立意识增强，有些学生总是试图摆脱控制。面对这些学生因“独立”意识而导致的无规则扩张行为与不懂自律的心理，教师要做的不仅是管制，还需要从心理、行为方面加以引导，让学生最终学会自我控制、自我约束，学会自律。自律，就是要用正确的原则与思想要求自己，自我约束、自我管理，进而使自己的行为受到“应当”的规范。自律与他律不同，是一种自觉的行为状态。在自律中，“应当如此”已经成为指导人们行为的主观意愿，不带丝毫的强制性，这是对人的一种最高要求。通常学生在校期间所受到种种规章制度的约束，这属于被动的强制性的他律，而真正让学生达到自由状态的却是自律。教师要把学生由被动的他律转变为积极主动的自律，才能使教育教学真正为学生所接受。

责重于山

——如何培养大学生的责任意识

以人为镜

药家鑫，西安音乐学院大三学生。2010 年 10 月 20 日深夜，他驾车撞倒骑电动车的张某，下车查看，发现张某倒地呻吟，因担心张某看到他的车牌号，以后找其麻烦，便产生杀人灭口之恶念。他从随身携带的包内取出一把尖刀，上前对倒地的张某连捅八刀，导致张某当场死亡。杀人后，药家鑫驾车逃离现场，此后驾车逃逸至一十字路口时，再次撞伤行人。

2011 年 1 月 11 日，西安市检察院，以故意杀人罪对药家鑫提起公诉。同年 4 月 22 日，在西安市中级人民法院一审宣判，药家鑫因犯故意杀人罪，被判处死刑，剥夺其政治权利终身，并处罚其赔偿被害人家属经济损失 45 498.5 元。5 月 20 日，陕西省高级人民法院，对药家鑫案二审维持一审死刑判决。2011 年 6 月 7 日上午，药家鑫被执行死刑，终年 21 周岁。

药家鑫制造的悲剧，源于对“敬畏生命”的缺失。每个人的生命都不可漠视，不可赎买，甚至不可随意剥夺。他作为一名大学生，缺少了应有的社会责任感。任何人都要深刻牢记：一个人拥有的财富越多，对社会的责任越大，如果对社会不承担责任，财富随时会更换主人。严重的还用生命为自己愚蠢的行为买单，走上自我毁灭之路。

智慧点拨

药家鑫的案例警示我们，每位大学生都应该树立对社会良好的责任感。不仅每个人应积极承担责任，同时，集体也要主动承担责任。但是，在社会现实中，存在着另外一种群体责任缺失的现象。

2011 年 10 月 13 日下午 5 点 30 分，广东佛山的广佛五金城里，2 岁女童小悦悦在过马路时，不慎被一辆面包车撞倒，该车逃逸，随后开来的另一辆车直接从已经被碾压过的女童身上再次开了过去。七分钟内在女童身边经过的十几个路人，都对此冷眼漠视，只有最后一名拾荒阿姨陈贤妹上前施以援手。2011 年 10 月 21 日，小悦悦经医院全力抢救无效离世。此事曾引发网友热议。

“责任”是需要每个人承担的，在社会生活中我们都承担着责任，它或是无形，亦是有形，或许有人监督，抑或无人监督，或许只有你一个人，又或许有人和你一起，但无论是出于哪种情况，我们都应去承担自己相应的责任，而不是期望别人承担更多，将责任分散出去。

在现实生活中，责任分散案例屡见不鲜，从南京彭宇案到小悦悦案到老人跌倒是否应该扶起，类似事件不断引发道德争议，这不单单是社会道德缺失与否的问题，其中还折射出社会责任的担当和逃避，而责任的逃避正是一种不良的社会风气。

责任分散效应也称为旁观者效应，是指对某一件事来说，如果是个体要求单独完成任务，个体的责任感会很强，会做出积极的反应。但如果是要求群体共同完成任务，群体中的个体的责任感就会很弱，面对困难或遇到责任往往会退缩。因前者独立承担责任，后者期望别人多承担责任。“责任分散”的实质就是人多不负责，责任不落实。也被叫作众人的冷酷无情。

责任分散效应启示我们，人多力量大是建立在大家都愿意站出来，贡献自己的一分力量的基础上，当发生问题时，如果人们作为群体中的一员，没有责任意识，不能主动站出来，而是寄希望于他人和集体，那么，即使人再多也不会有力量，这样的群体终究会成为“乌合之众”。责任分散对自己、对他人、对社会是无益的。

追根溯源

“一个和尚挑水吃，两个和尚抬水吃，三个和尚没水吃”，这句俗话是责任分散效应的表现。如果只有一个人在场，他对别人的求助责无旁贷，稍微具有社会公德的人，都会提供帮助。但如果有两个人，或更多的人在场的话，这种责任就会自动地分散，变得不确定。因此，提供帮助似乎对于每一个人来说，都成了别人的事。

（一）引起主体产生责任分散效应的心理因素

1.“陌生人”关系

随着中国城市化进程的不断发展，大多数人搬进楼房中，人们对于周围的人越来越陌生，不知道自己的邻居是谁的情况也十分常见。从前，邻里乡亲们其乐融融的情况逐渐成为过去。在这种情况下，人们对于周围人以及除自己以外的其他人的关心程度逐渐下降。

2. 社会惰化

个人与群体其他成员一起完成某种事情时，或个人活动时有他人在场，往往个人所付出的努力比单独时偏少，不如单干时出力多。个人的活动积极性与效率下降的现象，也称之为社会惰化作用，所谓“出工不出力”说的就是这种现象，在这种效应的影响下，人会产生侥幸心理，会自然而然地想着将责任分散到他人身上，导致社会积极因素减少。现在越来越多的社会现象都是受这个效应的影响，这些现象值得我们去反思和警醒。

3. 当代大众文化

在中国现代社会中，由于社会法律还不够健全，出现了社会责任感普遍偏低的情况。“明哲保身”成为一部分人的选择，出现了一系列的社会问题。再加上对于见义勇为的责任认定和奖励机制不健全，造成许多人在紧急情况下选择不作为和推卸责任。

4. 道德因素

道德上的缺失会导致人对责任的逃避，这是道德意志薄弱的表现，也是一种心理问题。没有积极的心态和正确的价值观和人生观，导致人在做出某种选择时往往走向错误的方向，选择了漠视。

5. 法不责众心理

当某项行为具有一定的群体性或普遍性时，即使该行为含有某种不合法或不合理因素，法律也难以对其进行惩戒，现实生活中，正是因为产生了这种心理，导致在别人需要帮助或者需要某个人出力的情况下，很多人产生不作为的心理：反正有那么多人和自己一样，自己不做也没有什么影响；这不是自己的义务，就算自己不做，也不存在犯法，没有法律约束，我没有义务去做。有了这样想法以后，责任就分散到别人的身上。

6. 缺少利他主义动机

对别人有好处，而对自己没有任何明显益处的自觉行为，人一旦缺少这种利他主义动机，那么他将会失去帮助别人的动机，只要对自己无益，就可以不必去做，因为想着总有人会去做，自然而然便产生责任的逃避。

7. 人际关系相互作用

人与人在相互交往中形成的心理关系，个体希望人际交往对自己有价值，即在相互作用中得大于失，至少等于失，否则个体有时候不愿意去做、去承担责任。但是一旦个体觉得自己无法在过程中产生相互作用，缺少价值，个体容易产生逃避心理，产生责任分散的现象。

8. 古代消极文化

中国古代文化提倡“以和为贵”“自扫门前雪”，主张隐忍、谦让、自我约束、不管他人的处世方式和生活态度。在这种文化氛围中，人们更倾向于修养内在而不愿意介入外界俗世之中。而“避世”的古代文化已经发展成为中国文化中重要的一部分，影响着很多人的行为方式。

专家支招

（一）鼓励勇于担责的行为，提高学生的认知水平

在《论语·为政》提到，“见义不为，无勇也”。“义”和“勇”作为自古宣传的美德，一直是主流文化所提倡的道德标准。而正义作为最重要的道德观，一直被认为是最高尚的代名词。当代中国社会主义荣辱观，对勇于担责做出了肯定。新的环境条件下，一味地要求大学生只讲社会价值，不讲自我价值是不现实的，要引导他们把自我价值和社会价值有机结合起来，摒弃西方资产阶级伦理思潮中“单纯利己”的道德标准。大学生是国家的未来，应承担起更多社会责任和实现更大的社会价值，社会价值的最大实现才是自我价值的真正实现。理想信念是大学生社会责任感的源泉和精神动力，远大的理想信念，能激发大学生的社会责任感。培养社会责任感就要从具体工作做起，从点滴做起，在具体的活动中培养。

（二）加强传统文化教育，培养正确积极的价值观

随着国门的打开，西方“个人本位”思想传入，被大家迅速接受。而作为一个社会主义国家，集体才是生活工作中应该首先考虑的因素。因此，要培养正确的价值观，确立社会主义在国民心目中的地位。在教育教学过程中，开设传统文化的课程，用传统的优秀文化医治

现代个人主义带来的自私隔膜、孤独异化、人情淡薄、生活缺少目标失去意义等病症。在弘扬传统文化时，以科学的辩证法向学生传播正确的传统文化观，使大学生理解社会责任感。解开学生的心理困惑，使他们心悦诚服地接受教育。儒家思想是中华民族精神的主要组成部分，孔子的思想精髓乃“仁”，所谓“仁者爱人”，“爱”表现为对父母、兄弟姐妹的爱，对家族的爱，对邻人的爱，乃至对天下所有人的爱，达到“四海之内皆兄弟”“天下一家”的境界。因此，加强传统道德思想的教育，对于提升大学生的责任意识有很大的推动作用。

（三）榜样的力量，创造良好的社会氛围

Willis（1972）研究发现，有无榜样与大学生责任感强弱存在显著相关性。榜样示范既是一种责任教育方法，也是责任教育手段。亲社会行为和道德行为的榜样，可帮助学生树立良好的价值观，如“感动中国”的人物事迹，“全国优秀大学生”的榜样示范等。有些学生可能觉得这些榜样离自己太远，那就让学生从自己的身边找，学习每个人身上的优点，集大家的优点于一身，从不同的方面完善自己。通过让学生从身边寻找榜样，既养成学生发现别人优点的思维模式，促进他们的成长，也促进班内友爱和谐的气氛，进而增强学生的责任意识。局部的社会生活环境包括家庭、周围环境和人际关系等，对个人社会责任感的形成和培养起着重要的影响作用。家庭成员，特别是父母是学生最早的老师，他们对社会的态度和责任感的强弱对学生有着潜移默化的作用。在社会上，可设立一定奖惩制度，完善社会体制，创造良好氛围，鼓励不做冷漠的旁观者，鼓励人们承担社会责任，建立一个和谐有序的社会。

（四）学会确定目标，完善自身的因素

1. 奖惩制度的落实

对于企业管理来说，要避免责任分散效应，提高员工的工作效率，就应该落实奖惩制度，对于积极承担责任，出色完成工作的员工应给予适当的奖励。这样可以形成积极进取的企业氛围。

2. 强化领导角色

在集体管理中，应在权限范围内给下属适当授权，作为上司，管理者应该向其他人强调这次任命的领导地位及权利，强化下属的责任意识。

3. 指令明确化

比如遇到危险时，要向特定的人呼救。这样可以激发他人的正义感，提高被救概率。企业管理也是如此，上司的指令应该明确化，具体到事，从而减少责任分散所带来的影响。

（五）完善社会体制，鼓励旁观者行为

作为一个经济高速增长的发展中大国，完善社会体制对于维持社会稳定具有重要作用。解决责任分散效应，应该改善社会救助制度和道德奖罚制度。旁观者在采取行动之前，会考虑是否会给自己带来损失，是否能带来物质或精神上的满足，完善上述两种制度可以给旁观者做出正面激励，鼓励他们对社会的和谐稳定实施正确的行为。

正能量

承担责任不论身份

歌德说，责任，就是对自己做的事情要有爱。

罗曼·罗兰说，在这个世界上，最渺小的人与最伟大的人同样有一种责任。让我们一起来聆听这样的一个故事：

2009 年 10 月 24 日，长江大学文理学院广电班的 40 多名同学，在长江干堤沙市段的宝塔河沙滩上秋游野炊。吃过中餐，同学们大多离开了活动场地，仅有 10 多名同学还在那里游玩。下午 2 点 15 分，在离大学生活动的地方约 10 米远的沙滩上玩耍的 2 名七八岁少年，不慎落入江中，正巧被一名女大学生看见，她大声呼救。听到呼救声，在场的十几名同学立刻向少年落水处冲去。第一个跳下水的是李佳隆同学，紧跟其后跳下水的是徐彬程、方招，还有姜梦淋等。因为都是和衣入水，鞋子也来不及脱，他们在水中游动十分艰难。宝塔河段看上去比较平静，其实危机四伏，水下漩涡汹涌，沙滩边缘全是陡坎。与此同时，其他不会游泳的同学毫不犹豫地手拉着手，形成一根长长的生命链条，迅速向江中延伸。湍急的暗流，无情的漩涡，将这些本来水性不好的同学推到了浪尖上。徐彬程救起了离沙滩较远的小孩，另外 2 名大学生也托起了另一个小孩，正沿着生命链条向沙滩靠近……

突然，链条中间的一名同学因体力不支，手从相邻同学的手中滑落，前端的 9 名同学顷刻落入江中，水中顿时乱成一团，呼喊声一片。顿时，第二场大营救迅即展开。这时，正在宝塔河 100 米以外的冬泳队队员闻声赶来施救，他们和其他大学生们一道，陆续从水中救起 6 名大学生。

事发后，长江大学领导迅速赶到现场，获救的两名少年已经各自回家。当地消防、海事部门也相继赶到组织搜救。由于该处地处江水回流区域，水流湍急，浅处有四五米，最深处达十几米，经过 1 个多小时搜寻，至下午 5 时 50 分许，三名大学生的遗体被打捞上岸。

三位“90 后”大学生，用最直接的行为证明，这一代不是只关心自我的一代，更不是没有奉献精神的一代。当危险突然袭来的时候，这些刚刚成人的年轻人选择了面对，选择了为了他人，哪怕是献出生命也要冲上去……

（摘编自:《向长江大学 3 名救人落水大学生致敬》,百度贴吧,https://tieba.baidu.com/p/660437715? red_tag=0785712480）

拓展空间

1. 一个人若是没有热情，他将一事无成，而热情的基点正是责任心。——托尔斯泰

2. 高尚、伟大的代价就是责任。——丘吉尔

3. 每个人都被生命询问，而他只有用自己的生命才能回答此问题；只有以“负责”来答复生命。因此，“能够负责”是人类存在最重要的本质。——维克多·弗兰克

4. 每一个人都应该有这样的信心：人所能负的责任，我必能负；人所不能负的责任，我亦能负。如此，你才能磨炼自己，求得更高的知识而进入更高的境界。——林肯

5. 我们应该不虚度一生，应该能够说："我已经做了我能做的事。"——居里夫人

6. 我们为祖国服务，也不能都采用同一方式，每个人应该按照资禀，各尽所能。

——歌德

7. 对一个人来说，所期望的不是别的，而仅仅是他能全力以赴和献身于一种美好事业。

——爱因斯坦

8. 要使一个人显示他的本质，叫他承担一种责任是最有效的办法。——毛姆

9. 这个社会尊重那些为它尽到责任的人。——梁启超

10. 责任就是对自己要求去做的事情有一种爱。——歌德

11. 生命和崇高的责任联系在一起。——车尔尼雪夫斯基

12. 历史和哲学负有多种永恒的责任，同时也是简单的责任。——雨果

13. 友谊永远是一个甜柔的责任。——纪伯伦

14. 提出目标是管理人员的责任，实际上这是他的主要责任。——巴纳德

15. 我所享有的任何成就，完全归因于对客户与工作的高度责任感。——李奥贝纳

16. 现代企业管理的重大责任就在于谋求企业目标与个人目标两者的一致。——毛仲强

17. 教师的威信首先建立在责任心上。——马卡连柯

18. 有良知的人有责任心和事业心。——苏霍姆林斯基

19. 责任感以及有效地派任职务是成功企业经营的要素之一。——洛德福特

20. 真理的发现或道德责任的完成都会引起我们的欢欣。——克罗齐

21. 自由的第一个意义就是担负自己的责任。——阿来

22. 生命跟时代的崇高责任联系在一起就会永垂不朽。——车尔尼雪夫斯基

23. 真正的宜家精神，是依据我们的热忱，我们持之以恒的创新精神，我们的成本意识，我们承担责任和乐于助人的愿望，我们的敬业精神，以及我们简洁的行为所构成的。

——英格瓦·坎普拉德

24. 温顺的青年人在图书馆里长大，他们相信他们的责任是应当接受西塞罗、洛克、培根发表的意见；他们忘了西塞罗、洛克与培根写这些书的时候，也不过是在图书馆里的青年人。

——爱默生

25. 先生不应该专教书，他的责任是教人做人；学生不应该专读书，他的责任是学习人生之道。

——陶行知

26. 作为确定的人，现实的人，你就有规定、就有使命、就有任务，至于你是否意识到这一点，那是无所谓的。

——马克思

27. 在他握有意志的完全自由去行动时，他才能对他的这些行为负完全责任。

——马克思

28. 自由不在于在幻想中摆脱自然规律而独立，而在于认识这些规律，从而能够有计划地使自然规律为一定的目的服务。……意志自由只是借助于对事物的认识来做出决定的那种能力。

——恩格斯

参考文献

[1] 蒋平生，黄卫国. 大学生心理健康教育[M]. 北京：北京理工大学出版社，2011.
[2] 辉浩. 每天学点心理学[M]. 天津：天津科学技术出版社，2009.
[3] 崔钟雷. 课外讲堂 ——名人名言[M]. 哈尔滨：哈尔滨出版社，2012.
[4] 黄克孝. 职业和技术教育课程概论[M]. 上海：上海华东大学出版社，2001.
[5] 王宝珊. 班主任的教育智慧与管理风格[M]. 北京：中央民族大学出版社，2008.
[6] 赵一，梁素娟. 世界上最经典的心理学故事（全集）[M]. 北京：石油工业出版社，2009.
[7] 梁宁建. 基础心理学（第二版）[M]. 北京：北京高等教育出版社，2011.
[8] 吕秋芳，齐力. 大学生心理健康与调适[M]. 北京：华文出版社，2002.
[9] 李韦遴. 好心态成就好学生[M]. 重庆：西南大学出版社，2008.
[10] 张大均，邓卓明. 大学生心理健康教育[M]. 重庆：西南大学出版社，2004.
[11] 沃建中. 走向心理健康：学校篇[M]. 北京：华文出版社，2002.
[12] 罗红. 大学生心理健康教育 ——走出纠结[M]. 成都：四川大学出版社，2011.
[13] 吕麟. 心理健康案例教程[M]. 北京：航空工业出版社，2012.
[14] 艾生. 影响人生的 101 个成功故事[M]. 广州：广东经济出版社，2005.
[15] 向才毅，谭少华. 职业院校学生心理健康教育[M]. 重庆：西南大学出版社，2010.
[16] 庞晓东. 心理学是什么玩意儿[M]. 武汉：华中科技大学出版社，2012.
[17] 孙钰. 生活中要懂得的心理学[M]. 北京：中国长安出版社，2009.
[18] 薛德钧，田晓红. 大学生心理与心理健康[M]. 北京：中国林业大学出版社，2007.
[19] 欧晓霞，曲振国. 大学生心理健康[M]. 北京：清华大学出版社，2006.
[20] 孙爽. 大学生职业生涯规划和就业指导[M]. 重庆：西南大学出版社，2008.
[21] 李献华. 大学生心理健康与咨询工作指导手册[M]. 北京：当代中国音像出版社，2004.
[22] 曾美英. 大学生心理健康教育[M]. 北京：北京交通大学出版社，2008.
[23] 高玉祥. 健全人格及其塑造[M]. 北京：北京师范大学出版社，1997.
[24] 王豫，孙爽. 大学生职业生涯规划和就业指导[M]. 重庆：西南大学出版社，2009.
[25] 张玉樑. 职业道德与就业指导[M]. 北京：电子工业出版社，2006.
[26] 马晓华. 大学生职业生涯规划[M]. 北京：北京交通大学出版社，2009.
[27] 宋海鹃，许鸣. 心理健康教育[M]. 重庆：西南大学出版社，2009.
[28] 宋振韵，沈湘平. 走进心理学[M]. 北京：中国社会出版社，2010.
[29] 王撬撬，王东. 心理学 ——解读心灵的密码[M]. 长春：吉林大学出版社，2009.
[30] 张运生. 大学生心理健康［M]. 郑州：河南大学出版社，2009.
[31] 贾晓波，等. 学校心理辅导实用教程[M]. 天津：天津教育出版社，2002.
[32] 吴增强. 现代学校心理辅导[M]. 上海：上海科技文献出版社，1998.

[33] 薛德钧，田晓红. 大学生心理与心理健康[M]. 北京：北京大学出版社，2006.
[34] 王建中，郑论仁. 大学生心理健康教育[M]. 北京：中国矿业大学出版社，2005.
[35] 叶一乾，何存道，梁宁建. 普通心理学[M]. 上海：华东师范大学出版社，2010.
[36] 欧阳辉. 大学生心理健康应用教程[M]. 沈阳：辽宁教育出版社，2010.
[37] 曾美英，贾东立. 大学生心理健康教育[M]. 北京：北京交通大学出版社，2008.
[38] 陈浩. 改变你一生的 108 个心理学法则[M]. 北京：中国华侨出版社，2011.
[39] 李韦遴. 学生心理问题剖析与对症教育[M]. 重庆：西南大学出版社，2008.
[40] 陈旭. 中学心理素质教育[M]. 重庆：西南大学出版社，2004.
[41] 樊富珉. 大学生心理健康与发展[M]. 北京：清华大学出版社，1997.
[42] 冯国斌，刘玉玲. 大学生心理咨询[M]. 北京：中国社会出版社，1998.